Das Ja zum Leben und zum Menschen
Band 2
Predigten 2007-2008

Wolfgang Nein

Das Ja zum Leben und zum Menschen

Band 2
Predigten 2007-2008

© 2016 Wolfgang Nein
www.dasja.de
Herstellung Verlag:
BoD – Books on Demand, Norderstedt
ISBN 978-3-7412-2527-7

Inhaltsverzeichnis

Vorwort **12**
Respekt vor dem Menschen **13**
  21. Januar 2007 13
    3. Sonntag nach Epiphanias 13
      Johannes 4,5-14 13
Krippe und Kreuz **18**
  28. Januar 2007 18
    Letzter Sonntag nach Epiphanias 18
      Johannes 12,34-36 18
Barmherzig kritisch **23**
  4. Februar 2007 23
    Septuagesimae 23
    (3. Sonntag vor der Passionszeit) 23
      Matthäus 9,9-13 23
Einmal reicht nicht **28**
  11. Februar 2007 28
    Sexagesimae 28
    (2. Sonntag vor der Passionszeit) 28
      Jesaja 55,10-12a 28
Brot fürs Herz **33**
  18. März 2007 33
    Laetare 33
    (4. Sonntag der Passionszeit) 33
      Johannes 6,47-51 33
Tropfen auf fruchtbaren Boden **38**
  1. April 2007 38
    Palmsonntag 38
    (6. Sonntag der Passionszeit) 38
    Dank an Ehrenamtliche 38
      Johannes 4,5-14 38
„Ich bin das Brot" **41**
  5. April 2007 41
    Gründonnerstag 41
      Matthäus 26,26 41

Die Liebe ist nicht totzukriegen **44**
   8. April 2007 44
     Ostersonntag 44
       Johannes 20,11-18 44
Es war nicht der Gärtner **48**
   9. April 2007 48
     Ostermontag 48
     Familiengottesdienst 48
       Johannes 20,11-18 48
Speise fürs Herz **52**
   14. April 2007 52
     Samstag vor Quasimodogeniti 52
     Konfirmandenabendmahl 52
       Markus 14,22-24 52
Das Sein persönlich nehmen **57**
   13. Mai 2007 57
     Rogate 57
     (5. Sonntag nach Ostern) 57
       1. Timotheus 2,1-6a 57
Abschied mit Auftrag **62**
   17. Mai 2007 62
     Himmelfahrt 62
       Johannes 17,20-26 62
Jesus Christus auslegen **67**
   20. Mai 2007 67
     Exaudi 67
     (6. Sonntag nach Ostern) 67
       Johannes 14,15-19 67
Wenn der Geist leibhaftig wird **73**
   28. Mai 2007 73
     Pfingstmontag 73
       Johannes 4,24 73
Ehebruch **78**
   1. Juli 2007 78
     4. Sonntag nach Trinitatis 78
       Johannes 8,3-11 78

Mit Konflikten bekennen **83**
  8. Juli 2007 83
    5. Sonntag nach Trinitatis 83
      Lukas 14,25-33 83
Ende der Strafe Gottes **87**
  29. Juli 2007 87
    8. Sonntag nach Trinitatis 87
      Johannes 9,1-7... 87
„Du bist ein Schatz!" **92**
  5. August 2007 92
    9. Sonntag nach Trinitatis 92
      Matthäus 13,44-46 92
Wohnort Gottes **98**
  12. August 2007 98
    10. Sonntag nach Trinitatis 98
      Johannes 4,19-26... 98
Die liebende Prostituierte **103**
  19. August 2007 103
    11. Sonntag nach Trinitatis 103
      Lukas 7,36-50 103
Dennoch: Die Liebe! **107**
  28. Oktober 2007 107
    21. Sonntag nach Trinitatis 107
      Johannes 15,9-12 (13-17 107
Unverbesserlich, aber nicht aufgegeben **113**
  4. November 2007 113
    22. Sonntag nach Trinitatis 113
      Micha 6,6-8 113
Geduld **118**
  9. Dezember 2007 118
    2. Advent 118
      Offenbarung 3,7-13 118
Süße Last der Liebe **123**
  16. Dezember 2007 123
    3. Advent 123
      Offenbarung 3,1-6... 123

Der Allmächtige als Kind **128**
  25. Dezember 2007 128
    1. Weihnachtstag 128
      Johannes 1,14a 128
Das Geheimnis wird Mensch **132**
  6. Januar 2008 132
    Epiphanias 132
      2. Korinther 4,3-6 132
Ist Gott (un)gerecht? **136**
  20. Januar 2008 136
    Septuagesimae 136
    (3. Sonntag vor der Passionszeit) 136
      Römer 9,14-24 136
Ein offenes Herz für gute Worte **141**
  27. Januar 2008 141
    Sexagesimae 141
    (2. Sonntag vor der Passionszeit) 141
      Apostelgeschichte 16,9-15 141
Fasten? **146**
  3. Februar 2008 146
    Estomihi 146
    (Sonntag vor der Passionszeit) 146
      Jesaja 58,1-9a 146
Glauben - auf den Sinn vertrauen **151**
  17. Februar 2008 151
    Reminiszere 151
    (2. Sonntag der Passionszeit) 151
      Hebräer 11,8-10 151
Entschieden glauben - maßvoll handeln **155**
  24. Februar 2008 155
    Okuli 155
    (3. Sonntag der Passionszeit) 155
      1. Könige 19,1-8(9-13a 155
Befreit zur Umkehr **160**
  20. März 2008 160
    Gründonnerstag 160
      Matthäus 26,26-28 160

Die Liebe ist stärker als der Tod **164**
  23. März 2008 164
    Ostersonntag 164
      Markus 16,1-8 164
Eine unglaubliche Geschichte **168**
  24. März 2008 168
    Ostermontag 168
      Familiengottesdienst 168
      Lukas 24,1-35 168
Wir sind Schafe und Hirten zugleich **174**
  6. April 2008 174
    Misericordias Domini 174
    (2. Sonntag nach Ostern) 174
      Hebräer 13,20-21 174
Für uns gegeben – **178**
Teilen, was wir sind und glauben **178**
  26. April 2008 178
    Samstag vor Rogate 178
      Konfirmandenabendmahl 178
      Lukas 22,19-20 178
Die Grundfragen sind geblieben **183**
  1. Mai 2008 183
    Himmelfahrt 183
    Goldene Konfirmation 183
      Psalm 103,2 183
„Der Geist hilft unserer Schwachheit auf" **188**
  4. Mai 2008 188
    Exaudi 188
    (6. Sonntag nach Ostern) 188
      Römer 8,26-30 188
Sprache der Liebe **192**
  11. Mai 2008 192
    Pfingstsonntag 192
      Johannes 4,19-26 192
Verschieden und verbunden **197**
  1. Juni 2008 197
    2. Sonntag nach Trinitatis 197
      Epheser 4,5 197

20 Jahre Uyole – St. Markus **201**
   15. Juni 2008 201
   4. Sonntag nach Trinitatis 201
      Gäste aus Uyole 201
      Epheser 4,5 201
Stärkung auf dem mühsamen Weg **207**
   6. Juli 2008 207
   7. Sonntag nach Trinitatis 207
      2. Mose 16,2-3.11-18 207
Vorher - nachher **211**
   13. Juli 2008 211
   8. Sonntag nach Trinitatis 211
      Römer 6,19-23 211
Unser Glaube - unser Leben **217**
   10. August 2008 217
   12. Sonntag nach Trinitatis 217
      1. Korinther 3,9-15 217
Wort und Tat **222**
   17. August 2008 222
   13. Sonntag nach Trinitatis 222
      Apostelgeschichte 6,1-7 222
Markus, Christus, Johannes **227**
   24. August 2008 227
   14. Sonntag nach Trinitatis 227
      Kirchenfenster 227
Schöpfer und Geschöpf **233**
   31. August 2008 233
   15. Sonntag nach Trinitatis 233
      1. Mose 2,4b-9.15 233
Christ sein und Christ werden **238**
   14. September 2008 238
   17. Sonntag nach Trinitatis 238
      Epheser 4,1-6 238
Dank dem Geheimnis des Seins **243**
   5. Oktober 2008 243
      Erntedank 243
      Hebräer 13,15-16 243

Herz und Hirn **248**
   31. Oktober 2008 248
      Reformationstag 248
         Römer 3,21-28 248
Wird es immer Kriege geben? **253**
   16. November 2008 253
      Volkstrauertag 253
         Micha 4,3 253
Leben, Leiden, Lieben **259**
   23. November 2008 259
      Totensonntag 259
         Offenbarung 21,4 259
Kleine Schritte zum großen Ziel **263**
   7. Dezember 2008 263
      2. Advent 263
         Lukas 21,25-33 263
Zart und gewaltig **267**
   21. Dezember 2008 267
      4. Advent 267
         Lukas 1,39-56 267
Das Heil kommt aus der Provinz **272**
   25. Dezember 2008 272
      1. Weihnachtstag 272
         Lukas 1,15-20 272
Ohne Gottvertrauen geht es nicht **277**
   31. Dezember 2008 277
      Jahresschluss 277
         Römer 8,31b 277
Bibelstellen **282**

Vorwort

Meine geistigen und geistlichen Erzeugnisse habe ich alle aufbewahrt. Im vorliegenden Band sind alle Predigten der Jahre 2007 – 2008 abgedruckt. Ich habe sie alle in der evangelisch-lutherischen Kirchengemeinde St. Markus in Hamburg-Hoheluft gehalten, in der ich bis zu meinem Eintritt in den Ruhestand 2010 dreißig Jahre lang als Gemeindepastor tätig gewesen war.

Die vorliegenden Predigten sind nicht ausgewählt nach dem Motto „The best of". Sie sind hier vollständig und mit nur minimalen Korrekturen wiedergegeben.

Die Zusammenstellung der Predigten in Buchform ist für mich eines meiner Ruhestandsprojekte. Mir persönlich gibt dieses Projekt noch einmal Einblick in mein eigenes Denken und Reden und Glauben. Es fordert mich auch dazu heraus, mir grundsätzliche Gedanken über das theologische Denken und Reden zu machen.

Was glaube ich eigentlich und wie sage ich weiter, was mir in meinem Glauben wichtig ist? Diese persönliche Formulierung wähle ich bewusst. Es gibt unterschiedliche Theologien - auch bereits in den biblischen Texten. Jeder Einzelne steht unausweichlich vor der Aufgabe, sich eigene Gedanken über das zu machen, was uns durch die Bibel an Inhalten überliefert ist, und sich persönlich zu entscheiden, was ihm daraus für sein Leben besonders wichtig ist.

Jeder von uns hat – irgendwie - seinen Glauben, aber wie genau? Sich das einmal systematisch klarzumachen, ist eine Aufgabe eigener Art. Für mich persönlich ist die Beschäftigung mit den gesammelten Predigten eine Möglichkeit der Klärung im Nachherein. Ob daraus jemals eine systematische Darstellung wird, bleibt abzuwarten. Ein reizvolles Projekt wäre es.

Dieses Buch ist also ein weiterer kleiner Schritt auf einem längeren Weg. Viel Freude beim Lesen.

Wolfgang Nein, Juni 2016

Respekt vor dem Menschen

21. Januar 2007
3. Sonntag nach Epiphanias
Johannes 4,5-14

Wie kann ich das empfangen, was Jesus Christus zu geben hat? Muss ich dazu, so war vor 2000 Jahren die Frage, als die Kirche noch im Werden war, muss ich dazu Jude sein wie Jesus selbst? Oder, wenn ich keiner bin, muss ich erst einmal Jude werden und all die religiösen Vorschriften der Juden beachten?

Oder – auf heute bezogen: Muss ich, wie manche meinen und manche von den heute Interessierten verlangen, Mitglied der Kirche sein oder werden, in den Gottesdienst gehen, das tägliche Tischgebet sprechen und andere religiöse Formen beachten, um Christ sein zu können?

Wie kann ich das empfangen, was Jesus Christus zu geben hat?

Die Geschichte in unserem Predigttext schildert eine Frau von damals, die keine Jüdin war und folglich auch die jüdischen religiösen Vorschriften nicht beachtete. Die Frau war eine Samariterin. Sie gehörte einer Volksgruppe an, die von den Juden als Heiden, mindestens als halbe Heiden, betrachtet wurde.

Jesus bietet ihr an, was er zu geben hat - voraussetzungslos, bedingungslos. Sie braucht nichts Anderes zu tun, als ihn zu bitten. Er gibt es ihr.

Er bietet ihr Wasser an.

Wasser ist in dieser Geschichte das anschauliche Bild für das, was Jesus zu geben hat. Sein Wasser ist anders als das Wasser aus dem Brunnen, um das er die Frau bittet: „Gib mir zu trinken!" Das Wasser aus dem Brunnen stillt den Durst nur für kurze Zeit. Das Wasser, das Jesus anzubieten hat, stillt den Durst ein für alle Mal.

Was für Wasser ist das? Wofür ist das Wasser Jesu ein Bild?

Es geht um das Leben. Ohne Wasser kein Leben. Unser Leib kommt nur wenige Tage ohne Wasser aus. Nach wenigen Tagen ohne Wasser verdursten wir.

Jesus meint aber nicht das leibliche Leben, das Funktionieren des Körpers. Er spricht vom ewigen Leben, von dem Leben, das nicht an die Verfallszeit des Leibes gebunden ist. Er meint das Leben im Sinne einer Qualität. So, wie wir manchmal sagen: „Das ist doch kein Leben!", wenn es uns irgendwie schlecht geht und die Erwartungen nicht erfüllt sind, die wir mit dem Leben im Sinne einer gewissen Qualität verbinden.

Mit dem Wasser bietet Jesus der Samariterin zeichenhaft Lebensqualität an. Wir können uns jetzt fragen: „Worin besteht die Lebensqualität, die er zu geben hat?"

Der kleinen Geschichte, die ich vorgelesen habe, können wir ganz konkret drei Merkmale entnehmen, die die Lebensqualität ausmachen. Sie lassen sich zusammenfassen mit den Worten: Anerkennung der menschlichen Würde – in dreifacher Weise: Jesus respektiert die Frau, er respektiert die Nichtjüdin und er respektiert die Sünderin.

Er respektiert die Frau. Das würden wir aus dieser Geschichte vielleicht nicht so ohne Weiteres herauslesen. Aber in der damaligen patriarchalischen Gesellschaft, in der die Frau eine untergeordnete Rolle spielte - auch in religiöser Hinsicht - war es sehr bemerkenswert, dass Jesus sich hier gerade einer Frau religiös offenbart.

Er respektiert die Frau und er respektiert die Nichtjüdin. Darüber ist sie selbst sehr erstaunt: „Wie, du bittest mich um etwas zu trinken, der du ein Jude bist und ich eine samaritische Frau?" Denn, so fügt der Text hinzu, die Juden haben keine Gemeinschaft mit den Samaritern.

Und Jesus respektiert die „Sünderin". „Sünderin" sage ich jetzt mit Anführungszeichen. Im weiteren Verlauf unserer Geschichte stellt sich heraus, dass die Frau fünf Männer gehabt hat. Jesus weiß das. Er sagt: „Fünf Männer hast du gehabt, und der, den du jetzt hast, ist nicht dein Mann." Sie pflegt eine nichteheliche Beziehung. Das war zur Zeit Jesu verwerflich, wie natürlich auch zu manch anderen Zeiten andernorts.

Also noch einmal: Jesus wendet sich in dieser Geschichte ganz menschlich direkt einer Person zu, der er sich als jüdischer

Mann in dieser Weise eigentlich nicht hätte zuwenden dürfen, weil diese Person aus der Perspektive der religiösen Vorstellungen, in denen Jesus groß geworden war, mit einem dreifachen Makel behaftet ist: Sie ist eine Frau, sie ist eine Nichtjüdin, sie lebt in einer verwerflichen Beziehung.

Jesus setzt sich über alle Vorbehalte hinweg. Er begegnet der Samariterin vorbehaltlos und respektiert sie damit als Mensch in der Art, wie sie ist.

Wenn wir uns jetzt noch einmal fragen: Wofür ist das Wasser ein Zeichen? Was hat Jesus zu geben?, dann können wir jetzt antworten: Er bietet Lebensqualität an in Form menschlicher Anerkennung - und zwar voraussetzungslos. Er akzeptiert den Menschen als Geschöpf Gottes unabhängig von den religiösen und kulturellen Unterschiedlichkeiten und Schranken und unabhängig von der moralischen Einstufung des Menschen.

Was das Letzte anbetrifft, so bedeutet dies natürlich nicht, dass Jesus Rechtsbruch und Schuld nicht ernst nehmen würde. Aber er würde sich auch noch einem Schwerverbrecher menschlich zuwenden und ihm als Geschöpf Gottes mit Respekt begegnen. Diese Grundhaltung ist auch in unsere Rechtsordnung eingeflossen.

Es gibt Untaten, die sind als solche offensichtlich und nicht wegzudiskutieren. Es gibt aber auch Unrecht, das kulturell und zeitbedingt als solches, als Unrecht, betrachtet wird. Vielleicht erinnern Sie sich noch z. B. an den Kuppelparagraphen, der diejenigen bestrafte, die ihre Wohnung einem nichtverheirateten Paar zur Verfügung stellten. Dieser Paragraph ist 1969 abgeschafft worden.

In einem gewissen Umfang sind rechtliche Regelungen und gesellschaftliche Normen mit ihrer Definition von Unrecht sehr zeitbedingt. Im Nachherein stellen sich manchmal eher die Regeln und Normen selbst als Unrecht dar. Denken wir z. B. an die Stellung des unehelichen Kindes. Wie schlecht waren noch vor wenigen Jahrzehnten unehelich geborene Kinder und deren Mütter angesehen! Im Nachherein möchte man sich des ihnen angetanen Unrechts schämen.

Wieviel Unrecht ist auch in unserer Gesellschaft den Frauen angetan worden - durch diskriminierende Regelungen und Gesetze zum Beispiel! Auf diesem Gebiet ist auch jetzt noch, auch in unserem Land, Handlungsbedarf. Es gibt z. B. immer noch etliche Beispiele dafür, wie Frauen für die gleiche Arbeit schlechter bezahlt werden als Männer.

Was nun das Miteinander von Menschen unterschiedlicher kultureller und religiöser Herkunft anbetrifft, so ließen sich auch diesbezüglich etliche Bespiele für die zahlreichen Probleme nennen.

Für Jesus kommt es in unserer kleinen biblischen Geschichte nur auf eines an: Vor ihm steht ein Mensch. Und diesem Menschen begegnet er menschlich, nämlich in der Mensch gewordenen Gestalt desjenigen, der diesen Menschen vor ihm geschaffen hat.

Gott, der Schöpfer, steht vor der Frau. Er steht vor ihr in der Gestalt Jesus Christus und sagt zu ihr: „Ich habe dich geschaffen, als Frau. Du wirst von den Männern gering geachtet. Aber du bist ein wunderbares Geschöpf. Du bist aus Samarien. Von den Juden wirst du gering geachtet. Aber ich achte dich. Du lebst in einer unehelichen Beziehung. Von der Gesellschaft wirst du verurteilt. Aber ich stehe zu dir.

„Ich weiß", so sagt er weiter, „dass dich all diese Geringschätzung belastet. Aber ich sage dir. Du bist und bleibst mein geliebtes Geschöpf - als Frau und als Samariterin, und auch dann noch, wenn du dich schuldig gemacht hast.

Wenn du meinen Beistand willst, dann sag es mir. Du wirst dann merken: Mein Angebot wird dir helfen und dich frei machen von dem, was dich bedrückt."

Das hat Jesus in dieser kleinen Geschichte nicht wirklich gesagt, aber das hat er gemeint, als er ihr anbot, ihn um das Wasser des wahren Lebens zu bitten.

Jesus Christus macht uns allen im Namen Gottes ein sehr existentielles Angebot - jenseits von Gesetz und Recht und allen gesellschaftlichen Konventionen. Es geht ihm um unser Menschsein, um unser Sein als Geschöpfe Gottes. Als solchen spricht er uns die Annahme und Liebe Gottes zu.

Alles Weitere ist nachrangig, nicht bedeutungslos, aber nachrangig. Die Zugehörigkeit zur christlichen Kirche, der Gottesdienstbesuch, die Bibellese, das Gebet - das alles hat seinen Sinn, seine Bedeutung und kann sehr hilfreich sein.

Aber das Erste und Wichtigste ist: Wir sind voraussetzungslos angenommen, wie diese Frau aus Samarien.

Um auf die Ausgangsfrage zurückzukommen: „Wie kann ich das empfangen, was Jesus Christus zu geben hat?" Antwort: „Ich brauche ihn nur darum zu bitten."

Um ihn bitten zu können, müssen wir allerdings wissen, zumindest eine Ahnung davon haben, was er uns Hilfreiches anzubieten hat. Von daher ist es mindestens nützlich und hilfreich, sich auf die biblischen und kirchlichen Überlieferungen einzulassen, mal in der Bibel zu lesen, sich mal eine Predigt anzuhören, sich etwas in einem Gesprächskreis erzählen zu lassen und sich auf diejenigen einzulassen, die etwas von ihm vermitteln können.

Das sind alles nützliche Maßnahmen, um überhaupt dahin zu kommen, etwas von dem empfangen zu wollen, was Jesus Christus uns anzubieten hat. Er selbst macht uns keine Auflagen.

Er bietet uns - voraussetzungslos und bedingungslos - das Wasser des wahren Lebens an, die liebevolle Annahme Gottes, unseres Schöpfers. Wir brauchen ihn nur darum zu bitten.

Möge die Liebe Gottes uns stärken für ein Leben in Freude und Dankbarkeit und Menschlichkeit.

Krippe und Kreuz
28. Januar 2007
Letzter Sonntag nach Epiphanias
Johannes 12,34-36

Über dem Kirchenportal hängt der Stern - immer noch. Vielleicht hat sich der eine oder andere von Ihnen insgeheim schon gefragt: „Was soll das? Weihnachten ist doch längst vorbei!"

Eine Dame aus unserer Gemeinde sagte aber - ganz von sich aus: „Ich finde es gut, dass der Weihnachtsstern da noch hängt." Ich konnte ihr nur zustimmen. Allerdings muss ich zugeben: Es steckt keine tiefe Absicht dahinter, dass der Stern noch nicht abgenommen ist. Das hat einfach arbeitsorganisatorische Gründe. Aber wir können das jetzt als höhere Fügung betrachten. Denn es macht theologisch Sinn, dass der Stern heute noch über dem Kircheneingang leuchtet - wenigstens heute noch. Denn heute ist der letzte Sonntag nach Epiphanias, dem Fest des Lichtes, dem Fest der Erscheinung Gottes auf Erden in der Gestalt dieses wunderbaren Menschen Jesus Christus.

Heute ist der letzte Sonntag nach Epiphanias. Der nächste Sonntag trägt bereits den Namen „Dritter Sonntag vor der Passionszeit", der Zeit, in der wir das Leiden Christi bedenken. „So schnell kann das gehen", möchte man sagen. Freud und Leid liegen nahe beieinander. Der heutige Sonntag macht es uns zur Aufgabe, beides gleichzeitig zu bedenken: Die Krippe und das Kreuz, das Kreuz über der Krippe. Der heutige Predigttext deutet bereits - etwas verschlüsselt - auf das baldige Ende des irdischen Wirkens Jesu, des Christus, hin.

Das Weihnachtslicht erschien in der Dunkelheit. Das ist in unseren Breiten, wo es zu Weihnachten draußen dunkel ist, besonders sinnfällig. Die Natur unterstützt auf diese Weise die Weihnachtsbotschaft. Seitdem wird es draußen heller. Das passt auch theologisch zur Gegenwart Gottes in Jesus Christus. Aber nun wird es draußen weiter heller und heller - theologisch dagegen wird es dunkler und dunkler, denn mit zunehmender Intensität werden wir mit dem Leiden Christi befasst, bis dann zu Ostern das Licht des Frühlings und das Auferstehungslicht zusammenkommen und sich das irdische und das himmlische Licht vereinen.

Es beginnt jetzt also eine Phase, in der Natur und Theologie, Licht und Dunkel, Freud und Leid überkreuz liegen, quasi gegeneinander verlaufen - allerdings mit der Perspektive, dass am Ende alles gut werden wird.

Vergleichen können wir das vielleicht mit einer Zeit der Krankenbehandlung. Wenn wir krank sind und wir uns für einige Wochen und Monate einer vielleicht schmerzhaften Behandlung unterziehen müssen, dann ist das eine Zeit des Leidens. Wenn wir danach aber wieder gesund sind, können wir sagen: Das Leiden hatte seinen Sinn. Durch dieses Tal mussten wir hindurch, um das Leben wieder in seiner ganzen Fülle und Schönheit genießen zu können.

So ähnlich wird es Studenten ergehen, die wochenlang an einer Hausarbeit sitzen, sich den Kopf zermürben, das Freizeitprogramm auf ein Minimum reduzieren - und auch ein gutes Maß an Leid durchmachen. Aber der Tag, an dem sie die Hausarbeit dann endlich abgeben, ist wie ein kleines Osterfest: Nach den Wochen der leidvollen Entbehrung können sie das Leben endlich wieder leben in seiner ganzen Fülle.

Dies sind nicht nur Bilder. Dies sind Beispiele aus dem wahren Leben. Diese Beispiele können wir aber als Bilder nehmen, um anschaulich zu machen, was sich nun theologisch, kirchenjahreszeitlich vollzieht.

Wir können uns fragen: Was hat es mit Licht und Dunkelheit auf sich? Was bedeutet diese Kombination von Krippe und Kreuz? Und vielleicht fragt einer sogar ärgerlich: „Warum wird uns die Weihnachtsfreude so schnell wieder verdorben?"

Es hat alles seinen guten Sinn.

Es geht um unser Sein, um unsere Existenz als Menschen in diesen wenigen Jahrzehnten, die wir auf diesem Erdball verbringen dürfen. Es geht um die Frage, wie wir mit dem Leben zurechtkommen können, das uns geschenkt und zugleich ungefragt aufgetragen ist. Es geht um die Frage, wie wir uns selbst sehen, wie wir mit uns selbst und miteinander umgehen können, wie wir der Aufgabe des Lebens, dem Auftraggeber, dem Schöpfer allen Seins, gerecht werden können.

Das sind religiöse Fragen, existentielle Grundfragen. Sie werden in den verschiedenen Religionen unterschiedlich beantwortet. Und die unterschiedliche Beantwortung führte und führt bedauerlicherweise zu Auseinandersetzungen unter den Vertretern der Religionen.

Daraus folgte auch ein Teil des Leidens Jesu. Das hängt nicht zuletzt damit zusammen, dass die Antworten auf die grundlegenden existentiellen Fragen auch Auswirkungen haben auf die praktische Lebensgestaltung bis hin zur Gestaltung des gesellschaftlichen und weltweiten Miteinanders. Die Auswirkungen sind also nicht nur religiöser Art im engeren Sinne, sondern auch im weiteren Sinne kultureller, wirtschaftlicher und politischer Natur. Von daher mobilisiert jede religiöse Einstellung auch eine Menge zustimmender und ablehnender Kräfte auf diversen Gebieten des Lebens.

Das Matthäusevangelium berichtet davon, dass das in Bethlehem geborene Kind den König des Landes beunruhigte und dieser versuchte, den möglichen Konkurrenten gewaltsam aus dem Weg zu schaffen. Pilatus sah sich später vor das Problem gestellt, die aufgewühlten Massen und die aufgebrachten religiösen Führer mit einer diplomatischen Entscheidung zur Ruhe zu bringen.

Bei dem, was uns die Religionen anzubieten haben, geht es zu einem wesentlichen Teil um das ethische Problem.

Es geht um den Tatbestand, dass der Mensch nicht nur gut ist, sondern einiges an Bösem in sich trägt und nach außen trägt. Wenn im Einzelnen auch strittig sein mag, was gut und was böse ist, so gibt es doch genug Beispiele, an denen die Frage ganz klar zu beantworten ist. Gestern haben wir der Opfer des Holocaust gedacht. Was da im Dritten Reich geschehen ist, war undiskutierbar böse.

Die Frage ist: Wie weit ist das Böse in jedem Menschen vorhanden? Wie lässt sich das Böse im Menschen zügeln? Ist der

Mensch besserungsfähig? Wie ist ggf. mit der Unverbesserlichkeit des Menschen umzugehen? Wer hat das Recht, über den Menschen zu urteilen?

Es gibt hinsichtlich der Beantwortung dieser Fragen Unterschiede zwischen der alttestamentlichen, jüdischen Religion und dem, was dann Jesus Christus neu eingebracht hat.

Was Jesus Christus zu seiner Zeit in seinem Lebensumfeld vorfand, spiegeln die neutestamentlichen Texte. Die religiösen, von Mose aus göttlicher Hand empfangenen Gebote, die Auslegung der Gebote durch die Pharisäer und Schriftgelehrten und die feierliche Darbietung der Gebote im Kult spielten im Umgang mit dem Bösen im Menschen eine wesentliche Rolle. Der Mensch unterstand den Geboten und dem Urteil derer, die sich für die Auslegung und Anwendung und Durchsetzung der Gebote verantwortlich wussten. Die jüdische Religion war, so sagen es manche verkürzt, zu einem guten Teil eine Gesetzesreligion.

Diesem Teil der jüdischen Religion hat Jesus Christus den Boden entzogen. Als Sohn Gottes, als der er von einigen damals angesehen wurde, stellte er sich über Mose, der das Gesetz ja nur empfangen hatte. Als Sohn Gottes verkündete Jesus Christus nun das Wort Gottes, das dem mosaischen Gesetz vorausgeht und übergeordnet ist und die eigentliche Quelle der Gesetze ist. Jesus nimmt sich das Recht, das Wesen der Gesetze zu formulieren: Er formuliert sie in ihrem ganzen umfassenden Gehalt - in der Bergpredigt: „Ich aber sage euch..." Und er fasst alle Gebote zusammen im Doppelgebot der Liebe: „Liebe Gott und deinen Nächsten wie dich selbst."

Jesus Christus stellt sich im Namen Gottes über die Gesetze und greift damit massiv ein in den Arbeitsbereich der Gesetzesverwalter, der Schriftgelehrten, Pharisäer und Hohenpriester. Der Widerstand ist von daher nachvollziehbar. Sie stellten Jesus nach und versuchten, ihn auszuschalten. Das machte die eine Seite seines Leidens aus: die Verfolgungssituation, in die Jesus durch seine abweichenden und - wie manche meinten - anmaßenden religiösen Anschauungen und Ansprüche geraten war.

Die andere Seite seines Leidens war aber theologische Absicht. Jesus Christus hat, um es vorweg verkürzt zu sagen, bewusst um unseretwillen gelitten, stellvertretend als Zeichen der vergebenden Liebe Gottes zu seinem Geschöpf Mensch. Er hat die Gnade Gottes verkündet und hat sie unter Einsatz seines Leibes und Lebens gewährt.

Vergleichen wir das einmal mit dem, was auch in unserem Staat im Rechtswesen nur der höchsten Autorität vorbehalten ist: Gnade walten zu lassen für jemanden, der zu einer langen Strafe verurteilt worden ist. Das darf nur der Bundespräsident, das Staatsoberhaupt.

Jesus Christ verkündet die Gnade Gottes, er verkündet sie jedoch nicht nur, er nimmt die Strafe des Begnadigten auf sich. Das wäre so, als wenn der Bundespräsident selbst z. B. für fünf Jahre ins Gefängnis gehen würde für jemanden, den er begnadigt und dem er die fünf letzten Jahre seiner Strafe erlassen hat.

Der Bundespräsident geht nicht stellvertretend ins Gefängnis. Jesus Christus aber nimmt die Strafe stellvertretend auf sich, um so ein deutliches überzeugendes Zeichen zu setzen. Das ist die Botschaft des Kreuzes. Das ist der theologische Hintergrund des Leidens Christi. Es verbindet sich mit dem Leiden, das ihm aus der Verfolgungssituation durch diejenigen zugefügt worden ist, die ihm nicht zubilligen wollten, an der Stelle des Höchsten die Gnade, die göttliche Gnade zu gewähren.

Der Weg von der Krippe zum Kreuz ist der Weg aus der vom Weihnachtsstern erleuchteten Nacht von Bethlehem heraus - durch die Schattenseiten des Lebens und die finstere Nacht der menschlichen Schuld hindurch - ins Licht des neuen Lebens hinein, empfangen aus der Gnade Gottes.

So ist Jesus Christus selbst für uns zum Licht des Lebens geworden: als die leibhaftige vergebende Liebe Gottes, die Gnade, die Chance zur Umkehr, das Geschenk eines lebenslangen neuen Anfangs.

Barmherzig kritisch

4. Februar 2007
Septuagesimae
(3. Sonntag vor der Passionszeit)
Matthäus 9,9-13

Beim ersten Lesen dieses Textes fiel mir der Titel eines Liedes von Franz Josef Degenhardt ein - Sie werden ihn vielleicht kennen: „Spiel nicht mit den Schmuddelkindern". Der Titel ist schon fast sprichwörtlich geworden. Er enthält eine soziale Kritik von „denen da oben" gegenüber „denen da unten". Im Lied ist diese Kritik ironisch gemeint und richtet sich in Wirklichkeit von „denen da unten" gegen „die da oben". Degenhardt hat mit seinem Lied Partei ergriffen für „die da unten". Er war stets eine umstrittene Persönlichkeit. Das ist bei denen, die gesellschaftliche Kritik üben, eine wohl unausweichliche Folge.

Spiel nicht mit den „Schmuddelkindern" - die „Schmuddelkinder" müssten eigentlich in Anführungszeichen gesetzt werden. Denn „Schmuddelkinder" sind sie nur aus einer bestimmten Perspektive - eben von oben her betrachtet.

So verhält es sich auch mit den Zöllnern und Sündern. Sünder sind die Betreffenden nur aus einer bestimmten Perspektive - aus der Sicht nämlich der gehobenen religiösen gesellschaftlichen Schicht: der Pharisäer und Schriftgelehrten und Hohenpriester. Auch wenn Jesus hier von den Kranken spricht, meint er dies ironisch.

Es ist an dieser Stelle vielleicht einmal wichtig, vorsorglich darauf hinzuweisen, dass wir die biblischen Äußerungen über die Pharisäer, Schriftgelehrten und Hohenpriester nicht als historisch korrekte Bewertungen dieser gesellschaftlichen Akteure jener Zeit verstehen dürfen. Gerade die Pharisäer, die ja auch in unserem Text ausdrücklich erwähnt werden, sind im Neuen Testament sehr einseitig negativ dargestellt worden als diejenigen, die übermäßig streng die Einhaltung der religiösen Gesetze forderten, ohne diese selbst in der geforderten Weise einzuhalten. Der Pharisäer ist durch die sehr einseitige Kritik der neutestamentlichen Texte zu einem Inbegriff des Heuchlers geworden - bis hin zu dem Getränk mit eben diesem Namen, dem Kaffee, in dem ein kräftiger Schuss Rum enthalten ist, der obendrauf aber ein Häubchen Schlagsahne hat, wodurch der Duft des Rums verdeckt werden soll, damit keiner merkt, was in Wirklichkeit im Kaffee verborgen ist.

Wenn wir jetzt einen Pharisäer aus der Zeit des Neuen Testaments unter uns hätten, würde der ganz bestimmt sehr erbost sein über diese, wie er das zu Recht empfinden würde, diskriminierende Art der Beschreibung seiner Gruppe.

Die neutestamentlichen Texte schildern die Pharisäer sehr einseitig negativ. Diskriminierend ist wohl der richtige Ausdruck. Nicht nur die Pharisäer kommen in diesen Texten so schlecht weg, sondern überhaupt die Gegner Jesu.

Das Auftreten Jesu war sehr konfliktreich. Und Jesus ist am Ende gewaltsam zu Tode gekommen. Da haben sich die verschiedenen neutestamentlichen Autoren im Rückblick in Erklärungen versucht. Diese dürfen wir wirklich nicht als historisch korrekt verstehen - sonst würden wir uns in antijüdische Vorurteile hineinreißen lassen mit möglichen Folgen, wie sie historisch vielfach belegt sind und wie wir sie auch in unserem Land vor gar nicht langer Zeit in dramatischster Weise erlebt haben.

Das neutestamentliche Reden über die Pharisäer und überhaupt über die Gegner Jesu sollten wir mit Vorsicht betrachten. Diese Warnung muss immer wieder ausgesprochen werden.

Es ist andererseits so, dass das Wirken Jesu, wie bereits gesagt, sehr konfliktträchtig gewesen ist. Für unsere Theologie ist das Leiden Jesu und seine Kreuzigung theologisch von grundlegender Bedeutung. Wir können diese Konflikte nicht einfach streichen. Aber - und das ist eben ganz wichtig - wir müssen von der wirklichen historischen Situation in einem gewissen Maß absehen und nach dem theologischen Gehalt der Konflikt- und Leidensgeschichte Jesu in seiner wesentlichen, grundlegenden Bedeutung fragen.

Wir könnten z. B. fragen: Die Pharisäer - sind das nicht wir?

Wir - mit zumindest einem Anteil unserer Wesensart. Müssen nicht wir uns die Kritik Jesu zuziehen? Sind nicht wir diejenigen, die sich mit einem manchmal problematischen Maß an Selbstgerechtigkeit gelegentlich über die anderen erheben und andere abqualifizieren? Was sagen wir denn manchmal z. B. über Arbeitslose? Was sagen wir manchmal über Ausländer? Wie reden wir über Menschen anderer religiöser Zugehörigkeit? Wie reden wir über Arme, über die Länder, in denen Armut herrscht? Wie reden wir über Obdachlose? Wie reden wir über „die Reichen"? Wie reden wir über Menschen mit Behinderungen? Wie reden wir über Straffälliggewordene? Wie reden wir als Männer über Frauen, als Frauen über Männer? Wie reden wir über Vorgesetzte, wie reden wir über Mitarbeiter?

Es geht um das Thema Vorurteile, um die Klassifizierung von Menschen, von Gruppen; es geht um das Thema Selbstgerechtigkeit. Es geht darum, dass sich die einen über die anderen erheben.

Es geht nicht darum, Kritik zu unterdrücken. Es geht nicht darum, dass wir nicht bestimmte Menschen, bestimmte Gruppen, bestimmte Vorgänge kritisch sehen dürften. Wir dürfen durchaus kritisch sein. Gelegentlich sollen und müssen wir auch Kritik üben. Aber es kommt schon sehr auf die Art der Kritik an. Was Jesus einfordert, ist das zur Kritik hinzugehörende Maß an Selbstkritik und das zugehörige Maß an Barmherzigkeit.

Kritik, die die Fehler nur bei anderen sieht, ist nicht in Ordnung. Und Kritik, die es darauf abstellt, den anderen klein und kaputt zu machen, ist auch nicht in Ordnung.

Jesus selbst ist sehr kritisch. Unser Text ist ein Beispiel dafür. Er übt seine Kritik hier zunächst nicht verbal, sondern durch ein ungewöhnliches Verhalten, das von einigen - genannt sind hier die Pharisäer - als provokant empfunden wird. Jesus zieht dadurch zunächst einmal die Kritik anderer auf sich selbst.

Er hat nämlich einen Zöllner als Jünger berufen und setzt sich mit „Zöllnern und Sündern" an einen Tisch und isst mit ihnen. Das fordert die Pharisäer zu der Frage an die Jünger heraus - und die Frage ist nicht informativ, sondern kritisch gemeint: „Warum isst euer Meister mit den Zöllnern und Sündern?" Die Pharisäer sind empört. Ihre Frage hätte im Sinne des anfangs zitierten Liedes auch lauten können: „Warum spielt euer Meister mit den Schmuddelkindern?"

Was ist aus der Sicht der Pharisäer so schlimm an den Zöllnern? Zöllner waren wegen ihres Berufes schlecht angesehen, weil sie für die römische Besatzungsmacht arbeiteten. Das war aus politischen Gründen anrüchig. Und da die Römer eine andere Religion hatten, verunreinigten sich die Zöllner - aus religiöser Sicht - durch ihren Kontakt mit ihnen. Außerdem wurde den Zöllnern unterstellt, dass sie mit dem Geld nicht immer ehrlich umgingen. Sie werden im Neuen Testament oft zusammen genannt mit den Sündern. „Zöllner und Sünder" - das war ein feststehender Begriff für „schlechte Menschen". Mit denen also setzte sich Jesus an einen Tisch. Das war für die Pharisäer, so schildert es unser Predigtabschnitt, ganz offensichtlich eine Provokation. Sie fragen die Jünger empört: „Was soll das?"

Jesus hat mit seinem Verhalten unausgesprochen faktisch Kritik an bestimmten Einstellungen in der Gesellschaft geübt und zieht damit die Kritik der anderen auf sich.

Wogegen wendet sich Jesus kritisch mit seinem Vorgehen? Er wendet sich dagegen, dass Menschen deklassiert werden, dass sie aus religiösen, aus sozialen, aus politischen, aus moralischen Gründen als Menschen zweiter oder dritter Klasse behandelt werden.

Wir können davon ausgehen, dass Jesus unrechtes und unmoralisches, sündhaftes Verhalten keineswegs billigen wollte - nach dem Motto: Ist doch alles nicht so schlimm. Nein, das nicht. Aber er wandte sich dagegen, Menschen, aus welchen Gründen auch immer, auszugrenzen. Wenn mit Menschen etwas nicht in Ordnung war, wenn an ihnen etwas zu kritisieren war, dann sah er es als seine Aufgabe an, sich diesen Menschen mit um so mehr Aufmerksamkeit zuzuwenden und ihnen zu helfen, wieder zurechtzukommen - so, wie ein Arzt sich um heilungsbedürftige Kranke kümmert oder wie sich z. B. eine Lehrkraft um Schüler kümmert, die ja nun mal der Lehre, der kritischen Hinweise auf ihre Fehler und der Erziehung bedürfen.

Was wäre das für eine Gesellschaft, die ihre Kranken ausgrenzt?! Im Dritten Reich ist dies z. B. mit behinderten Menschen geschehen. Was wäre das für eine Gesellschaft, die ihre minderbegabten Kinder und Erwachsenen sozial an den Rand drängt, die Straffälliggewordene sozial ächtet, die Andersdenkende, Andersredende mundtot macht und Andershandelnde und Andersseiende auszuschalten versucht?! Das Leben in einer solchen Gesellschaft wäre wohl in menschlicher Hinsicht überaus unangenehm.

Wo Probleme, welcher Art auch immer, in Menschen gesehen werden, da kann die Lösung nicht sein, dass sie an den Rand gedrängt werden, dass sie deklassiert werden, dass sie geächtet werden oder auch nur verachtet werden. Das wäre unmenschlich, unbarmherzig. Wo Probleme im Menschen sind, da ist vielmehr besondere Zuwendung vonnöten, um Probleme auszuräumen oder sie zu verringern.

Jesus begegnet der empörten und kritischen Anfrage an sein Verhalten mit dem Hinweis auf einen Propheten des Alten Testaments, Hosea: „Lernt, was das heißt: Ich habe Wohlgefallen an Barmherzigkeit und nicht am Opfer." Er ruft seine Kritiker zur Barmherzigkeit auf. Als seine Kritiker betrachtet er nicht nur die Pharisäer, denen die Gesetze so wichtig sind, sondern, wie seine Bezugnahme auf den Opferkult zeigt, auch die Priester des Jerusalemer Tempels.

Jesus wendet sich gegen Ausgrenzungen jeder Art. Er setzt sich für einen menschlichen, barmherzigen, liebevollen Umgang in der Gesellschaft ein. Er setzt sich mit seiner verbalen und faktischen Kritik erheblichen Risiken aus. Seine Gegner bringen ihn schließlich ans Kreuz. Sein Anliegen aber ist lebendig geblieben.

Sein Reden und Handeln ist auch für uns heute noch ein dauerhafter Anstoß, uns immer wieder für eine menschliche Gesellschaft einzusetzen.

Einmal reicht nicht
11. Februar 2007
Sexagesimae
(2. Sonntag vor der Passionszeit)
Jesaja 55,10-12a

„Das habe ich dir doch schon hundertmal gesagt!" Vielleicht ist Ihnen dieser Satz auch schon des Öfteren über die Lippen gekommen. Für alle, die vor der Aufgabe der Erziehung stehen, ist dieser Seufzer wohl Standard. Man redet sich den Mund fusselig und nichts passiert.

Es sind nicht nur Eltern und Lehrkräfte, die diese frustrierende Erfahrung machen: dass Worte verpuffen können, als wären sie nie gesprochen. Wir alle stehen täglich vor diesem Phänomen: dass wir vieles endlos oft wiederholen müssen. Allerdings sind wir selbst wohl auch nicht besser. Auch wir verhalten uns oft, als wären wir schwerhörig. Es ist ein offenbar allgemein menschliches Phänomen - und zwar ein sehr vielschichtiges, dass manches in das eine Ohr hinein- und aus dem anderen Ohr gleich wieder hinausgeht.

Das Wort - das Wort ist keineswegs kraftlos. Ein paar nette Worte z. B. können einen Menschen aufblühen lassen: „Schön, dass du da bist!" Das ist Balsam für die Seele. Worte können einen Menschen aber auch fertigmachen: „Hau ab, zieh Leine!" Das sticht ins Herz.

Ein einzelnes Wort kann sogar über den weiteren Lebensweg entscheiden. Vor Gericht: „Schuldig!" Ein Wort - und wir müssen die nächsten Jahre im Gefängnis verbringen. Oder einfach das Wörtchen „Ja" - und wir haben uns entschieden, unseren Lebensweg bis zum Ende mit einem ganz bestimmten Menschen zu gehen - und jemand anderes hat sich für uns entschieden.

Worte können über Leben und Tod entscheiden. Wenn im Bundestag über den Einsatz deutscher Soldaten in einem Krisengebiet entschieden wird, ist das eine Entscheidung auch über

Leben und Tod einzelner Soldaten und vieler anderer Menschen.

Das Wort hat eine enorme Kraft. Wenn wir z. B. die Bibel nehmen: Die Worte der Bibel haben die Welt bewegt. Sie haben die Herzen und Hände endlos vieler Menschen bewegt. Aus diesen Worten sind Kirchen geworden, soziale Einrichtungen. Diese Worte haben viel Gutes ausgerichtet, sie haben Frieden gestiftet, aber auch Streit und Kriege ausgelöst.

Worte haben eine gewaltige Macht. Aber sie können auch wirkungslos verpuffen. Manches wird immer wieder und wohl auf ewig wiederholt werden müssen: „Seid lieb zueinander!" - und schon streiten wir uns weiter, sogar mit Menschen, die wir gernhaben. Jedes Jahr feiern wir Weihnachten: „Friede auf Erden allen Menschen!" Immer wieder dieselbe Botschaft. Und wir hören sogar hin und lassen uns innerlich sogar anrühren. Und für einen Augenblick ergreifen diese Worte sogar unsere ganze Person, unser Fühlen und Denken und Wollen und Tun. Ein paar friedvolle Momente mag es geben. Aber dann kommt wieder der Alltag mit seiner ganzen Kraft und verdrängt die guten Worte in die Tiefen unserer Seele. Es bedarf des nächsten Weihnachtsfestes, um sie wieder zum Leben zu erwecken.

Das Leben ist Bewegung. Einmal reicht nicht. Einmal frühstücken reicht nicht. Jeden Morgen holen wir wieder das Brot heraus. Und einmal was sagen, reicht eben auch nicht. „Pass schön auf dich auf!" Bei jedem Abschied sagen wir es wieder.

Auch das, was sich vor 2000 Jahren ereignet hat, zu unseren Gunsten, bedarf der ständigen Aktualisierung: „Jesus Christus für uns gestorben": ein Geschehen mit einer Aussage, die für uns auf immer gilt, ein für allemal. Aber wir müssen die Worte wiederholen - in Lesungen, in Predigten, in Gesprächen. Wir müssen den Worten Gestalt geben, immer wieder, in liturgischen Feiern, im Abendmahl, in Kunst und Musik.

Worte sind für uns so wichtig wie der Herzschlag. Sie müssen wiederholt werden, ein Leben lang. Keine Worte - kein Leben. Denn wir werden ganz wesentlich über unser Hirn gesteuert. Das braucht die geistige Nahrung wie der Leib die feste

Speise. Wir leben nicht vom Brot allein - anders als die Tiere, die fressen und fressen, und das reicht.

Wir brauchen zusätzlich die geistige Nahrung. Aber wir leben auch nicht vom Wort allein. Es reicht nicht, dass unser Hirn mit Worten vollgestopft wird. Die Worte müssen in Taten umgesetzt werden. Der Mensch muss handeln, selbstbestimmt handeln, vom Bewusstsein gesteuert, von seinem eigenen Willen gelenkt: das ist die Chance des Menschen, das macht seine Würde aus, das ist zugleich sein Schicksal, eine manchmal wirklich nicht leichte Aufgabe: immer wieder Entscheidungen fällen zu müssen.

Es kommt schon sehr darauf an, was für Worte uns zur Verfügung stehen. Und dann kommt es auch sehr darauf an, was wir aus diesen Worten machen.

Was für Worte stehen uns zur Verfügung? Das hängt zum einen davon ab, mit welchen Menschen wir zu tun haben - was sie uns sagen: ob sie uns z. B. etwas Nettes sagen, etwas Aufbauendes, etwas Ermutigendes, Weiterführendes, etwas Hilfreiches. Oder ob sie uns mit Worten immer wieder runterreißen.

Wir, die wir hier versammelt sind, wissen etwas von einer ganzen Schatzkiste voller guter Worte. Das ist die Bibel. In diesem Buch steht wirklich so viel Wunderbares. Damit könnte unsere ganze Erde zum Blühen gebracht werden. Da ist aber kein Fastfood drin, das man sich mal eben ganz billig reinziehen könnte. Da ist auch kein Kunstdünger drin, den sich einige am Schreibtisch ausgedacht und im Labor und in einer Versuchsreihe getestet haben und mit wirtschaftlichen Gewinnabsichten auf den Markt bringen.

Die Worte der Bibel sind aus dem Leben erwachsen, in vielen Jahrhunderten. Menschheitserfahrungen haben sich hierin verdichtet und verbunden mit einer Liebe zum Leben und zum Menschen. Es sind Worte über das Werden und Vergehen, über das Leben und über den Menschen.

Gott sprach das schöpferische Wort: „Es werde Licht" - und es wurde das Licht. Es werde der Himmel, es werde die Erde, es werde die Natur, es werde der Mensch - und es wurden Himmel und Erde, Natur und Mensch. Das wäre zu schön, wenn wir das auch könnten: ein Wort - und es geschieht.

Aber so wörtlich dürfen wir das alles nicht nehmen. Das Werden war ein Milliarden Jahre langer Prozess - und im kleinen Rahmen, in den kleinen menschlichen Dingen dauert eben auch vieles lange. Geduld ist eine ganz wichtige Tugend.

Wichtig und gut für uns und für uns alle ist, dass wir die Worte der Bibel überhaupt ernst nehmen, dass wir sie ernsthaft in unseren Hirnen und Herzen bewegen und wir uns zum Nachdenken und vielleicht zum Umdenken bringen lassen, dass wir uns zur Besinnung, zur inneren Einkehr und Umkehr bringen lassen, dass wir uns trösten, uns verzeihen, uns ermutigen, uns Hoffnung machen lassen und dass wir dann unsererseits Gutes daraus machen - für uns selbst, aber nicht nur für uns selbst, sondern auch für die Menschen um uns herum und auch für die Menschen weiter weg. Dass die biblischen Worte also Frucht bringen - in uns und durch uns.

Der Predigttext bringt noch etwas zum Ausdruck, was ganz tröstlich ist. „So, wie der Regen vom Himmel fällt", heißt es da, „und nicht wieder leer zurückkehrt, sondern die Erde befeuchtet und etwas wachsen lässt, so wird es auch mit dem Wort Gottes sein." Die Worte Gottes sind nicht vergebens. Auch wenn sie nicht immer gleich Frucht bringen, so kann es doch sein wie in der Wüste, wo im Boden die Samen schlummern. Wenn dann irgendwann mal Regen fällt, dann entfalten sie sich, blühen auf und bringen Frucht. Auch als Eltern kann man diese wundersame Erfahrung machen, dass erst nach Jahren das gar nicht mehr Erwartete geschieht: dass dem Kind gegebene Ratschläge erst bei dem Erwachsengewordenen Früchte tragen.

Das Wort Gottes hat schon Jahrtausende hinter sich. Es hat Phasen gegeben, in denen es von ganzen Generationen kaum gehört worden ist. Dann konnte es plötzlich wieder die Herzen und Hirne und Hände und Füße bewegen. Mir scheint, wir befinden uns wieder zunehmend in einer solchen Phase erhöhter Aufmerksamkeit für das Wort Gottes.

In einer Zeit, in der die technische Entwicklung fast alles möglich zu machen scheint, stellen sich die unbegrenzten Möglichkeiten schon fast als Überforderung dar. Mit Menschen überall in der Welt kann ich kommunizieren, sogar stundenlang und kostenlos und mit einer Identität, die ich mir einfach ausdenke. Ich kann mich in virtuelle Wirklichkeiten - besser gesagt: Unwirklichkeiten - hineinsteigern, in denen es kaum noch Maßstäbe gibt. Die Realität, das echte Leben mit echten Menschen aus Fleisch und Blut wird da wieder zu einer Herausforderung, zu einer hohen Anforderung, für manche auch zu einer Überforderung, zu einem Lernfeld, in dem wir nach wertvollen, hilfreichen Inhalten, nach Lebensorientierung, nach Rat und Halt ganz neu und begierig, vielleicht sogar fast verzweifelt Ausschau halten.

Bei der Suche kommt auch die Bibel wieder in den Blick. Die biblischen Texte haben nicht die eine Antwort auf alles parat. Aber da ist eine Schatzkiste, in der zu stöbern sich lohnt, weil sich das wahre Leben darin verdichtet hat - mit einer Liebe zum Leben und zum Menschen. Da ist nicht Gold und Silber drin, sondern etwas viel Wertvolleres - wie gesagt: die Liebe zum Leben und zum Menschen, göttliche Gaben und eine lohnende, sinnvolle Lebensaufgabe zugleich.

Die Bibel ist gewiss kein leicht zu lesendes und kein leicht zu verstehendes Buch. Aber es enthält Worte des Lebens. Diese Worte wollen gesucht und entdeckt werden. Sie wollen gehört und bedacht werden. Und sie wollen etwas bewegen. Sie wollen unsere Herzen und Hirne bewegen - und unsere Hände und Füße. Sie wollen etwas wachsen lassen und in uns und durch uns Frucht bringen.

Seien wir also bereit als der fruchtbare Boden für die guten Worte Gottes - uns selbst und allen Menschen und der ganzen Schöpfung Gottes zum Wohl.

Brot fürs Herz

18. März 2007
Laetare
(4. Sonntag der Passionszeit)
Johannes 6,47-51

In diesem Gottesdienst feiern wir das Abendmahl. Das passt gut zu unserem Predigttext. Dieser Text fordert uns geradezu dazu auf, über das Abendmahl einmal etwas grundsätzlicher nachzudenken - im Zusammenhang mit dem Leiden und Sterben und Auferstehen Jesu Christi.

Abendmahl - Abendessen - Abendbrot: Wer sich in kirchlichen Dingen nicht auskennt, könnte sich zunächst fragen: Was gibt es denn zu essen?

Viel für den Magen ist es nicht. Der leibliche Hunger könnte dadurch nicht gestillt werden. Brot kann man das eigentlich auch nicht nennen. Aber ein Zeichen für das Brot soll die Oblate sein. Wenn es richtiges Brot wäre, dann wäre es dennoch weniger für den Magen bestimmt. Auch richtiges Brot wäre als Zeichen gemeint - als Zeichen für Fleisch. Aber selbst, wenn wir heute Morgen Fleisch, sagen wir Lammfleisch, zu essen bekämen, wäre auch dies weniger für den Magen bestimmt. Auch das Fleisch wäre als ein Zeichen zu verstehen, als ein Zeichen nämlich für den Leib Christi, dessen Hinrichtung am Kreuz einmal mit der Schlachtung eines Lammes verglichen worden ist.

Wenn wir jetzt noch einmal gedanklich wieder rückwärtsgehen, zurück zur Oblate, die wir nachher empfangen werden, dann ist also die Oblate letztlich ein Hinweis auf den Tod Jesu am Kreuz. Aber das ist noch nicht das Letzte, was zu sagen ist. Die Speise, wenn sie auch noch so wenig ist, soll nicht bloß ein Zeichen des Todes sein. Nahrung dient dem Leben. So ist denn tatsächlich die kleine, runde, dünne, trockene Oblate, die wir nachher empfangen können, am Ende ein Hinweis auf die Auferstehung Jesu, ein Zeichen für das Leben, für das ewige Leben.

Wenn jetzt hier unter uns tatsächlich jemand ist, der mit all diesen Dingen nicht so vertraut ist, der hier nur einfach so hereingekommen ist, um zu sehen, wie das so in einem Gottesdienst zugeht, der dürfte nun wohl ziemlich verwirrt sein. Der Betreffende oder die Betreffende könnte sich dann auch noch fragen, warum denn dieses Abendmahl am frühen Morgen angeboten wird. Das ist leicht zu erklären: Jesus selbst hat eben bei einem Abendessen am Vorabend seines Todes mit seinen Jüngern zu erläutern versucht, worum es geht, und wir vollziehen dieses Abendessen nun im Gottesdienst, der nun mal am Vormittag stattfindet, zeichenhaft nach.

Aber das, worum es geht, bleibt verwirrend. Schon damals hatten die Jünger Schwierigkeiten, Jesus zu verstehen. Auch die Menschen, die Jesus mit den Worten unseres Predigttextes anspricht, verstehen ihn nicht. „Wie kann der uns sein Fleisch zu essen geben?", fragen sie. Und sie hätten hinzufügen können: „Und wie kann der uns sein Blut zu trinken geben?"

Das ist wirklich eine Frage. Ich weiß, dass manche auch unter uns Schwierigkeiten haben mit diesen Symbolen, mit diesen, fast könnte man sagen, kannibalistischen Bildern.

Aber hinter diesen komplizierten schwierigen Bildern steckt eine letztlich sehr schöne, ja ganz wunderbare und eigentlich auch einfache Aussage.

Wenn wir jemanden gern haben, dann sagen wir zum Beispiel, wenn wir uns für länger verabschieden: „In meinem Herzen wirst du immer bei mir sein." Ja wie denn? Wie kann der andere mit seinem großen Körper in meinem kleinen Herzen sein? Wie kann der da denn reinkommen? Das ist auch eine bildhafte Ausdrucksweise: „In meinem Herzen wirst du immer bei mir sein."

Es geht eben auch beim Abendmahl darum, Jesus in unser Herz aufzunehmen. Ich sagte vorhin schon: Die Oblate ist gar nicht für den Magen bestimmt. Sie ist Speise fürs Herz. Darum ist das auch ganz in Ordnung, dass es eben eine Oblate ist, die sieht schon so durchgeistigt aus. Da ist einfach von vornherein klar: Sie ist eine geistige und geistliche Nahrung.

Wenn ich nun im Sinne unseres Predigttextes sage: „Sie ist

Brot des Lebens", dann ist wohl klar, dass mit „Leben" hier nicht das leibliche Leben im Sinne des Funktionierens unseres Körpers gemeint sein kann. Denn unser Körper braucht zum Leben handfeste Nahrung, eine ordentliche Stulle Brot und Kartoffeln und Reis und so weiter. Unser Leib würde an der Oblate allein zugrunde gehen.

Aber wie gesagt: Die Oblate ist Speise fürs Herz, und wenn wir sagen: „Sie ist Brot des Lebens", dann ist mit „Leben" eben etwas anderes gemeint als das Funktionieren unseres Körpers. Leben ist nicht nur etwas, das in zeitlichen Kategorien zu messen ist. Leben ist auch ein Qualitätsbegriff. Wenn diese bestimmte Qualität fehlt, kann es sein, dass wir tot sind, obwohl wir leben, dass wir quasi wie wandelnde Leichen sind.

Das, was Leben im Sinne einer Qualität ausmacht, hat die Bibel als Nähe zu Gott beschrieben. Je näher bei Gott, desto lebendiger sind wir. Je ferner von Gott, verzeihen Sie, desto toter sind wir. Nähe zu Gott und Ferne von Gott das klingt jetzt sehr theologisch. Ich habe mal jemanden kennengelernt, der hat das mit der Nähe zu Gott in der Weise auf die Spitze getrieben, dass er gesagt hat: „Das eigentliche Leben fängt erst nach dem leiblichen Tod an. Dann bin ich ganz bei Gott."

Diese Vorstellung legen ja manche oder sogar viele biblische Texte, die vom ewigen Leben handeln, nahe.

Aber wie ist das mit unserem Leben jetzt und hier? Gibt es nicht auch schon jetzt und hier eine absolute Gottesnähe und das ewige Leben, auch jetzt in der Zeit unseres endlichen Lebens?

Diese Frage müssen wir stellen. Denn es reicht doch nicht zu sagen: „Das eigentliche Leben fängt erst nach dem leiblichen Tod an." Was nach dem leiblichen Tod ist, entzieht sich unserer Vorstellungskraft und unserer Verfügungsgewalt. Spekulationen sind, fast möchte ich sagen, müßig. Das hat ja auch Jesus deutlich gemacht, als er einmal gefragt wurde, ob man denn auch im Himmel noch verheiratet ist. Er hat geantwortet: „Da wird alles ganz anders sein, als ihr euch das vorstellt."

Was nach dem leiblichen Tod ist, können wir nur vertrauensvoll in die Hand Gottes legen. Die Frage ist: „Was ist jetzt hier und heute?" Darum ist doch Gott Mensch geworden, um uns in der Gestalt Jesus Christus etwas zu geben für unser Leben hier und jetzt in dieser schönen und schwierigen Welt, die ja auch Gottes eigene Schöpfung ist.

Das möchte ich noch einmal unterstreichen: Auch hier und jetzt leben wir in Gottes Welt. Wir sind umgeben von der Schöpfung Gottes, ja, wir sind selbst Gottes Geschöpfe.

Jeder Sonnenstrahl, jede Blume, jeder Schluck Wasser, jedes Tier, jedes Kind, jeder Mitmensch - das sind alles Gottes Gaben. Aus allem begegnet uns Gott selbst.

Mit vielem gehen wir in der uns geschenkten Freiheit allerdings achtlos und nachlässig um. Und das macht im biblischen Sinne die Gottesferne hier und jetzt aus: die Missachtung des Schöpfers. Wenn wir mit dieser Schöpfung umgehen, als wäre sie unsere eigene, als könnten wir mit ihr machen, was wir wollen, als könnten wir willkürlich und selbstherrlich über sie verfügen, dann sind wir theologisch gesprochen Gott fern, und dann ist unser Leben nicht mehr das Leben, wie es im biblischen Sinne gemeint ist. Denn zum Leben als Qualitätsbegriff gehört die Verantwortung vor dem Schöpfer, gehört der Lobpreis Gottes, gehört der Dank für all die wunderbaren Gaben, die wir zum Leben empfangen haben.

Und wenn wir Gottes Geschöpf, den Menschen, gering achten, wenn wir zulassen, dass Menschen verhungern und verdursten und Menschen wegen ihrer Hautfarbe, ihrer Sprache und Kultur gefährdet werden, wenn wir unsere Mitmenschen belügen und betrügen, sie ausnutzen und ausbeuten, sie verachten und verletzen, wenn wir unsere Mitmenschen lieblos behandeln, dann sind wir Gott fern, dann ist unser Leben nicht das Leben, wie es gemeint ist. Ein Leben in Lieblosigkeit ist im biblischen Sinne kein Leben.

Sind wir aber zu einem Leben in Liebe fähig und können wir so die Gottesnähe sicherstellen? Die biblischen Texte halten uns von Anfang an den Spiegel vor und machen uns klar: Wir sind von Gott abgefallen, haben uns von ihm entfernt und führen ein Leben, das weitgehend mit Lieblosigkeit durchsetzt ist.

Aber das soll uns nicht zum Verhängnis werden. Wo wir uns, theologisch gesprochen, von Gott entfernt haben, da kommt uns Gott selbst wieder nahe in Jesus Christus. Er verkörpert die Vergebung und schenkt uns damit das Leben neu. Durch Vergebung macht er uns wieder frei für das Leben, wie es gemeint ist, für das Leben im Sinne dieser Qualität, für das Leben in Dankbarkeit, in Verantwortung und in Liebe.

Diese für uns so wichtige in Jesus Christus verkörperte Vergebung nehmen wir zeichenhaft an im Abendmahl. Wir nehmen Jesus Christus in unser Herz hinein in der Gestalt der Oblate und des Weines und tragen damit dann denjenigen im Herzen, der durch menschliche Lieblosigkeit zu Tode gebracht wurde und ins Leben zurückkehrte, um der Liebe dann doch noch zum Sieg zu verhelfen. Wenn wir das Abendmahl eingenommen haben, dürfen wir sagen: „Wir waren tot, und nun ist uns das Leben neu geschenkt worden." Jetzt und hier haben wir bereits einen Zipfel des ewigen Lebens zu fassen. Gott sei's gedankt.

Tropfen auf fruchtbaren Boden
1. April 2007
Palmsonntag
(6. Sonntag der Passionszeit)
Dank an Ehrenamtliche
Johannes 4,5-14

Sie werden es von dort vielleicht nicht erkennen können. Ich habe hier einen gläsernen Tropfen in der Hand. Wir werden ihn Ihnen nachher am Ausgang überreichen. Dies ist nicht der berühmte Tropfen, der auf den heißen Stein fällt und verpufft - und das war's. So ist es mit dem ehrenamtlichen Engagement ja gerade nicht. Da ist es genau anders herum. Jedes kleine Tröpfchen ist voll von Leben und schafft neues Leben.

Wenn jemand von Ihnen - sagen wir: eine der älteren Damen - z. B. nach einer Veranstaltung im Gemeindehaus die Tische abwischt und ich sage: „Dankeschön!", dann wehrt die nette Dame ab: „Das ist noch nicht der Rede wert." Doch, doch, auch das Tischabwischen ist ein Arbeitsgang, was man merkt, wenn man's mal selbst macht. Aber es ist nicht nur die Arbeit. Es steckt viel mehr darin: der gute Wille, etwas für die Gemeinschaft zu tun, die Freude am Beisammensein, die Dankbarkeit dafür, dass es das regelmäßige wöchentliche Beisammensein mit Besinnung, Kaffeetrinken und Thema gibt, die Dankbarkeit auch dafür, dass es die Gemeinde gibt, die Kirche, die ganze christliche Tradition. Das Abwischen der Tische steht ja in einem Zusammenhang, in einem letztlich ganz großen, Jahrtausende alten Zusammenhang.

Vielleicht denken Sie jetzt: „Der übertreibt!" Nein, ich bleibe dabei. Es handelt sich um „christliche Nächstenliebe mit dem Wischlappen". Die scheinbar so kleine Geste ist Ausdruck dafür, dass wir etwas Gutes empfangen haben und wir etwas Gutes weitergeben wollen.

Der scheinbar kleine Tropfen ist voller Leben - und er schafft neues Leben. Denn er fällt nicht auf einen heißen Stein, sondern auf fruchtbaren Boden. Unsere Gemeinde ist fruchtbarer Boden. Alles, was hier ist und geschieht, ist wie Humus der zweitausendjährigen christlichen Tradition. Die Gebäude, die Kirche, das Gemeindehaus, das Kindertagesheim sind Ausdruck des Willens, die wunderbare Botschaft von der Liebe Gottes zu seiner Schöpfung, seinem Geschöpf Mensch insbesondere, weiterzugeben. Die kirchliche und gemeindliche Organisation, die Mitarbeiterschaft - jetzt meine ich die Hauptamtlichen, die Gemeindeglieder und überhaupt all die Menschen, die sich zugehörigen fühlen: Das alles zusammen ist fruchtbarer Boden, der gern und dankbar aufnimmt, was an Tropfen und Tröpfchen auf ihn kommt, und Neues wachsen lässt.

Ja, jeder Tropfen, der auf den Boden unserer Gemeinde fällt - in Gestalt des ehrenamtlichen Engagements, lässt neues Leben wachsen. Das Leben bedarf der immer neuen, täglich neuen Zufuhr von Energie, um neue Energien entstehen zu lassen. Wenn ich der Dame mit dem Wischlappen sage: „Dankeschön!", dann, weil sie mit ihrem Lappen in meinem Herzen etwas ausgelöst hat. Ich bin wirklich dankbar, nicht nur für die Arbeitserleichterung, sondern auch für diese Geste des guten Willens. Es ist doch eine wahrhaftige Freude zu erleben, wie die guten Worte der Bibel zu guten Taten werden, wie Worte des Lebens sich in leibhaftiges Leben verwandeln.

Das mag jetzt theologisch-pathetisch klingen. Aber so ist es. Jedes einzelne gute Wort und jede kleine liebevolle Geste ist von enormer Kraft. Damit stärken wir uns gegenseitig. Davon leben wir.

Und das Schöne ist außerdem: Es fällt in unserer Gemeinde nicht nur ein einzelner Tropfen auf den fruchtbaren Boden. Es sind ganz viele Tropfen. Manchmal kommt ein ganzer warmer Regen auf uns herab - wie z. B. gestern der Kinderflohmarkt oder wie die vielen Flohmärkte und Bücherflohmärkte im Laufe des Jahres, der Basar, die Feiern und Festlichkeiten, die Konzerte - oder wie der wöchentliche Blumenschmuck hier in der Kirche ... Ich könnte jetzt Etliches aufzählen und erzählen von den einzelnen Tropfen, von den vielen Tropfen, von den kleinen und großen Beiträgen in der Gestalt von ehrenamtlichem Helfen und eigenständigem Gestalten, Beraten, Mitdenken, auch Mitfinanzieren - und auch wohlwollendem Weitersagen.

Auch das Letzte dürfen wir nicht unterschätzen - tun wir auch nicht. Wenn Sie etwas wohlwollend weitersagen, was Sie in der Gemeinde erlebt, empfangen, erfahren haben, hat das eine besondere Qualität und Bedeutung, die anders ist, als wenn unsereins etwas sagt.

Wir möchten Ihnen heute also unseren Dank zum Ausdruck bringen, wir Hauptamtliche Ihnen als den Ehrenamtlichen. Als Zeichen des Dankes überreichen wir Ihnen am Ausgang diesen Tropfen, einen gläsernen Wassertropfen.

In der Evangelienlesung haben wir vorhin gehört, dass Wasser nicht einfach nur Wasser ist, um den leiblichen Durst zu löschen. Wasser für den Leib werden wir Ihnen nachher noch geben - zu trinken und zu essen, Suppe.

Aber dies andere, was über das Leibliche hinausgeht, das ist ja das, was uns alle verbindet, das uns hier in der Gemeinde zusammenführt, immer wieder zusammenführt, und uns hier tätig werden lässt, bezahlt oder nicht bezahlt. Dieses Mehr ist in diesem zeichenhaften Tropfen enthalten - in zweifacher Hinsicht: zum einen als das, was wir aus der biblischen Tradition empfangen haben, und zum zweiten als das, was wir - im Sinne des Auftrags Jesu an seine Jünger - weitergeben, was Sie als Ehrenamtliche weitergeben zugunsten einer lebendigen christlichen Gemeinde, zugunsten unserer gemeinsamen Gemeinde St. Markus.

Also: „Dankeschön!" - und lassen Sie uns weiterhin miteinander weitergeben, was wir empfangen haben - im Geiste Jesu Christi zum Wohl der uns anbefohlenen Menschen und zur Ehre Gottes.

„Ich bin das Brot"
5. April 2007
Gründonnerstag
Matthäus 26,26

„Das ist mein Leib - ich bin das Brot."
Jesus gibt uns nicht Brot zu essen.
Er gibt sich selbst.
Er sagt nicht: Ich habe Brot - für euch.
Er sagt: Ich bin das Brot - für euch.

Brot - Inbegriff dessen,
was wir zum Leben brauchen,
was der Leib zum Leben braucht.
5000 Leiber hat Jesus gesättigt –
mit ganz wenig Brot.
Denn das Brot war nicht nur Brot.
Das Brot war auch er selbst.
Als die Jünger das wenige Brot verteilten,
gaben sie damit auch ihn weiter,
seine ganze Art, seine Kraft,
die in Menschen Gutes wachsen lässt,
die Menschen öffnet und freigiebig macht,
so dass aus wenig Brot ganz viel Brot wurde.
Er hatte nicht nur Brot - zu geben.
Er gab sich selbst.

So hatte das Brot nicht nur die Leiber genährt.
„Wie schön, dass sich einer
unseres Hungers annimmt!
Dass einer mit uns teilt!"
So wurden ihre Herzen erwärmt und erweicht
und ihre guten Kräfte konnten sich entfalten.
Sie entdeckten ihre eigenen Gaben:
dass sie selbst etwas zu geben hatten -

und den Hunger ihrer Nächsten stillen konnten.
Mit dem Brot hatten die Jünger
Jesus selbst ausgeteilt,
seine ganze Art, seine Kraft,
die in Menschen Gutes wachsen lässt,
die Menschen öffnet und freigiebig macht.

Der Mensch lebt nicht vom Brot allein.
Der Mensch lebt nicht allein vom Brot,
das aus den gemahlenen Körnern gebacken wird.
Der Mensch braucht zum Leben auch das Wort:
„Ich will, dass du lebst,
dass du lebst –
im vollen und schönsten Sinn des Wortes.
Ich will, dass es dir gut geht,
dass du zu essen hast und keinen Hunger leidest."

Jesus sagt dies nicht nur.
Er handelt, er gibt zu essen.
Er handelt nicht nur einmal.
Was er sagt, das ist er.
Was er sagt, verkörpert er.
Er ist das Wort in seiner ganzer Person -
das Wort der Zuwendung,
der Hilfe, der Barmherzigkeit, der Liebe.

Es bedürfte nicht des gesprochenen Wortes.
Es bedürfte nur seiner Gegenwart.
Denn er war das Wort.
Er lebte das Wort.
Sein Leiden war das Wort.
Seine liebevolle Hingabe war das Wort.
Er - von Kopf bis Fuß - mit Leib und Seele -
er war das Wort.

Als er das Brot brach und es an die Jünger austeilte, sagte er:

„Das ist mein Leib, das bin ich -
für euch gegeben.
Das ist mein Leben -
mit euch geteilt,
für euch gelebt,
für euch zerbrochen."

Im Brot ist er selbst enthalten -
mit seiner ganzen Lebensgeschichte,
mit seiner Leidensgeschichte,
mit seinem göttlichen Auftrag,
mit seiner Menschenliebe.

Wir, die wir seine Worte hören:
„Das ist mein Leib" -
wir hören seine Worte
mit der Erfahrung von Ostern.
Wir wissen und glauben:
Er hat es wirklich ernst gemeint.
Seine Worte waren nicht nur Worte.
Seine Taten waren nicht nur Taten.
Von Liebe hat er nicht nur geredet.
Und Gutes hat er nicht nur getan.

Er war das Gute, er war die Liebe -
mit Leib und Seele - in Fleisch und Blut.

„Dies ist mein Leib, dies ist mein Blut -
für euch gegeben."
Für uns gegeben -
in Brot und Wein,
damit wir leben können -
im vollen und schönsten Sinn des Wortes -
zu unser und aller Menschen Wohl
und zur Ehre Gottes, unseres Schöpfers.

Die Liebe ist nicht totzukriegen
8. April 2007
Ostersonntag
Johannes 20,11-18

Jesus Christus ist auferstanden. Der von Menschenhand zu Tode Gebrachte ist ins Leben zurückgekehrt. Er lebt wieder. Er lebt doch noch, der Totgeglaubte!?

Ist der Film seines Lebens um einige Tage zurückgespult worden - und wird von da ab jetzt anders weitergedreht? Wird sein Leben in eine andere Richtung fortgesetzt ab einem Zeitpunkt vor Karfreitag, als er noch unter den Lebenden war?

Nein, Karfreitag bleibt bestehen. Es wird nicht zurückgedreht. Es wird nichts ausgelöscht aus seiner Biographie. Jesus ist zwar wieder da - er lebt, aber er setzt nicht sein Leben von vorher fort. Er ist nicht mehr der, der er vor Karfreitag war. Er ist nicht mehr der Jesus von Nazareth - aus Fleisch und Blut. Seine äußere Erscheinung würde für eine amtliche Beurkundung seiner Identität nicht mehr taugen.

Er steht vor Maria von Magdala; zuletzt hatte sie ihn vor drei Tagen gesehen. Sie erkennt ihn nicht. „Hast du ihn weggetragen?", fragt sie ihn, denn sie meint, er sei der Gärtner. Er gibt sich schließlich zu erkennen - mit seiner unverwechselbaren persönlichen Anrede: „Maria!"

Der Auferstandene begegnet Maria von Magdala am Grab in der Gestalt eines beliebigen Mitmenschen. Auch die beiden Jünger auf dem Weg nach Emmaus erkannten in dem fremden Passanten den Auferstandenen zunächst nicht, bis er sich selbst zu erkennen gab - durch das Brechen des Brotes.

So kann es uns bis heute ergehen: dass wir dem Auferstandenen gegenüberstehen - in der Gestalt eines beliebigen Mitmenschen. Er ist dann zwar nach 40 Tagen gen Himmel gefahren. Aber auch als der auf den himmlischen Thron Erhöhte lässt er uns wissen: „Was ihr einem von diesen meinen geringsten Brüdern und Schwestern getan habt, das habt ihr mir getan."

Jesus Christus lebt. Er kann uns in jedem Menschen begegnen. Er möchte in jedem Menschen gesucht und wahrgenommen werden - als Gottes Geschöpf, als Gottes Kind, als Bote Gottes, der uns Wichtiges zu vermitteln hat, oder auch als geschundene Kreatur, die uns zur Barmherzigkeit herausfordert. Beides hatte Christus in seiner Person als leibhaftiger Mensch vereint: die göttliche Botschaft und das menschliche Leiden. Nun kann er uns auf beiderlei Weise begegnen in einem Menschen, der uns zunächst so alltäglich erscheinen mag wie der Gärtner, den Maria vor sich zu haben meinte.

Also seien wir wachsam. Hören wir und schauen wir aufmerksam hin. Betrachten wir unseren Mitmenschen stets auch mit dem Herzen, sodass wir aus allem Menschlichen und Allzumenschlichen vielleicht auch das Göttliche herauszuspüren vermögen.

Das Leben ist überhaupt etwas Göttliches. Das Leben ist etwas Wunderbares und Einzigartiges. Es ist gut, dass wir ein Fest dafür haben: Das Fest des Lebens - Ostern.

Das Leben ist stärker als die Kräfte, die das Leben zerstören. Wir können ganz viel kaputt machen. Aber das Leben bahnt sich immer wieder seinen eigenen Weg und entfaltet sich neu.

Wir machen ganz viel Leben kaputt. Wir sollen aber nichts kaputt machen. Wir tragen eine Mitverantwortung für das Leben. Karfreitag jagt uns einen Schrecken ein. Es soll ein heilsamer Schrecken sein.

Das Kreuz hält uns einen Spiegel vor. Wie konnte nur ein solcher Mensch hingerichtet werden, der in allem, was er sagte und tat, mit seiner ganzen Person, die Liebe verkörperte?!

Die einen haben seine Tötung geplant, die anderen haben mitgemacht, die nächsten haben ausgeführt. Freunde haben ihn nicht verstanden, haben ihn verleugnet, verraten, im Stich gelassen.

Das Kreuz von Karfreitag ist ein Spiegel menschlicher Abgründe. Das soll uns erschrecken und aufrütteln. Ostern aber macht das Kreuz zum Zeichen des Sieges. Das Leben obsiegt über alle Kräfte der Zerstörung. Die Liebe ist stärker als der

Tod. Mahnung und Hoffnung verbinden sich in den Balken des Kreuzes.

Wie viele Menschen sind von Menschenhand ums Leben gekommen! Die Millionen von Kreuzen auf den Kriegsgräbern sind eine schier endlose Mahnung. Der Mensch scheint unbelehrbar und unverbesserlich zu sein. Dennoch bleibt der Mensch ein geliebtes Geschöpf Gottes - als Opfer und Täter. Mit dieser Zusage wendet sich der Auferstandene an seine schwächlichen Freunde und seine mächtigen Feinde.

Karfreitag ist nicht zum Verdammungsurteil über den Menschen geworden. Der Weg in ein neues Leben - in Besinnung und Buße und Besserung - ist uns zu Ostern eröffnet worden. Der Stein vor dem Grab ist zur Seite gerollt. Wir selbst dürfen heraustreten und ein neues Leben wagen im Lichte des Auferstandenen, im Geist seiner Liebe, seines Respektes vor dem Leben, vor der Schöpfung Gottes, vor seinem Geschöpf Mensch insbesondere.

Ostern ist ein Angebot Gottes an uns. Nutzen wir die Chance.

Der Mensch ist dauerhaft durch den Menschen bedroht. Die ganze Schöpfung ist durch den Menschen bedroht. Uns Menschen ist als Teil der Schöpfung eine Mitverantwortung für die Schöpfung übertragen. Der Schöpfer traut uns Gutes zu - trotz Karfreitag, trotz der Menschheitsgeschichte.

Ostern ist das göttliche Geschenk der Vergebung, der unzerstörbaren Treue, des Zuspruchs von Vertrauen - trotz allem, was geschehen ist. Ostern ist das erlösende Dennoch.

Die Jünger haben es zunächst nicht glauben wollen. Sie haben nicht nur nicht glauben wollen, dass er ins Leben zurückgekehrt ist. Sie haben auch nicht glauben wollen, dass er es weiterhin gut mit ihnen meint.

Der Auferstandene war ihnen unheimlich. Sie waren nicht nur enttäuscht gewesen über sein schnelles gewaltsames Ende. Sie hatten nun auch ein schlechtes Gewissen. Zu Recht! Petrus hatte ihn verleugnet. Sie alle hatten ihn im Stich gelassen. Würde der Auferstandene nun mit ihnen ins Gericht gehen?

Christus kommt nicht, um sie zu schelten. Im Gegenteil: Er bekräftigt seine liebevolle Treue. Er wird sie, die Jünger, im weiteren Verlauf beauftragen, in die Welt hinauszugehen und in seinem Namen zu reden und zu handeln und zu taufen. Und Petrus, gerade Petrus, dem Verleugner, wird er eine besondere Aufgabe übertragen.

Das göttliche Vertrauen, das der Auferstandene uns zuspricht, stärkt die Hoffnung, macht Mut, schafft Selbstvertrauen und nimmt uns auch in die Pflicht.

Das letzte ist noch nicht das vorrangige Thema heute: Aber das Geschenk der Gnade, das in der Auferweckung Jesu Christi enthalten ist, ist auch ein Auftrag an uns.

Heute soll aber einfach die Freude im Vordergrund stehen, die Dankbarkeit dafür, dass die zerstörerischen Kräfte nicht obsiegen, dass die Liebe nicht totzukriegen ist, dass Jesus Christus lebt und mit ihm die in ihm verkörperte Liebe Gottes zu uns Menschen und zu seiner ganzen Schöpfung.

Es war nicht der Gärtner
9. April 2007
Ostermontag
Familiengottesdienst
Johannes 20,11-18

Jesus hatte Freunde - 12 Freunde,
12 Jünger, 12 Männer.
Es gab aber auch Frauen,
die Jesus gern hatte und die ihn gernhatten.

Als Jesus gestorben war,
waren die Frauen traurig, sehr traurig.
Das war am Freitag, am Karfreitag.
Die Frauen weinten viele Tränen, als sie zusahen,
wie Jesus ins Grab gelegt wurde.
In eine Höhle wurde er gelegt.
Die Soldaten rollten einen großen, schweren Stein
vor die Höhle
und sperrten damit den Eingang zu,
damit keiner mehr in die Höhle hinein könnte -
oder aus der Höhle heraus ...

Traurig gingen die Frauen nach Hause.
„Jesus ist tot.
Aber können wir ihm nicht doch noch etwas Gutes tun?!",
fragten sie sich untereinander,
als sie noch auf dem Weg waren.
„Lasst uns am Sonntagmorgen ganz früh
zu seinem Grab gehen",
sagte eine der Frauen.
„Wir nehmen Öl mit, wunderbar riechendes Öl -
damit reiben wir Jesus ein.
Das wird gut für ihn sein!"

Freitag - Samstag - Sonntag.
Es war ganz früh am Morgen.
Es war noch dunkel.
Die Sonne ging langsam auf.
Ein wenig Licht war am Horizont schon zu sehen.
Die Frauen packten ihre kleinen Flaschen
mit dem wohlriechenden, kostbaren Öl ein
und machten sich auf den Weg.
Keine sagte ein Wort.
Es war noch still.
Die ersten Vögel begannen zu zwitschern.

Da sagte eine der Frauen plötzlich -
leise, aber ganz aufgeregt:
„Wir haben etwas vergessen.
Da ist doch der große, schwere Stein vor dem Grab.
Wer wird uns denn den Stein zur Seite rollen?
Wie sollen wir denn da hineingekommen –
ins Grab?"

Wie sollten sie da hineinkommen?
Sie wussten es nicht.
Aber sie gingen weiter.
Und sie kamen zum Grab -
sie sahen den großen, schweren Stein ...
Der Stein - war - zur Seite gerollt.
Der Eingang zur Höhle war frei.

Die Frauen waren ganz aufgeregt.
Was hatte das zu bedeuten?
Die Frauen traten näher ans Grab heran.
Sie schauten vorsichtig in die Höhle -
in die dunkle Höhle - hinein.
Und sie erschraken.
Da saß eine Gestalt - ein Mensch -
in einem langen weißen Gewand.

Das war ein ...
„Habt keine Angst", sagte der Engel zu den Frauen.
„Ihr sucht Jesus.
Er ist nicht hier.
Seht, wo er gelegen hat.
Er ist nicht hier.
Jesus ist - auferstanden.
Er lebt."

Die Frauen -
wussten nicht, was sie sagen sollten.
Sie wussten nicht, was sie denken sollten.
Sie waren verwirrt.
Ihre Herzen klopften,
sie hatten nun mehr Angst als zuvor.
Sie traten langsam zurück -
und drehten sich um - und liefen davon ...

Nur Maria, Maria von Magdala, blieb stehen.
Sie hatte Jesus ganz besonders gerngehabt.
Maria schaute noch einmal zum Grab.
Tränen liefen ihr über die Wangen.
Jesus war gestorben,
und nun war auch der tote Jesus nicht mehr da.
Sie sah ihr kleines Fläschchen an -
mit dem kostbaren, wohlriechenden Öl.
Wo ist Jesus geblieben?

„Frau, warum weinst du? - Wen suchst du?"
Maria dreht sich erschrocken um.
Ein Mann steht hinter ihr.
„Das ist der Gärtner", denkt sie,
„vielleicht kann er mir helfen.
Vielleicht weiß er, wo Jesus geblieben ist."
Maria nimmt ihren ganzen Mut zusammen
und fragt ihn:

„Hast du ihn weggetragen?
Zeige mir, wo du ihn hingelegt hast.
Dann werde ich zu ihm gehen
und ihn mit Öl einreiben."

„Maria!", sagt der Mann zu ihr.
„Maria!"
Das ist gar nicht der Gärtner!
Das ist doch die Stimme ...
Das ist doch ...
Maria spürt ihr Herz klopfen.
Rasend schnell klopft ihr Herz.
„Jesus!"
Ja, er ist es.
Maria hätte ihn am liebsten ...
Aber sie wagt nicht, ihn zu berühren.

„Geh zu den anderen und sag ihnen,
dass du mich gesehen hast.
Sag's den Männern, meinen Jüngern.
Sag ihnen, ich werde noch eine Zeitlang da sein,
bis ich zu meinem Vater im Himmel
zurückkehren werde."

Maria schaut ihn noch einmal an,
verwirrt, glücklich, verwirrt.
Sie schaut ihn noch einmal an, dann läuft sie davon.
Sie läuft zu ihren Freundinnen,
sie läuft zu den Jüngern.
Sie erzählt, was sie erlebt hat.
Sie erzählt von dem Unglaublichen ...
Und die anderen - wussten wirklich nicht,
was sie davon halten sollten.

Speise fürs Herz
14. April 2007
Samstag vor Quasimodogeniti
Konfirmandenabendmahl
Markus 14,22-24

Die Oblate beim Abendmahl ist wirklich ziemlich klein und dünn. Davon kann man nicht satt werden. Für den Magen jedenfalls ist die Oblate so gut wie nichts. Aber für den Magen ist sie eigentlich auch nicht bestimmt. Die Oblate ist Speise fürs Herz. Auch unser Herz hat ja Hunger. Wir wollen z. B. geliebt werden. Wir brauchen es, dass uns jemand sagt: „Ich mag dich, ich hab dich gern, ich finde dich gut." Wir brauchen Anerkennung und liebevolle Beachtung und Zuwendung. Das ist so wichtig für uns wie das tägliche Brot. Das ist Nahrung fürs Herz.

Es heißt manchmal allerdings auch: „Liebe geht durch den Magen." Da hat jemand richtig gut gekocht, um seine Liebe zum Ausdruck zu bringen. In dem Fall handelt es sich um richtiges Essen - für den Magen. Aber dann eben auch nicht nur für den Magen, sondern - man könnte sagen - auf dem Umweg über den Magen hinein ins Herz. Das gute Essen ist dann nämlich der Träger einer Botschaft, die fürs Herz bestimmt ist: „Ich liebe dich. Darum habe ich mir ein schönes Rezept ausgesucht, habe am Herd gestanden, habe mir die größte Mühe gegeben, habe den Tisch schön gedeckt ..."

Das Abendmahl könnten wir auch unter dieses Motto stellen: „Liebe geht durch den Magen." Die Oblate geht in den Magen - sie ist aber als Botschaft für das Herz bestimmt. Allerdings hat sich da nicht jemand mit liebevoller Hingabe hinter den Herd gestellt und gekocht, um seine Liebe zum Ausdruck zu bringen. Sondern - da hat jemand sein ganzes Leben als Ausdruck seiner Liebe gelebt. Und dieser Jemand war Jesus Christus. Er hatte nicht die eine Liebste, die er liebte, sondern er war erfüllt von der Liebe zum Menschen schlechthin. In dieser allumfassenden Menschenliebe ging er so weit, dass er sagte: „Ich bin bereit, für euch zu sterben." Einen solchen Satz würde man sonst nur hören - z. B. von einer Mutter oder einem Vater, die vielleicht sagen würden: „Wenn jemand mein Kind bedroht, dann werde ich mein eigenes Leben einsetzen, um mein Kind zu schützen."

Um das eigene Leben dranzusetzen, muss die Liebe schon sehr groß sein. Die elterliche Liebe zum Kind kann so weit gehen, auch die Liebe unter Eheleuten. Gegenüber irgendjemandem ist die Bereitschaft zum Einsatz des eigenen Lebens aber eher sehr begrenzt.

Was Jesus Christus zum Ausdruck bringen wollte - und will, ist, dass ihm jeder Mensch der Hingabe seines Lebens wert ist.

Das ist eine extrem außergewöhnliche Einstellung zum Menschen. Zu einer solchen Einstellung sind wir selbst in der Regel nicht in der Lage, weil wir anderen Menschen, uns fernerstehenden Menschen gegenüber eher Vorbehalte haben und uns ihnen nicht so verbunden fühlen.

Aber wir wissen es umgekehrt doch sehr zu schätzen, wenn jemand - irgendein Fremder, uns Fernstehender - uns seines ganzen liebevollen Einsatzes für wert befindet. Wir selbst sind ja auch keine Engel. Wir bieten mit unserer Art und unserem Verhalten genug Grund zu Vorbehalten. Wir möchten trotzdem gern liebevoll behandelt werden. Wenn uns dann jemand tatsächlich liebevoll begegnet, obwohl er uns fernsteht, dann ist das für uns etwas ganz Wunderbares.

Dieses wunderbare Geschenk hat Jesus Christus seinen Mitmenschen damals gemacht. Er hat uns damit die Botschaft vermittelt, dass wir alle uns als geliebt verstehen dürfen, als geliebte Kinder - nicht nur unserer leiblichen Eltern, sondern auch des göttlichen Schöpfers.

Jesus Christus hat für uns gelebt und ist für uns gestorben als Ausdruck seiner großen Liebe zu uns. Wie kann er uns heute - nach 2000 Jahren - seine Liebe erzeigen? Er hat uns als Zeichen seiner Liebe ein Erinnerungsmahl hinterlassen.

Als er das letzte Mal mit seinen zwölf Jüngern zum Abendessen zusammensaß, gab er seinen Jüngern den Auftrag, dieses letzte gemeinsame Abendessen künftig immer mal wieder als Erinnerungsmahl zu begehen, und zwar unter einem ganz bestimmten Verständnis und mit einem ganz bestimmten Ritual. Brot und Wein sollen dabei eine besondere Rolle spielen.

Brot ist der Inbegriff dessen, was wir zum Leben brauchen. Brot stärkt unseren Leib. Leben ist aber mehr als das Funktionieren unseres Leibes. Leben ist auch eine Qualität, die sich erst dann einstellt, wenn nicht nur der Magen, sondern auch das Herz mit Nahrung versorgt ist, wenn wir geliebt sind und die Kraft zur Liebe haben.

Geliebt werden und lieben - das ist **Leben als Lebensqualität** im Sinne des christlichen Glaubens. Als Jesus Christus bei seinem letzten Abendessen mit den Jüngern das Brot teilte und dabei sagte: „Das ist mein Leib", wollte er damit sagen: „Ich liebe euch und gebe mein Leben für euch." Das war ein Hinweis darauf, dass er am nächsten Tag am Kreuz sterben würde.

Vielleicht denkt ihr: „Das waren ja seine Jünger, seine Freunde, für die er dann sein Leben hingegeben hat." Aber so tolle Freunde waren das nicht. Judas hat Jesus kurz darauf verraten, was Jesus beim Abendessen schon wusste. Petrus hat ihn - aus Angst um sein eigenes Leben - verleugnet, nachdem Jesus gefangen genommen worden war. „Jesus? Den kenne ich gar nicht!", hatte Petrus gesagt. Auch das hatte Jesus schon vorausgesehen. Und die Jünger haben ihn oft missverstanden, haben sich untereinander unanständig benommen, und alle haben ihn, Jesus, am Ende im Stich gelassen. Kurz gesagt: Die Jünger waren keine Superfreunde - und Jesus war sich darüber im Klaren. Aber er hatte sie eben trotzdem gern und war trotzdem bereit, sein Leben für sie hinzugeben.

Sie waren eben Menschen mit den üblichen Schwächen und Fehlern. Und das will uns Jesus ja sagen: „Trotzdem - trotz eurer Schwächen und Fehler - seid ihr und bleibt ihr geliebte Kinder Gottes."

Das Brot soll also an seinen Tod erinnern. Es ist ein Zeichen seiner Liebe. Es ist fürs Herz bestimmt. Darum macht es durchaus Sinn, dass wir kein richtiges Brot benutzen, sondern dieses mehr stilisierte Brot in Gestalt der Oblate. Die sieht schon so durchgeistigt aus.

Als Jesus beim Abendmahl dann den Wein austeilte, sagte er: „Das ist mein Blut." Auch das war - wie das Brot - ein Hinweis auf seinen Tod.

Ihr könntet jetzt noch fragen: „Warum der Tod? Warum musste denn Jesus überhaupt sterben? Hätte es nicht gereicht, dass er sagt: „Ich liebe euch. Gott liebt euch! Basta." Er hätte es ihnen dann ja auch noch schriftlich geben können. Warum musste er aber sterben, noch dazu auf so brutale Weise am Kreuz?

Wir fragen uns manchmal: „Musste das denn sein?" Die Erfahrung lehrt uns oftmals: Ja. So bitter es ist: Manchmal muss erst das Schreckliche passieren, bevor die Besinnung und Umkehr einsetzt. Bevor an der Kreuzung nicht ein Kind überfahren worden ist, kommt da kein Zebrastreifen hin, kommt da keine Ampel hin. Verzeihung, wenn ich jetzt ein solches Beispiel nehme.

Manchmal muss erst etwas passieren. Und in diesem Sinne können wir auch das Kreuz verstehen. Die Kreuzigung Jesu war ein Schrecken für alle Beteiligten, für die mächtigen Feinde und für die schwächlichen Freunde, es war ein gewaltiger Schrecken, aber ein letztlich heilsamer Schrecken. Nach dem Tod Jesu hat eine Besinnung eingesetzt: „Was ist da bloß geschehen? Was haben wir da bloß gemacht?!" Und die Bereitschaft zur Besserung war hinterher da wie nie zuvor.

Der Gekreuzigte ist später noch einmal erschienen - all denen mit dem schlechten Gewissen. Er wollte sich aber nicht rächen und auch keine Strafpredigten halten. Er wollte ihnen sagen: Ihr habt euch zwar nicht anständig benommen. Aber ich mag euch trotzdem. Und Gott, der Schöpfer, liebt euch trotzdem. Das ist die Osterbotschaft.

Diese versöhnliche Botschaft hat dazu geführt, dass sich die Bedeutung des Kreuzes gewandelt hat. Eigentlich war das Kreuz ein Todesinstrument, ein Symbol von Gewalt und menschlicher Bösartigkeit. Aber dadurch, dass der Gekreuzigte so vergebend war und seine Liebe zu den Menschen sogar noch bekräftigt hat, ist das Kreuz zu einem sehr schönen Symbol geworden, eben zum Zeichen von Liebe und von all dem, was das Leben zur Qualität im Sinne des christlichen Glaubens macht.

Also: Musste Jesus sterben? Leider ja. Es musste wohl sein. Es ist am Ende etwas Gutes daraus geworden.

Im Abendmahl erinnern wir uns an das Geschehen von damals. Wir vergegenwärtigen uns unsere menschlichen Schwächen und Fehler und nehmen mit Brot und Wein dankbar die Botschaft in unser Herz, dass wir trotz allem geliebte Wesen sind und bleiben.

Das Abendmahl ist etwas ganz Wunderbares. Möge es uns stärken zu einem Leben im liebevollen Miteinander und zur Ehre Gottes.

Das Sein persönlich nehmen
13. Mai 2007
Rogate
(5. Sonntag nach Ostern)
1. Timotheus 2,1-6a

Entsprechend dem Namen des heutigen Sonntags „Rogate" geht es um das Gebet. Das Gebet ist etwas speziell Religiöses. Denn der Adressat ist nicht ein Mensch. Wir wenden uns mit dem Gebet an den Unfassbaren, den Unbegreifbaren, den geheimnisvollen Urgrund unseres Seins, dem wir einen Namen gegeben haben, Gott, und den uns die biblische Tradition mit ganz persönlichen Bildern beschreibt, als wäre er ein Mensch, und den wir ansprechen, als wäre er ein Mensch. Als Vater sprechen wir zu Gott. Manchmal vergleicht die Bibel Gott auch mit einer Mutter. Und im Neuen Testament begegnet uns Gott als sein eigener Sohn, dann sogar in der leibhaftigen Gestalt eines Menschen, des Jesus von Nazareth, geboren in Bethlehem.

Das ist alles für manchen zu hoch und schwer verständlich. Ist es ja auch. Der Urgrund allen Seins ist kein Mensch. Gott, der Schöpfer, ist kein Mensch. Aber wir brauchen ein persönliches Verhältnis zu unserem Dasein. Wir würden dieses Dasein gar nicht aushalten, wenn wir es nur ganz neutral als Materie, als Energie oder nur als irgendetwas betrachten würden, das sich in mathematischen Formeln darstellen und mit Begriffen der Naturwissenschaften beschreiben ließe. Unser Sein nur neutral und distanziert zu betrachten, würden wir nicht aushalten. Wir würden an der Sinnlosigkeit und Absurdität zugrunde gehen. Das bloße Existieren vermittelt uns noch keinen Sinn. Wenn wir noch so viele Gesetzmäßigkeiten in den Vorgängen der Natur feststellen könnten, bliebe immer noch die Frage: Was soll das Ganze? Was soll das Werden und Vergehen?

Wenn wir die Vorgänge des Daseins persönlich nehmen, dann haben wir damit zwar noch nichts erklärt. Aber wir haben damit unser Sein erträglich - und menschlich - gemacht. Denn wir leben von der persönlichen Beziehung. Die Geburt eines

Kindes z. B. können wir nicht nur als Vorgang der Natur nehmen. Die Geburt eines Kindes berührt uns zutiefst persönlich, menschlich. Sie bringt nicht nur unseren naturwissenschaftlichen Verstand in Gang. Sie berührt uns im Herzen, weckt Gefühle der Freude, der Dankbarkeit, der Fürsorge. Das Kind ist für uns nicht einfach ein Bündel Fleisch, sondern ein Mensch, der uns zu menschlichen Reaktionen, zur Hingabe, zur Liebe, zur persönlichen Ansprache herausfordert.

Wem gegenüber sollen wir unsere Dankbarkeit für ein Kind zum Ausdruck bringen? Eltern könnten sich gegenseitig danken. Ja, aber das werden Vater und Mutter sofort eingestehen, dass ihr Beitrag für die Entstehung des neuen Lebens minimal war. Soll sich ihre Dankbarkeit mit einem schnellen Blick in die Natur oder gar einem Achselzucken erledigen? Das entspräche nicht unserem Menschsein und würde uns nicht guttun.

Wir brauchen den persönlichen Ansprechpartner. So sprechen wir den letztlichen Schöpfer des Kindes persönlich an. Wir sprechen zu Gott, dem Geheimnis und der Quelle allen Lebens. Bei ihm bedanken wir uns, als wäre er ein Mensch, als wäre das Kind sein ganz persönliches Geschenk an uns.

Manchen Menschen erscheint diese Art des persönlichen Umgangs mit den Vorgängen in unserem Dasein fremd und sie möchten sich auf solche Formen nicht einlassen.

Aber es gibt keinen Menschen, der sich davon wirklich freimachen kann. Spätestens wenn er die Frage stellt: „Warum?", „Warum ist dieses Unglück geschehen?", „Warum ist gerade mir das passiert?" - spätestens, wenn der Mensch diese Frage stellt, offenbart er damit sein Verlangen nach einem Sinn, nach einem persönlichen Hintergrund allen Seins.

Einer hat gesagt: „Der Mensch ist unheilbar religiös." Und so ist es. Es sind lediglich die Formen unterschiedlich, in denen wir unsere religiösen Empfindungen ausdrücken. Der Widerstand, den manche gegen das Religiöse hegen, ist in der Regel der Widerstand gegen bestimmte Formen und Inhalte des Religiösen. Manche haben ein Problem z. B. mit der verfassten Kirche, mit bestimmten institutionalisierten Formen von Religion.

Wer aber das Religiöse schlechthin leugnet, nimmt offenbar einen wesentlichen Teil der Wirklichkeit nicht wahr.

Der persönliche Umgang mit den Dingen des Daseins hat sehr unterschiedliche Formen, von denen wir einige vermutlich nicht anzunehmen vermögen. In frühen Formen der Religion und - wie wir sagen würden - in primitiven Formen der Religion sehen Menschen in den verschiedenen Erscheinungen der Wirklichkeit unterschiedliche Götter. Und sie beten zu diesem Gott und zu jenem Gott. Das ist in unserer monotheistischen Religion anders. Wir haben nur den einen Gott. Allerdings begegnet uns dieser eine Gott in den verschiedenen Erscheinungen des Seins, im gestirnten Himmel, in der Natur, in jedem Menschen, in ganz besonderer Weise in dem einen Menschen Jesus von Nazareth, geboren in Bethlehem.

Jesus von Nazareth ist uns eine ganz große Hilfe in der Begegnung mit dem unfassbaren, unbegreifbaren Gott. Er bringt uns Gott nahe in seiner menschlichen Gestalt. In ihm hat Gott das, was wir brauchen, ein menschliches Antlitz, überhaupt all das Menschliche, was uns hilft, in eine Beziehung einzutreten, in ein Gespräch einzutreten. Die Ferne ist überwunden, die wir empfinden zwischen uns kleinen menschlichen Wesen und dem unermesslich großen Gott.

Gott bleibt zwar unermesslich groß und geheimnisvoll. Aber wir haben ihn als menschlichen Ansprechpartner vor uns in der Gestalt Jesus Christus.

Unser Predigttext nennt Jesus Christus einen Mittler zwischen Gott und Mensch. Damit soll aber nicht gesagt werden, dass er ein ganz anderer ist als Gott selbst. Christus ist Gott in menschlicher Gestalt.

Wir können unmittelbar zu Gott, dem Allmächtigen, dem Vater, der Mutter, dem Schöpfer des Himmels und der Erde sprechen. Wenn wir im Gebet mit ihm reden, dann empfinden wir dieses ganze Dasein vielleicht als ein von ihm geschaffenes gemeinsames Zuhause, in dem wir unter seiner Obhut leben dürfen. „Gott will, dass es allen Menschen gut ergehe." Wir brauchen diese Gewissheit, in diesem Dasein zu Hause zu sein, geborgen zu sein. Es wäre grausig, hier in dem Gefühl leben zu müssen, ein bloßer Krümel in der Endlosigkeit des Weltalls zu sein. Nein, der Schöpfer des Ganzen steht uns persönlich gegenüber, er hat auch uns erschaffen und kennt uns beim Namen und hört uns an, wenn wir zu ihm sprechen.

Dieses Gespräch, wir sagen „Gebet", taugt nicht als Hebel, um das zu erreichen, was wir wollen. Aber wir sprechen aus, was uns bewegt, und legen es in die Hand desjenigen, der letztlich alles erschaffen und alles in seiner Hand hat. Wir legen unser Innerstes in seine Hand voller Vertrauen, denn, wie es unser Predigttext sagt: „Gott will, dass allen Menschen geholfen werde." Ohne solches Grundvertrauen können wir kaum leben. Auch der Mensch, der Gott leugnet, kann ohne Grundvertrauen in den guten Gang des Lebens nicht leben. Er wird vielleicht nicht zur Form des Gebets greifen, aber er wird auch Pläne machen für sein Leben und wird sich des Lebens freuen wollen - und wird das Leben vielleicht einfach leben wollen, als wäre es das Selbstverständlichste auf der Welt. Wenn er das Glück hat, in Lebensumstände eingebunden zu sein, die ihm ein vertieftes Nachdenken ersparen, und auch seine Hormone ihn in Ruhe lassen und ihn mit keinerlei Zweifeln und Fragen belasten, und er die Gabe hat, für alles eine Antwort zu finden, dann mag er auch so durch die Jahre kommen. Solches „Wie-selbstverständlich-vor-sich-hinleben" mag einem fast wie eine Gnade erscheinen. Es hat aber etwas Vormenschliches.

Das Besondere unseres Menschseins, was uns so sehr heraushebt aus dem Tierreich, ist aber das Bewusstsein unserer selbst und unseres Seins. Und dieses Bewusstsein, so schön es zum einen ist, ist doch zugleich mit der Bürde verbunden, dass wir spüren, wie immer wieder unbeantwortbare Fragen in uns hochkommen.

Ohne Grundvertrauen in den guten Gang und Sinn des Lebens geht es nicht. Wir können uns vertrauensvoll Gott, dem Schöpfer zuwenden. Wir können uns im Gebet aber auch an Jesus Christus wenden. Zu ihm können wir sprechen wie zu einem großen Bruder, der wirklich im besten Sinne ein großer Bruder ist, der den Weg durchs Leben geht wie wir, aber den besseren Überblick und Durchblick hat, und der in allem auf unser Wohl bedacht ist.

Wenn wir zu Jesus Christus beten, dann haben wir denjenigen vor Augen, der die Probleme des Lebens mit durchlitten hat, der selbst den Undank der Welt durchlebt hat, die Missverständlichkeit selbst unter Freunden, den Argwohn, den Neid, den Hass, den bösen Willen, aber auch einfach die Angst, die tägliche Mühsal, den leiblichen und seelischen Hunger, Entbehrungen, Krankheit, Einsamkeit, die Bedrohung durch den Tod. Wir haben durch die biblischen Texte Jesus Christus vor Augen, wie er zum einen all das durchlebt und durchlitten hat, wie sich aber zum anderen all dieses Unruhige, Unvollkommene, Unheile, Kaputte in ihm auch zusammenfügt und heil wird in einer übermenschlichen, überirdischen, göttlichen Ruhe und Geborgenheit.

In Christus dürfen wir uns fallen lassen, wir dürfen uns anlehnen, ihn machen lassen, wir dürfen uns ihm anvertrauen - wie einem großen Bruder und wirklich guten Freund, der sich für uns einsetzt bis zum Letzten.

Das Gebet hat etwas sehr Befreiendes. Unsere Verstehensmöglichkeiten und Handlungsmöglichkeiten sind eng begrenzt. Unsere Fragen und Zweifel dagegen sind endlos, unsere Verantwortung ist angesichts unserer technischen Möglichkeiten ins Unermessliche gewachsen und in unserer ethischen Qualität sind wir dauerhaft unverbesserlich. Von daher hat es etwas Befreiendes, geradezu Erlösendes, wenn wir uns an Gott, den Schöpfer allen Seins, wenden können und ihm alles Ungelöste und nicht Machbare anheim stellen dürfen, und wenn wir uns an Jesus Christus, unseren Bruder und Freund, wenden dürfen und uns von ihm trösten und heilen lassen dürfen.

Wir brauchen uns des Gebets nicht zu schämen. Es gehört zur menschlichen Größe, dass wir unsere Grenzen erkennen und bekennen, dass wir um Antworten, um Hilfe und Heilung bitten. Es ist Teil unserer menschlichen Würde, dass wir beten.

Abschied mit Auftrag
17. Mai 2007
Himmelfahrt
Johannes 17,20-26

Himmelfahrt - 40 Tage nach Ostern - ist der Tag des Abschieds Jesu von seinen Jüngern. Nach seinem ersten gewaltsamen - in Anführungszeichen – „Abschied" durch seine Hinrichtung am Kreuz und die anschließende Beisetzung in einem Höhlengrab nimmt Jesus nun ein zweites Mal Abschied - nun allerdings souverän und erhaben als der Auferstandene. Während es Karfreitag noch so aussah, als hätte menschliche Macht die Fäden in der Hand, wird das Geschehen nun vollkommen bestimmt durch denjenigen, der sich als stärker erwiesen hat als Gewalt und Tod. Die Macht Gottes bestimmt das Geschehen.

Auch dieses Wort sollten wir am besten in Anführungszeichen setzen. Denn „Macht" hat so sehr den Beiklang von Unterdrückung und Einschränkung der Freiheit. Die göttliche Macht, wie sie sich in Jesus, dem Leibhaftigen und dem Auferstandenen erwiesen hat, ist dagegen eine befreiende Macht. Sie schenkt uns eine innere Freiheit und will auch eine Freiheit in den weltlichen, gesellschaftlichen Strukturen. Das „Schenken" der inneren Freiheit dürfen wir wörtlich nehmen. Wir sind frei, sofern wir die Freiheit annehmen und als solche gestalten.

Es ist ganz wichtig, dass wir in eben diesem Sinne verstehen, was Jesus seinen Jüngern an seinem Himmelfahrtstag sagt, als er sich von ihnen verabschiedet. Dort gibt er seinen Jüngern einen Auftrag. Jesus leitet diesen Auftrag ein mit den Worten: „Mir ist gegeben alle Gewalt im Himmel und auf Erden." Wie schon angedeutet: Die von ihm gemeinte Gewalt ist nicht gewalttätig. Jesus selbst hat keine physische Gewalt ausgeübt, er hat zu keiner Waffe gegriffen, weder um andere zu beschützen, noch um sich selbst zu verteidigen. Seine - in Anführungszeichen – „Waffen" waren das Wort und sein beharrlicher liebevoller Umgang mit den Menschen. Das hat ihm eine Aufmerksamkeit eingebracht, die bis heute anhält.

Seine „Gewalt im Himmel und auf Erden" ist die Macht der Liebe. Historisch ist da allerdings manches missverstanden und missbraucht worden. Zeitweise ist von der kirchlichen Institution tatsächlich gewalttätige Macht ausgeübt worden. Andersdenkende und Andersglaubende sind in früheren Jahrhunderten kirchlicherseits im wörtlichen Sinne mundtot gemacht und getötet worden.

„Geht hin und macht zu Jüngern alle Völker, tauft sie ..." - diesen Auftrag hat Jesus nicht so gemeint, wie er z. B. bei der Missionierung in Verbindung mit der Eroberung Lateinamerikas praktiziert worden ist: „Taufe oder Tod!"

„Macht sie zu Jüngern, tauft sie" - damit hat Jesus nicht zur Zwangsbekehrung aufgerufen. „Lehrt sie halten alles, was ich euch geboten habe", auch diese Formulierung ist nicht als Aufruf zur Unterwerfung von Menschen unter den Glauben an Jesus Christus gemeint.

Jesus möchte vielmehr, dass seine Jünger nun hinausgehen in alle Welt und den Menschen ein Angebot machen. Sie sollen von dem weitererzählen, was sie mit ihm erlebt haben. Sie sollen weitersagen, was sie von ihm gehört haben. Sie sollen die Menschen ermutigen, in seine Nachfolge einzutreten und mit ihrem Reden und Handeln und ganzen Leben das zu praktizieren und weiterzugeben, was sie von ihm empfangen haben. Und sie sollen die Menschen dazu ermutigen, sich zu dem Glauben zu bekennen, zu dem sie durch ihn gelangt sind. Und sie sollen die Menschen dazu ermutigen, sich taufen zu lassen als öffentliches Zeichen dafür, dass sie die Liebe Gottes für sich und die ihnen Anbefohlenen annehmen.

Jesus beauftragt seine Jünger am Himmelfahrtstag, den Menschen ein Angebot zu machen. In diesem Sinne ist die kirchliche Verkündigung und Missionierung bis heute gemeint - oder sollte sie gemeint sein. Was z. B. von dieser Kanzel gesagt wird, geschieht ihm Respekt vor Ihrem Glauben, vor Ihren persönlichen Anschauungen, vor Ihrem Verstand. Sie hören Worte und erleben ein Geschehen hier im Kirchraum. Das können Sie alles in Ruhe in Ihrem Herzen und im Kopf bewegen.

Wenn Sie es für sich annehmen und für Ihr Leben verwerten wollen, dann ist es gut. Wenn Sie sich sagen: „Das überzeugt mich nicht, damit kann ich nichts anfangen, das möchte ich nicht", dann ist das auch in Ordnung. Das Angebot bleibt bestehen. Vielleicht wird es Ihnen zu anderer Zeit mehr bedeuten.

Jesus gibt seinen Jüngern einen Auftrag. In der Ausführung des Auftrags sollen sie sich an ihm orientieren. Er war ein lieber, friedfertiger, gewaltloser Mensch. An ihm haben Menschen abgelesen, wie Gott ist, dass er ein lieber Gott ist, der Menschen gernhat. So ist es ja auch von Anfang an in der biblischen Tradition überliefert worden. Schon bei der Erschaffung der Welt und des Menschen heißt es im 1. Buch Mose: „Gott sah an alles, was er gemacht hatte, und siehe, es war sehr gut." Diese sehr positive Haltung des Schöpfers zu seiner Schöpfung und zu seinem Geschöpf Mensch ist eine gute und wichtige Grundlage für unser eigenes Verhältnis zu unserem ganzen Dasein und zu unseren Mitmenschen.

Wir haben vorhin als Taufspruch einen Satz aus dem Alten Testament gehört, den Taufspruch für Neele Marit aus dem Propheten Jesaja: „Fürchte dich nicht, denn ich habe dich erlöst; ich habe dich bei deinem Namen gerufen; du bist mein!"

Diesem Satz spüren wir auch eine sehr herzliche Verbundenheit Gottes mit seinem Geschöpf Mensch ab. Dies ist ein Wort Gottes an sein Volk Israel. Wir dürfen dieses Wort aber auch auf jeden einzelnen Menschen, auf jeden einzelnen von uns ganz persönlich beziehen. Jeder einzelne ist für den Schöpfer von endlos großer Bedeutung - vergleichbar der elterliche Liebe zu ihrem Kind.

Der Auftrag, den Jesus seinen Jüngern zu Himmelfahrt gibt, ist der Auftrag, die Liebe Gottes zu seinem Geschöpf Mensch weiterzugeben. Zur Liebe gehören die leibliche und seelische Fürsorge, das Behüten, die Wegweisung, auch ein gewisses Maß an Nachdruck und Strenge. Eltern werden den kleinen Kindern gewisse Vorgaben machen, ihnen mit zunehmendem Alter aber auch zunehmend Freiheit und Eigenständigkeit gewähren und schließlich ihre Kinder in die Mündigkeit entlassen.

Irgendwann werden Kinder mündig und müssen Eigenverantwortung für sich selbst übernehmen. Die elterliche Liebe kann dann nur noch in einem Angebot bestehen, das angenommen oder verworfen werden kann.

So ist es auch mit dem, was die Jünger im Auftrag Jesu weiterzugeben haben. Die Menschen, zu denen sie gehen sollen, sollen sie als mündige Menschen ansprechen, so, wie sie selbst am Himmelfahrtstag von Jesus als seine mündigen Nachfolger beauftragt werden. Bisher hatten sie sich in ihrem Verhältnis zu ihrem Herrn und Meister vielleicht nicht so mündig gefühlt. Er ist für sie mit seiner Persönlichkeit und seiner göttlichen Ausstrahlung gewiss einfach übergroß gewesen.

Aber nun hören sie, wie er sie beauftragt, wie er sie in seine Nachfolge beruft und sie mit der Aufgabe betraut fortzusetzen, was er begonnen hat.

Jesus hat sein Leben im Auftrag Gottes geführt. Nun gibt er seinen Auftrag an die Jünger weiter. Und diejenigen, die von den Jüngern im Herzen bewegt werden, sollen dann auch wiederum den göttlichen Auftrag wahrnehmen.

In unserem heutigen Predigttext aus dem Johannesevangelium haben wir gehört, wie Jesus im Gebet Gott darum bittet, dass durch den einen ursprünglichen göttlichen Auftrag alle vereint werden mögen in der Liebe, die dem göttlichen Auftrag zugrunde liegt.

Den Jüngern mag zu Himmelfahrt noch etwas mulmig gewesen sein. Der Auftrag mag ihnen in dem Augenblick noch zu groß erschienen sein. Sie waren ja im Grunde einfache Menschen. Der Taufspruch für Noah aus dem alttestamentlichen Weisheitsbuch Kohelet hätte ihnen ein Trost sein können, denn darin kommt zum Ausdruck, dass auch die Schwachen - mit Gottes Hilfe - stark sein können: „Nicht dem Schnellen gehört der Sieg, sondern jeden treffen Zufall und Zeit", was so viel heißt wie: Das Gelingen liegt stets in Gottes Hand.

Zu Pfingsten werden wir erleben, wie die bis dahin etwas verzagten Jünger mit der Kraft von oben für ihren Auftrag gestärkt werden. Aber das dauert noch weitere 10 Tage.

Heute feiern wir die Himmelfahrt, den Tag des Abschieds Jesu von seinen Jüngern, den Tag, an dem Jesus seinen Jüngern den Auftrag gibt, eigenständig in seinem Namen in die Welt hinauszugehen und den Menschen die Liebe Gottes als Angebot zu unterbreiten und ihnen die Möglichkeit eines neuen Lebens in seinem Geist der Liebe und des Friedens, der Versöhnung und Vergebung zu eröffnen.

Wir können nur froh und dankbar sein, dass die Jünger diesen Auftrag angenommen haben und Jesus so unter uns lebendig geblieben ist bis auf den heutigen Tag.

Jesus Christus auslegen

20. Mai 2007
Exaudi
(6. Sonntag nach Ostern)
Johannes 14,15-19

Wir befinden uns - kirchenjahreszeitlich betrachtet - zwischen Himmelfahrt und Pfingsten. Das bedeutet: Wir befinden uns zwischen dem Abschied von der Kindheit - in religiösen Dingen - und dem Eintritt in die Selbstständigkeit des Erwachsenseins - in religiösen Dingen.

Solange die Jünger mit Jesus durchs Land gezogen waren, durch die Landschaft und die Dörfer Galiläas, waren sie wie Kinder gewesen. Der Meister war ihnen vorangegangen. Sie waren ihm hinterhergelaufen ohne eigenes persönliches inhaltliches Profil. Sie waren ganz auf ihn bezogen gewesen, hatten mit Staunen erlebt, was er sagte und was er tat.

Manchmal werden sie sich auch etwas besorgt gefragt haben, ob das wohl gut gehen würde, wenn er z. B. gegen das Sabbatgebot verstieß oder jemanden besuchte, den zu besuchen sich nicht schickte. Sie hatten sich immer sagen können: Er muss ja wissen, was er tut.

Sie waren ihm ja gerade deswegen gefolgt, weil er so anders war und sie mit ihm die Hoffnung verbanden, dass mit ihm manches besser werden würde: mit ihrer Lebenssituation, mit der Situation ihres Volkes - ja, womit eigentlich genau? Sie hatten Hoffnungen mit ihm verbunden. Die waren dann erst einmal völlig in sich zusammengefallen, als er gefangen genommen und am Kreuz hingerichtet worden war. Danach hatte sich noch einmal Hoffnung in ihnen geregt, dass es weitergehen könnte. Denn er war noch einmal erschienen - als Auferstandener.

Aber dann kam seine Himmelfahrt und sein Auftrag an sie: „Geht hin in alle Welt, erzählt den Menschen, was wir zusammen erlebt haben, helft ihnen, ihr Leben entsprechend zu ändern, und tauft sie, wenn sie zu eurer Gemeinschaft gehören wollen."

Dieser Auftrag war ein Problem für sie. Was sollten sie denn sagen und tun - in seinem Namen? Sie waren sich doch selbst noch gar nicht so recht im Klaren darüber, was er eigentlich hatte sagen wollen, was er ihnen eigentlich hatte mit auf den Weg geben wollen. Wie könnten sie - angesichts ihrer eigenen Unklarheiten - anderen etwas von ihm weitergeben?

Dieser Auftrag am Himmelfahrtstag wurde - hinsichtlich ihrer religiösen Entwicklung - wirklich zum Abschied von der Kindheit und zum Eintritt in die Selbstständigkeit des Erwachsenseins. Sie standen nun vor der Aufgabe, aus den abgeschlossenen Erfahrungen mit Jesus selbst ihre eigenen Schlussfolgerungen zu ziehen und alles irgendwie zusammenzufassen zu einem stimmigen Konzept, das sie weitererzählen und mit dem sie andere überzeugen könnten. Sie müssten sich nun selbst erst einmal klar darüber werden, was sie selbst dachten und glaubten.

Am Himmelfahrtstag, dem Tag des Abschieds, muss ihnen das wie eine übergroße Aufgabe erschienen sein. Sie werden sich gefragt haben: „Woher werden wir die Kraft bekommen, diese Aufgabe zu bewältigen?"

Diese Kraft kommt zu Pfingsten auf die Jünger. Das werden wir am kommenden Sonntag wieder hören - mit der sehr bildhaften Geschichte von der Ausgießung des Heiligen Geistes.

In unserem heutigen Predigttext kündigt Jesus den Heiligen Geist als Tröster an. Trost brauchten die Jünger, denn der Abschied von ihrem geliebten Herrn und Meister war schmerzhaft. Und der Übergang in die Phase der Selbstständigkeit war sehr verunsichernd.

Der Zuspruch des Geistes macht aber auch deutlich, dass die Jünger über den Trost hinaus noch eines weiteren bedurften: Sie brauchten wirklich auch Unterstützung, um ein eigenes Glaubenskonzept für sich selbst und für die Weitergabe an andere zu formulieren. Denn das war und ist keine leichte Aufgabe.

Das ist übrigens eine Aufgabe, vor der jeder einzelne Mensch immer wieder ganz neu steht.

Die Jünger hatten zwar Jesus gehört und erlebt. Aber er hatte ihnen ja nicht ein Handbuch des Glaubens hinterlassen, er hatte sie nicht in Glaubenskursen unterrichtet. Er selbst war als Person für sie zunehmend zum Inhalt ihres Glaubens geworden. Aber wer war er denn eigentlich? Wie sollten sie mit seiner Auferstehung umgehen? Er war auferstanden, ja. Aber was hatte das zu bedeuten? Er war gen Himmel gefahren, aber was hatte das zu bedeuten? Sie konnten auf Erfahrungen mit ihm zurückblicken. Aber Erfahrungen erklären sich nicht aus sich selbst heraus. Sie hatten zwar auch etliche Worte von ihm. Aber auch Worte bedürfen der Erklärung. Wie oft hatten sie ihn missverstanden?!

Jesus selbst ist für uns zwar der Anfang des Glaubens. Aber die Formulierung und Ausformung des Glaubens an ihn vollzog sich durch die Jünger und durch diejenigen, die sich im weiteren Verlauf um die Weitergabe des Glaubens bemüht haben. Das sind z. B. die Evangelisten. Und das ist z. B. Paulus, ganz besonders Paulus. Es ist sogar gesagt worden, Paulus sei der eigentliche Begründer des Christentums - in dem Sinne nämlich, dass er besonders nachhaltig formuliert habe, wer Jesus Christus war und ist und was er uns bedeutet.

Das war alles überhaupt nicht eindeutig und unstrittig. Wenn wir die Texte des Neuen Testaments lesen, spüren wir, wie unterschiedlich Jesus von Anfang an ausgelegt worden ist. Es gab deswegen zeitweise Streit in den Gemeinden und auch etliche Spaltungen. „War Jesus nur für die Juden oder auch für die Nichtjuden gekommen?", war anfangs z. B. eine der brisanten Fragen.

Später, als es schon eine institutionalisierte Kirche gab, sind Konzilien einberufen worden, auf denen sich die obersten Geistlichen um eine gemeinsame Glaubensgrundlage bemühten. War Jesus nur Mensch? Oder war er Mensch und Gott zugleich? Das war eine andere der großen Fragen. Unser Glaubensbekenntnis ist das Ergebnis solcher konziliären Bemühungen. Es gab Kirchenspaltungen wegen unüberbrückbarer theologischer Differenzen, die Spaltung in eine Ostkirche mit dem Hauptsitz in Byzanz, heute Istanbul, und eine Westkirche mit

Hauptsitz in Rom.

Es gab in relativ neuer Zeit den Versuch, verbindliche Aussagen zu machen und sie der Diskussion zu entheben - durch das Unfehlbarkeitsdogma des Papstes 1870. Das mag denen entgegengekommen sein, die verbindliche Wahrheiten brauchen, um innerlich zur Ruhe zu kommen und um einen geraden Weg in ihrem Leben gehen zu können.

Anderen erscheint die Festlegung auf die eine Wahrheit aber autoritär und unsachgemäß.

Wir haben heute - nach 2000 Jahren Christentum - den großen Vorteil, dass sich schon viele vor uns Gedanken gemacht haben und Schlussfolgerungen für ihren Glauben gezogen haben. Wir haben auch den Vorteil, dass wir auf die Wirkungsgeschichte der vielerlei Gedanken und Glaubensweisen zurückblicken können. Das kann uns bei der Ausbildung eines eigenen Glaubenskonzeptes helfen. Die Vielfalt kann uns aber auch verwirren. Was gilt denn verbindlich?

Die Jünger standen mit der Ausbildung ihres Glaubens ganz am Anfang. Sie hatten den Vorteil der persönlichen Erfahrung mit Jesus. Sie waren Zeitzeugen. Aber wie gesagt: Erfahrungen legen sich nicht selbst aus, und auch Worte sind nicht eindeutig.

Wenn wir z. B. an unser eigenes Leben denken: Wir alle haben unsere Lebenserfahrungen. Welche Schlussfolgerungen ziehen wir aus dem, was wir bisher erlebt haben? Da gibt es keine zwingenden Schlüsse.

Die einen machen negative Erfahrungen und werden darüber verbittert und zynisch. Die anderen machen auch negative Erfahrungen, bewahren sich aber einen Blick für die Schönheiten des Lebens und bleiben froh und dankbar.

Die anderen machen schöne Erfahrungen und fühlen sich mehr als reich beschenkt. Die einen machen auch schöne Erfahrungen und sind trotzdem unzufrieden, weil sie gern noch viel mehr vom Schönen hätten.

Man kann das Leben sehr unterschiedlich auslegen und unterschiedliche Konsequenzen daraus ziehen. So lässt sich auch Jesus Christus sehr unterschiedlich verstehen.

Mir ist die Äußerung eines Predigers sehr nachgegangen, der einmal gesagt hat: Das eigentliche Leben fängt erst nach dem leiblichen Tod an. Aber es gibt auch die ganz andere Auslegung, die besagt: Das Leben, um das es Jesus Christus geht, ist das Leben hier und jetzt. Das sind zwei sehr verschiedene Glaubenspositionen.

Wir stehen vor der Aufgabe, den Glauben selbst zu formulieren - in Anlehnung an das, was uns überliefert ist. Wir waren einmal Kinder und haben etwas empfangen und vorgesagt bekommen. Das war als Grundlage unseres Glaubens ganz wichtig. Aber mit zunehmendem eigenen Bewusstsein und Denkvermögen ist uns auch zunehmend die eigene Verantwortung für unseren Glauben zugewachsen. Ihn zu finden und zu formulieren, ist nicht leicht. Auch wir brauchen dazu die Unterstützung des heiligen Geistes.

Jesus nennt den Geist, den er in unserem Predigttext verheißt, auch den Geist der Wahrheit. Die Jünger wurden von diesem Geist erfüllt, so werden wir es zu Pfingsten hören. Wenn der Geist Gottes aber in die Herzen der Jünger gedrungen ist, dann hat er in den Jüngern ein Denken und Fühlen und Glauben in Gang gesetzt, das dann mit geprägt war von der jeweiligen Persönlichkeit des einzelnen Jüngers. Die eine Wahrheit Gottes ist für uns im Letzten nicht erkennbar. Da bleibt viel Geheimnisvolles. Gott bleibt Gott und Mensch bleibt Mensch.

Was die Jünger aber als Wahrheit erkannt haben und was vielleicht für uns alle ein wesentliches Element der Wahrheit Gottes ist, ist dies: dass der tiefste Sinn unseres Lebens die Liebe ist.

Dass wir auch nach zweitausend Jahren noch zusammenkommen und die Geschichten über Jesus Christus hören und uns von seiner Botschaft im Herzen treffen lassen, wird wohl damit zusammenhängen, dass es der Geist der Liebe war, der damals über die Jünger gekommen war. Die Liebe ist eine Sprache, die in allen Kulturen verstanden wird. Sie hat die Jünger im wahrsten Sinne des Wortes begeistert und die Ausbreitung des christlichen Glaubens in aller Welt befördert. Sie ist eine unzerstörbare Kraft, eine Leben schaffende Kraft und ein Leitmotiv für die Gestaltung des Lebens in der Weise, wie es vom Schöpfer gemeint ist.

Möge der Geist Gottes uns alle erfassen, uns trösten und ermutigen und uns leiten in unserem Denken, Reden und Handeln.

Wenn der Geist leibhaftig wird
28. Mai 2007
Pfingstmontag
Johannes 4,24

Ohne Begeisterung wäre aus der Sache Jesu wohl nichts geworden, ohne die Begeisterung der Jünger damals. Wenn die Jünger nicht wirklich Feuer und Flamme gewesen wären, dann hätte von ihnen der Funke nicht überspringen können auf andere, dann hätten sie die Herzen der anderen nicht anzünden können, und dann würden wir wahrscheinlich hier heute auch gar nicht miteinander versammelt sein. Dann gäbe es Kirche gar nicht.

Es waren durchweg einfache Menschen, die Jünger damals. Sie waren mit Jesus durchs Land gezogen, hatten mit ihm ihre Erfahrungen gemacht, sie hatten ihn reden hören, hatten ihn beobachten können. Seine Art hatte sie beeindruckt. Dann waren sie erschrocken darüber, dass er hingerichtet wurde. Und noch einmal waren sie erschrocken, als er als der Auferstandene wieder vor ihnen stand. Am Ende waren sie überzeugt: Er lebt - er wird immer unter uns lebendig bleiben.

Die ihn zu Tode gebracht hatten, haben nicht auch seiner Sache den Todesstoß geben können. Nein, er würde weiter wirken in ihnen und durch sie. Sie waren erfüllt von ihm, von dem, was sie mit ihm erlebt hatten, was er ihnen an Worten und Taten, an Eindrücken, an Aufträgen, an Hoffnungen hinterlassen hatte. Sie waren einfach begeistert, von seinem Geist erfüllt. Das gab ihnen eine enorme Kraft; das drängte sie auch, von dem weiterzugeben, was ihr Herz überquellen ließ.

Pfingsten ist das Fest der Begeisterung. Aus der Begeisterung der Jünger heraus ist die Kirche entstanden, die weltweite Kirche. Die Sprache der Liebe ist international. Sie ist es, die die Jünger in ihrer Begeisterung sprachen, die verstanden wurde - von den Menschen aus allen Kulturen.

Die Apostelgeschichte schildert den Vorgang der Begeisterung - der Ausstattung mit dem Geist - in der bildhaften Sprache der Bibel: In Feuerzungen und mit einem starken Wind kam der Geist vom Himmel und erfüllte die Jünger und die Menschen in Jerusalem. Die Durchreisenden aus aller Herren Länder verstanden, was ihnen die Jünger sagten.

Die Apostelgeschichte schildert diese Pfingstgeschichte als das Pfingstwunder. Ja, es ist ein wahres Wunder, dass aus so einfachen Menschen, dass aus so einem kleinen Haufen von Fischern und Zöllnern und Arbeitslosen eine weltweite Bewegung werden konnte. Und es ist ein Wunder, dass unter den damaligen Bedingungen der Gewalt und Unterdrückung und Verfolgung eine geistige Bewegung obsiegen konnte.

Vielleicht war aber auch gerade die Anhäufung leidvoller Erfahrungen, die Erfahrung von Krieg und Bürgerkrieg, die Kette von Gewalt und Gegengewalt der Nährboden, aus dem heraus die Botschaft des Friedens, der Nächsten- und Feindesliebe, der Vergebung geradezu erwachsen musste.

Geht es Ihnen nicht auch so, wenn Sie allabendlich die Bilder z. B. aus Israel und Palästina oder aus dem Irak sehen, dass es so ganz offensichtlich wird, dass Vergeltung keine Lösung ist, dass kein Frieden entstehen kann, wo eine Gewalttat mit der nächsten Gewalttat beantwortet wird?

Wenn damals zur Zeit Jesu auch nach dem Prinzip der Vergeltung im Sinne der alttestamentlichen Regel „Auge um Auge, Zahn um Zahn" verfahren wurde - und so war es wohl, dann musste ja geradezu irgendwann einer kommen und sagen: „So kann es nicht weitergehen!" Die Spirale der Gewalt kann nur zum Ende kommen, wenn das Konzept der Vergeltung ersetzt wird durch das Konzept der Vergebung.

„Lieber mal auch noch die andere Wange hinhalten, als immer gleich zurückschlagen", so hat es Jesus in der Bergpredigt empfohlen. Eine solche Zurückhaltung ist zwar nicht leicht, sie erscheint schwach und schwächlich. Aber ein solcher einseitiger Verzicht auf Gewalt verbunden mit deutlichen Zeichen der Versöhnungsbereitschaft kann sich als wahre Stärke erweisen und der letztlich einzige Weg zum Frieden sein.

Der Vergebungsgedanke hatte in den Jüngern Jesu damals

jedenfalls gezündet. Der Geist des Friedens hatte sie begeistert. Denn ihnen war gerade selbst Vergebung zuteil geworden. Sie hatten gerade selbst ganz persönlich erfahren, was das heißt: Vergebung. Jesus, der Auferstandene, hatte ihnen verziehen.

Jesus hätte Grund gehabt, Vergeltung zu üben an denen, die ihn ans Kreuz gebracht hatten, aber auch an denen, die ihm eigentlich nahegestanden hatten, an seinen Jüngern, die ihn verraten, verleugnet und im Stich gelassen hatten. Das hatte ja einen Teil ihres Erschreckens ausgemacht, als Jesus, den sie tot geglaubt hatten, nun plötzlich wieder vor ihnen stand: Was würde er nun zu ihnen sagen? Würde er sie zur Rechenschaft ziehen? Petrus zum Beispiel: „Warum hast du dreimal behauptet, mich nicht zu kennen?"

Jesus übt aber keine Vergeltung. Stattdessen gibt er seinen Jüngern und aller Welt die Zusage dauerhafter liebevoller Gegenwart: „Ich bleibe bei euch allezeit."

Im ersten Augenblick werden die Jünger etwas verwirrt gewesen sein, weil ihr Denken ganz anderes gewohnt war. Aber dann hatte es in ihnen gezündet, der Funke war auf sie übergesprungen und sein Geist hatte sie erfasst: Ja, es geht letztlich nur im gegenseitigen Verzeihen. Es geht im Guten nur weiter mit Vergebung. Davon leben wir alle. Von der Vergebung lebt jede Beziehung, die Beziehung zwischen Mann und Frau, die Beziehung zwischen Eltern und Kindern, die Beziehung überhaupt von Mensch und Mensch und auch von Volk zu Volk.

Pfingsten ist das Fest der Begeisterung, der Begeisterung für die Sache Jesu, das Fest der Ausrüstung mit dem Geist des Friedens, der Versöhnung, der Vergebung, der Nächstenliebe.

Die Apostelgeschichte schildert den Geist als etwas von außen Kommendes, was in den Menschen hineinkommt und ihn dann von innen her bewegt.

Wenn wir ohne den Geist sind, haben wir Probleme. Wir kennen alle das biblische Wort: „Der Geist ist willig, aber das Fleisch ist schwach." Wenn nur unsere leiblichen Triebkräfte da sind, dann kann es sein, dass wir morgens nicht aus dem Bett kommen, und dass wir uns auch ansonsten nicht aufraffen können zu tun, was wichtig und gut ist.

Geistlos nur dem eigenen Leib ausgesetzt zu sein, wäre nicht menschenwürdig. Das wäre ein Rückfall in das instinktgeleitete Verhalten der Tiere. So etwas könnten wir nur gerade noch bei einem Kleinstkind hinnehmen.

Wir befinden uns auf einer anderen Entwicklungsstufe. Zu unserem Menschsein gehört die geistige Dimension.

Der Geist ist das, was den Verstand, die Vernunft, den Glauben, das Herz bildet und bewegt, was wie eine übergeordnete Instanz die leiblichen Triebe ggf. korrigiert und in die gewünschte Richtung lenkt.

Im Kopf und im Herzen - da ist der Geist zugange. Im Körper regieren zum Beispiel die Hormone. Da kann es heftige Auseinandersetzungen geben. Besonders schön ist es, wenn sich beide Kräfte versöhnen, wenn beide in dieselbe Richtung wirken, wenn der Geist ins Fleisch übergegangen ist, wenn wir das geistige Konzept internalisiert haben, wenn es uns in Fleisch und Blut übergegangen ist, wenn, biblisch gesprochen, der Geist Fleisch geworden ist.

Jesus Christus ist dafür - verzeihen Sie - der vollkommene Prototyp. Der Evangelist Johannes sagt: „Gott ist Geist", und er sagt auch: „Gott ist Mensch geworden."

Das Wort Gottes - die geistige Dimension Gottes - hat in Jesus Christus leibliche Gestalt angenommen. Und die Worte Jesu - die geistige Dimension Jesu - die Worte Jesu haben in den Jüngern leibliche Gestalt angenommen. Ihre Worte wiederum haben andere Menschen geprägt. So ist die Kette weitergegangen - in alle Gegenden der Welt bis hierher nach Hamburg, bis in den heutigen Morgen hinein.

Die Sache Jesu wirkt weiter. Jesus Christus ist als geistige Kraft weiter gegenwärtig. Wo er in uns eindringt, da prägt er unsere Vorstellungen, unsere Ziele, unser konkretes Verhalten. Der Geist verwandelt sich dann in sichtbare Gestalt, in Kirchen aus Stein, in Organisationen der Hilfe, in fürsorgliches Miteinander und liebevollen Umgang, in konkrete Zeichen und Maßnahmen der Vergebung, der Versöhnung, des Friedens, des Trostes, der Hoffnung.

Von ihnen können wir dann wieder auf den Geist zurückschließen, aus dem sie entstanden sind. Jesus fragt seine Jünger: „Wer sagen die Leute, dass ich sei?" Petrus antwortet: „Du bist Christus, des lebendigen Gottes Sohn."

Wie schön wäre es, wenn Menschen - auf unsere Gemeinde blickend - auch einen solchen Rückschluss ziehen und sagen könnten und sagen würden: „Da weht der Geist Gottes, da weht der Geist Jesu Christi." Wenn also an dem, was hier unter uns konkret geschieht, etwas von dem ablesbar, abspürbar wäre, was damals vor 2000 Jahren an Segensreichem in die Welt gekommen ist. Wir können uns in diese Richtung nur bemühen. Machbar ist das sicherlich nicht. „Der Geist weht, so er will." Aber bemühen können und sollen wir uns wohl.

Möge täglich Pfingsten sein, dass täglich neu der Geist Gottes mit Macht auf uns komme und uns erfülle und stärke, dass all unser Reden und Tun von ihm geleitet sei und Christus lebendig und erfahrbar werde jetzt und allezeit.

Ehebruch

1. Juli 2007
4. Sonntag nach Trinitatis
Johannes 8,3-11

Diesen Text dürfen wir nicht missverstehen. Wir dürfen diesen Text nicht in dem Sinne auslegen, dass wir uns durch ihn den Mund verbieten lassen - im Sinne von: Was du selbst nicht auf die Reihe kriegst, das darfst du bei anderen nicht kritisieren. So ist der Text nicht gemeint. Sonst müssten wir den Beruf des Richters und den Lehrerberuf und den Erzieherberuf und auch den Pastorenberuf abschaffen. Das darf aber natürlich nicht sein. Wir brauchen diese Berufe. Wir brauchen es, dass gemahnt und kritisiert - und auch angeklagt und bestraft - wird. Auch Eltern dürften sich die Erziehung ihrer Kinder nicht ausreden lassen, nur weil sie selbst auch nicht besser seien und sind.

Wir sind alle keine Engel. Wir sind alle Sünder - in vielfacher Hinsicht. „Wer unter euch ohne Sünde ist", sagt Jesus, „der werfe den ersten Stein." Wir sind alle nicht ohne Sünde. Trotzdem ist es unsere Pflicht und Schuldigkeit, unseren Mund aufzumachen. Ärzte müssen auf die Gefahren des Rauchens hinweisen, auch wenn sie selbst rauchen. Lehrkräfte müssen die Schülerinnen und Schüler dazu anhalten, im Unterricht nicht zu schwatzen, auch wenn sie sich selbst in der Lehrerfortbildung z. B. vielleicht gern mit der Nachbarin, dem Nachbarn unterhalten und genauso wenig diszipliniert sind wie ihre eigenen Schülerinnen und Schüler.

Und Pastoren müssen die christliche Nächstenliebe und die Feindesliebe anmahnen, obwohl sie manchmal vielleicht selbst ungnädig umgehen mit denen, die ihnen Probleme bereiten.

Wir dürfen unseren Predigttext auch nicht in dem Sinne missverstehen, dass wir meinten, er würde den Ehebruch verharmlosen. Ehebruch kann zu einer menschlichen Katastrophe führen. Die Treue ist ein ganz hohes Gut. Das will Jesus hier nicht in Abrede stellen.

Die Frage bleibt also: Worum geht es eigentlich in unserem Text? Es geht hier um die Mahnung zu einer Einsicht, die wir eben schon vorausgesetzt haben: dass wir nämlich alle Sünder sind, wenn auch sicherlich in unterschiedlicher Weise. Es soll niemand denken, er wäre ohne Sünde. Um diese Einsicht geht es hier. Es geht um die Warnung vor Selbstgerechtigkeit. „Ich habe mir nie etwas zuschulden kommen lassen!" - das ist ein Irrglaube. Das ist irrige Selbstgerechtigkeit, gemessen jedenfalls an den Maßstäben Jesu.

Es geht um Ehrlichkeit und Wahrhaftigkeit, um wahre Gerechtigkeit. Es geht um Barmherzigkeit und Vergebung.

Diejenigen, die in unserem Predigtabschnitt die Frau vorführen, geben nicht offen zu erkennen, was ihr eigentliches Anliegen ist. Sie verhalten sich, etwas drastisch formuliert, hinterhältig. Sie tun so, als wären sie einfach nur interessiert an dem, was Jesus denkt: „Meister, diese Frau ist auf frischer Tat beim Ehebruch ergriffen worden. Mose hat im Gesetz geboten, solche Frauen zu steinigen. Was sagst du?" Sogar mit „Meister" reden sie ihn an, als wären sie wirklich interessiert an dem, was der kluge und weise Mann Jesus zu sagen hat.

In Wirklichkeit aber wollen sie Jesus in eine Falle zu locken. Sie wollen ihn entweder der Untreue gegenüber dem Gesetz überführen oder ihn zu einem Widerspruch gegen seine eigene Lehre verführen.

Aus der Sicht der Frommen und Rechtsgelehrten war Jesus ein Aufrührer. Sie wollten ihn beseitigen. Jesus hatte mehrfach gegen das Gesetz verstoßen, insbesondere gegen das Sabbatgebot, das Gebot, am Feiertag, dem Samstag, zu ruhen, jede Arbeit zu unterlassen. Jesus hatte z. B. am Sabbat geheilt. Das durfte er nicht. Damit hatte er sich als Rechtsbrecher schuldig gemacht.

Und was als noch schlimmer empfunden wurde: Er hatte sich bewusst über das Gesetz gestellt, obwohl es sich nach damaligem Verständnis doch um göttliches Gesetz handelte. Das Verhalten Jesu war aus der Sicht der Frommen Gotteslästerung.

„Darum trachteten sie danach, ihn zu töten, weil er nicht allein den Sabbat brach, sondern auch sagte, Gott sei sein Vater, und machte sich selbst Gott gleich."

Die Männer, die die Frau vorführen, haben Jesus gegenüber also nichts Gutes im Sinn. Es geht ihnen weder um die Frau noch um ein bloßes Interesse an der Auffassung Jesu. Sie wollen Jesus des Rechtsbruches oder der Unglaubwürdigkeit überführen. Ihr wahres Anliegen geben sie aber nicht zu erkennen. Das ist grob gesagt hinterhältig, etwas weniger grob formuliert: unwahrhaftig.

Sie wollen Jesus eine Falle stellen. Wenn er sich doch dazu entschließen sollte, das Gesetz zu bestätigen, dass die Frau nach dem Ehebruch gesteinigt werden müsste, dann hätten sie ihn immerhin zu einer Äußerung gegen seinen eigenen Anspruch verführt. Sein Anspruch an ein gottgefälliges Leben waren Liebe, Barmherzigkeit, Vergebung.

„Seid barmherzig, wie auch euer Vater barmherzig ist. Und richtet nicht, so werdet ihr auch nicht gerichtet. Verdammt nicht, so werdet auch ihr nicht verdammt. Vergebt, so wird auch euch vergeben", sagt Jesus in der Bergpredigt.

„Das Gesetz ist durch Mose gegeben; die Gnade und Wahrheit ist durch Jesus Christus geworden." So hat der Evangelist Johannes das Reden und Auftreten Jesu verstanden. Dieses Bild haben offensichtlich auch die Männer im Kopf, die die Frau vorführen: Jesus stellt das Gesetz des Mose hintan und kehrt die Gnade Gottes hervor und behauptet, in seiner Person die Gnade Gottes zu verkörpern. Falls er jetzt doch das Gesetz des Mose bestätigen sollte, würde er sich - gemessen an seinem eigenen Anspruch - unglaubwürdig machen.

Das Anliegen der Männer ist also hinterhältig. Jesus entzieht sich dem Hinterhalt auf geniale Weise. Er tappt nicht in die Falle. Er wendet die unwahrhaftige Absicht der Männer vielmehr gegen sie selbst. Der Volksmund sagt: „Wer anderen eine Grube gräbt, fällt selbst hinein." Die Wahrheit dieses Satzes erleben die Männer nun am eigenen Leib.

Das Thema Schuld und Sünde und Strafe, das sie vorgegeben hatten, um Jesus in eine Falle zu locken, wird nun zu einem echten Thema. Aber plötzlich ist es nicht mehr die Frau, die am Pranger steht. Sie selbst, die Männer, stehen plötzlich vor Gericht. Jesus schafft es auf geniale Weise, dass sie selbst das Urteil über sich fällen müssen. „Wer unter euch ohne Sünde ist, der werfe den ersten Stein. ... Als sie das hörten, gingen sie weg, einer nach dem anderen."

Jesus ist nicht in die Falle gegangen. Er hat die Kläger in Angeklagte verwandelt, ohne freilich selbst zum Kläger zu werden. Er hat die Männer selbst zu einer Einsicht über sich selbst gebracht.

Die Einsicht in die eigene Sündhaftigkeit ist das für uns besonders Wichtige an dieser Geschichte. Wichtig ist zugleich aber auch, dass es Jesus nicht darum ging, die Männer schlecht zu machen. Er wollte zunächst einmal sich und die Frau schützen. Die Einsicht in die eigene Sündhaftigkeit soll der Ehrlichkeit und Wahrhaftigkeit dienen und die Selbstgerechtigkeit zurückdrängen.

Jesus will uns nicht schlechtmachen. Wir sind zwar alle Sünder, das sollen wir einsehen. Und wir sollen uns stets um Besserung bemühen. „Sündige hinfort nicht mehr", sagt Jesus zur Frau. Aber wir sind geliebte Sünder.

In diesem Sinne sollen wir auch miteinander umgehen. Wenn wir andere auf ihre Fehler und Vergehen hinweisen und sie zurechtweisen, dann sollen wir es ohne Selbstgerechtigkeit tun und immer so, wie es auch der Volksmund empfiehlt: dass wir uns dabei zugleich innerlich an die eigene Nase fassen. Unsere Kritik und Zurechtweisung darf niemals selbstgerecht und unbarmherzig werden, sei sie auch noch so berechtigt.

Wir müssen uns immer dessen bewusst bleiben, dass wir als Sünder andere Sünder zurechtweisen.

Das ist, wie gesagt, auch nötig. Es ist unsere gegenseitige Pflicht und Schuldigkeit, einander immer wieder zu mahnen und zum Tun des Rechten anzuhalten - durchaus auch mit der je nach Situation gebotenen Konsequenz und Strenge. Aber immer auch mit Barmherzigkeit. Denn wir schaffen es alle nicht, ein tadelloses Leben zu führen.

Wir dürfen nicht verdammen. Wir dürfen nicht ein letztes Urteil fällen. Das müssen wir dem höchsten Richter überlassen. Auch er ist barmherzig mit seinem Geschöpf Mensch, das er mit dem wunderbaren Geschenk des Lebens in mancher Hinsicht ja auch vor eine manchmal übergroße Aufgabe gestellt hat.

Als die Männer gegangen waren und Jesus mit der Frau allein war, schaute er sie an und fragte sie: „Hat dich niemand verdammt?" Sie antwortete: „Niemand." Jesus sprach: „So verdamme ich dich auch nicht. Geh hin und sündige hinfort nicht mehr."

Mit Konflikten bekennen
8. Juli 2007
5. Sonntag nach Trinitatis
Lukas 14,25-33

Ich hatte durchaus überlegt, ob ich Ihnen diesen Predigttext aus dem Lukasevangelium überhaupt vorlese. Denn die Formulierungen am Anfang - die sind einfach nicht gut. Die können so nicht von Jesus sein. Es kann nicht sein, dass Jesus gesagt hat: „Wer nicht seinen Vater, seine Mutter, seine Frau, seine Kinder, seinen Bruder, seine Schwester und sich selbst hasst, der kann nicht mein Jünger sein." Das kann so nicht von Jesus sein. Das würde seiner ganzen Art widersprechen.

Wir können nach einer Erklärung suchen für diese Aussage. Dies ist ja eine Formulierung in deutscher Sprache. Jesus hat nicht deutsch gesprochen. Wir haben eine Übersetzung vor uns. Die ist vielleicht nicht die glücklichste. Wir haben sogar die Übersetzung einer Übersetzung vor uns. Das Neue Testament ist im Original in Griechisch geschrieben. Jesus hat aber Aramäisch gesprochen. Und vielleicht hat sich ja auch jemand verhört. Was Jesus wirklich, wortwörtlich gesagt hat, das wissen wir eh nicht. Das ist wirklich auch für die klügsten Forscher kaum herauszubekommen. Da können letztlich immer nur Vermutungen angestellt werden.

Wenn wir uns einmal die entsprechende Textpassage im Matthäusevangelium ansehen, dann können wir feststellen: Matthäus hat sich nicht so drastisch ausgedrückt. Vielleicht hat Lukas seine Formulierungen gewählt, um zu provozieren. Eine gute Idee war das aber, finde ich, nicht.

Was aber soll hier nun letztlich ausgesagt werden? Es geht um die Nachfolge Jesu. Es geht um die Frage: Wenn wir Christen sein wollen, wenn wir unser Leben im Sinne Jesu führen wollen, was sind dann dafür die Voraussetzungen? Oder was könnten die Hindernisse sein?

Ein Hindernis könnte offenbar die eigene Familie sein. Diesen Gedanken legt dieser Text nahe. Die Bindung an die Familie könnte einen daran hindern, Jesus nachzufolgen, d. h. das eigene Leben im Sinne Jesu zu gestalten.

Handelt es sich dabei überhaupt um ein reales Problem? Da können wir feststellen: Ja, das kann wirklich ein Problem sein, sogar ein ganz erhebliches. Wenn wir das einmal weltweit betrachten: Wenn sich z. B. in Pakistan jemand für den christlichen Glauben entscheidet, dann kann das zum Bruch mit der Familie führen; das kann sogar lebensgefährlich sein, zum christlichen Glauben überzutreten. Dafür kennen wir Beispiele aus den Medien.

Wir brauchen aber gar nicht so weit in die Ferne zu schauen. Bei der Vorbereitung auf diese Predigt las ich einen Bericht über eine anstehende Konfirmation. Der atheistische Vater sagte zu seinem Sohn: „Wenn du dich konfirmieren lässt, bekommst du von mir Geld. Wenn du dich nicht konfirmieren lässt, bekommst du das Doppelte."

Das war für den Jugendlichen sicherlich schon eine ziemliche innere Herausforderung. Er hat sich für die Konfirmation entschieden, also gegen die Einstellung seines Vaters. Das wird die Beziehung der beiden zueinander vielleicht nicht getrübt haben. Aber der Vater hat seinen Sohn durch das verführerische Angebot immerhin in einen Loyalitätskonflikt zwischen ihm, dem Vater, und dem Bekenntnis zum christlichen Glauben gedrängt.

Es gibt aber auch andere Beispiele dafür, wie die Entscheidung für den christlichen Glauben in unseren Breiten zu durchaus heftigen Konflikten in der Familie führen konnte und kann.

Wenn sich z. B. in der Ex-DDR ein Jugendlicher für den christlichen Glauben entschied, während seine Eltern der atheistischen Ideologie des Staates anhingen, dann konnte das zu einer innerfamiliären Zerreißprobe führen.

Oder wenn sich umgekehrt während des Dritten Reiches ein Jugendlicher der nationalsozialistischen Ideologie zugezogen fühlte, während die Eltern ihren christlichen Glauben für unvereinbar mit der nationalsozialistischen Ideologie hielten, dann konnte das zu einem beträchtlichen familiären Problem werden.

Die Entscheidung für einen Glauben, für eine Religion ist eben nicht so unbedeutend, wie man denken könnte. In Deutschland haben wir es lange für unerheblich gehalten, ob sich jemand zum christlichen Glauben bekennt oder nicht.

Da sind wir in den letzten Jahren aber eines ganz anderen belehrt worden. Die Radikalisierung in Teilen des Islam hat uns zu der Frage geführt: Was glauben wir eigentlich? Und müssen wir unseren Glauben nicht vielleicht als Gegengewicht doch etwas bewusster zum Ausdruck und zur Geltung bringen?

Der religiöse Glaube ist ja nicht nur etwas für das stille Kämmerlein. Da hängt vielmehr ein ganzes Wertesystem dran. Da geht es um Themen wie: Das Verhältnis von Mann und Frau, Respekt vor dem Leben, Frieden, Gerechtigkeit, Gewalt, Umgang mit Andersdenkenden und Andersglaubenden - das können Fragen von Leben und Tod sein. Es geht auch um Traditionen und Riten, die für die tägliche Lebensgestaltung von erheblicher Bedeutung sein können.

Da Menschen nun einmal verschieden sind - auch innerhalb einer Familie, können wir uns vielleicht vorstellen, dass es zu ernsten Konflikten kommen kann, wenn sich Familienmitglieder zu unterschiedlichen Glaubensrichtungen hingezogen fühlen. Das gilt gelegentlich auch schon, wenn nur die konfessionellen Interessen verschieden sind.

Trotzdem: Jesus kann nicht gemeint haben, dass wir um seinetwillen unsere Eltern hassen sollten. Eltern sollen wir immer in Ehren halten, auch wenn wir ganz unterschiedlicher Meinung sind. Das ist nicht zuletzt auch eines der zehn Gebote. Es kann auch nicht sein, dass wir die anderen Familienmitglieder hassen sollen. Konflikte sollten immer auf einer menschlich verträglichen Ebene ausgetragen werden. Auch wenn es zu einem Bruch kommen sollte, müsste der menschliche Respekt immer erhalten bleiben.

Als wir am Freitag in der Andacht im Seniorenzentrum St. Markus diesen Text bearbeitet haben, kam der Hinweis darauf, dass Jesus selbst schon früh in Konflikt mit seinen Eltern geraten war. Schon als Zwölfjähriger war er am Ende eines Festes im Tempel geblieben, während seine Eltern sich schon auf den Weg nach Hause gemacht hatten. Ihnen war erst später aufgefallen, dass ihr Sohn fehlte. Sie suchten ihn und fanden ihn dann im Tempel. Ihr zwölfjähriger Sohn sagte zu ihnen: „Was sorgt ihr euch? Ich muss im Hause meines Vaters bleiben."

Damit brachte er zum Ausdruck: Es gab für ihn zwei Autoritäten, denen er sich verbunden fühlte: die leiblichen Eltern und seinen göttlichen Vater.

Später hat er auch einmal gefragt: „Wer sind denn meine Eltern? Wer sind meine Geschwister?" Was er mit dieser Frage sagen wollte, ist dies: Es zählt nicht nur die Blutsverwandtschaft. Meine Familie, das wollte er sagen, sind auch die Menschen schlechthin - die große Familie der Christen und der Geschöpfe Gottes.

Ende der Strafe Gottes

29. Juli 2007
8. Sonntag nach Trinitatis
Johannes 9,1-7

Die Frage der Jünger: „Wer hat gesündigt - dieser oder seine Eltern?", mag uns unangemessen und unbarmherzig erscheinen angesichts der großen Not des Blinden. Der Blinde selbst kann doch wirklich nichts dafür, dass er blind ist. Er ist blind geboren. Seine Eltern? Vielleicht haben sie etwas falsch gemacht. Vielleicht hat die Mutter während der Schwangerschaft z. B. etwas gegessen oder getrunken, was sie lieber nicht hätte essen oder trinken sollen. Oder vielleicht gibt es bei dem einen oder dem anderen Elternteil eine genetische Vorgeschichte, sodass die beiden lieber auf ein Kind hätten verzichten sollen, um so das Risiko der Blindheit zu vermeiden.

Die Jünger meinen mit ihrer Frage aber gar nicht ein solches Fehlverhalten oder unvorsichtiges Verhalten, das die vorgeburtliche Schädigung ihres Kindes zur Folge gehabt haben könnte.

Sie verstehen die Blindheit vielmehr als eine Strafe Gottes für irgendein Verhalten, das dem Willen Gottes widersprochen haben könnte. Krankheit als Strafe Gottes - um dieses Verständnis - oder Missverständnis - geht es hier.

So ganz unbekannt ist uns diese Interpretation von Krankheit nicht. Denn uns ist vielleicht schon einmal selbst der Seufzer entfahren: „Womit habe ich das verdient?" Damit bringen wir unsere Vorstellung zum Ausdruck, es müsse bezüglich unseres Ergehens gerecht zugehen: Verhalten wir uns gut, müsste es uns gut gehen. Verhalten wir uns schlecht, wäre es nur gerecht, wenn es uns schlecht erginge. Wobei wir im zweiten Fall wohl eher meinen: Verhalten sich andere schlecht, wäre es nur gerecht, wenn es ihnen auch schlecht erginge. Verzeihen Sie, wenn ich das etwas gemein formuliere.

Wir haben jedenfalls tief in unserem Herzen ein Bedürfnis

nach einer höheren Gerechtigkeit, die wir auch selbst beeinflussen können - zu unseren Gunsten durch unser Wohlverhalten.

Bei einem Menschen, der bereits blind geboren ist, kommt dieses Konzept natürlich etwas ins Schlingern. Von daher ist die Frage der Jünger eine echte Frage. Mit dem Verhalten des Kindes kann die Krankheit nichts zu tun haben, da es sich vor der Geburt noch nicht schuldhaft hat verhalten können. Wenn das Kind aber blind geboren sein sollte wegen schuldhaften Verhaltens der Eltern, wäre das ungerecht gegenüber dem Kind. Was kann das ungeborene Kind für das Verhalten der Eltern? Wie ist dieser Knoten zu lösen?

Jesus löst den Knoten, indem er das erwähnte Konzept von der Strafe Gottes nicht nur in Frage stellt, er erklärt dieses Konzept für beendet - durch seine Antwort an die Jünger, durch seine barmherzige Heilung des Blinden und letztlich auch durch seinen Kreuzestod. Allen, die daran glauben, dass Gott den Menschen straft, sagt Jesus vom Kreuz herab: „Ändert euren Glauben. Die Strafe Gottes, die bis heute Teil eures Glaubens war, nehme ich stellvertretend für euch auf mich. Nehmt diese Befreiung an. Glaubt an die Vergebung und Barmherzigkeit Gottes. Bemüht euch weiterhin, mit allen Kräften, seinen Willen zu tun. Aber wenn ihr scheitert, vertraut immer darauf, dass euch die Vergebung und Barmherzigkeit Gottes offenstehen." Das ist die Botschaft des Kreuzes.

Auf die gerade von den Jüngern gestellte Frage antwortet Jesus: „Es hat weder dieser Blinde gesündigt noch seine Eltern, sondern es sollen die Werke Gottes an ihm offenbar werden."

Wie ist im Sinne dieser Antwort das Schicksal des Blindgeborenen zu verstehen? Seine Blindheit ist keine Strafe Gottes. Die Ursachen für die Blindheit können dahingestellt bleiben. Sie sind ggf. gar nicht feststellbar. Wichtig ist: Der Blindgeborene hat ein schweres Schicksal. Seine Blindheit ist für ihn und seine Eltern eine schwere Bürde, ein großes menschliches Leid.

Damit sollen der Blinde und seine Eltern nicht alleingelassen werden. Es gilt, ihrem Leid ein Ende zu bereiten oder es zumindest so weit wie irgend möglich zu lindern - durch barmherzige liebevolle Zuwendung, durch tätige Nächstenliebe. Diese praktiziert Jesus gleich selbst, unmittelbar nachdem er den Jüngern geantwortet hat. Er heilt den Blinden. Das ist nicht nur eine Tat Jesu. Die Jünger und alle Umherstehenden sollen diesen Akt der Barmherzigkeit als Werk Gottes verstehen.

Die Botschaft Jesu lautet: „Zeig nicht mit dem Finger auf den Leidenden und sag über ihn nicht: ‚Der hat selbst Schuld!' und lass ihn nicht im Stich nach dem Motto: ‚Soll er selbst sehen, wie er klarkommt!', sondern hilf ihm - so, wie auch du willst, dass dir geholfen werde, wenn du dich in einer Not befindest."

An dem Blindgeborenen macht Jesus seine Botschaft exemplarisch deutlich. Jesus selbst kann nicht alle Blinden der Welt heilen. Aber wenn jeder an diesem einen Beispiel begreift, was er meint und was wirklich der Wille Gottes ist, und sich jeder seine Botschaft zu Herzen nimmt, dann können ganz viele Blinde in der Welt geheilt werden.

In der Tat ist die Botschaft Jesu nicht ungehört verhallt. Sie ist zum Anstoß für praktische Nächstenliebe geworden - in der Gestalt diakonischen Handelns, in der Gestalt christlicher Krankenhäuser z. B. und in der Gestalt von Hilfswerken, die sich speziell um Blinde in vielen Teilen der Welt kümmern, der Hildesheimer Blindenmission zum Beispiel.

Das Konzept von der Strafe Gottes war von Anfang an ein problematisches und ungerechtes. Im alttestamentlichen Buch Hiob wird das Problem hin und her gewendet. Hiob fühlte sich ungerecht behandelt. Sein Leben lang war er fromm und rechtschaffen gewesen. Dann ereilt ihn ein Unglück nach dem anderen. Er fühlt sich von Gott bestraft - aber wofür? Er geht mit Gott ins Gericht. Am Ende muss er einsehen, dass sich mit Gott nicht rechten lässt. Gott, der geheimnisvolle und allmächtige Schöpfer, bleibt souverän und in seinen Entscheidungen für den Menschen weder berechenbar noch beeinflussbar. Gott kann strafen, aber ebenso kann er Barmherzigkeit üben.

Das ist noch keine wirklich erlösende Botschaft. Jesus bereitet der Vorstellung von der Strafe Gottes ein komplettes Ende. Das Leid des Menschen bleibt zum einen geheimnisvoll, z. T. kann es erklärt werden, z. B. als von Menschen verursacht. Gott gibt sich in Jesus Christus als derjenige zu erkennen, der für den leidenden Menschen als Tröster und Helfer zur Verfügung steht und der möchte, dass auch wir in diesem Sinne miteinander umgehen: dass wir uns durch das Leid anderer zur liebevollen, barmherzigen Zuwendung herausfordern lassen.

Das Konzept von der Strafe Gottes oder, wie es in der theologischen Wissenschaft genannt wird, vom Tun-Ergehen-Zusammenhang mag für den einen oder anderen durchaus ganz reizvoll erscheinen, zumal es die Möglichkeit bietet, selbst etwas für die Gerechtigkeit im eigenen Leben zu tun.

Aber auch wenn der Mensch eine Menge tun kann und soll, und auch wenn die ethischen Anforderungen an den Menschen durch Jesus Christus keinesfalls abgemildert, im Gegenteil sogar noch verschärft werden, wie wir der Bergpredigt entnehmen können, bleibt doch unübersehbar und unleugbar, dass der Mensch den ethischen Anforderungen nicht gewachsen ist. Das Leben ist zu kompliziert, die Daseinsbedingungen sind zu schwierig, als dass der Mensch da in ethischer Hinsicht unbeschadet hindurchkommen könnte. Der Mensch bleibt - trotz aller Gebote, Mahnungen, Drohungen, Belohnungen und trotz aller bestgemeinten Anstrengungen letztlich auf Nachsicht und Vergebung, auf Barmherzigkeit und Liebe angewiesen. Dies alles wird ihm durch den Schöpfer zuteil. Das können wir am Wirken Jesu ablesen.

Für den Blinden und seine Eltern war die Zuwendung Jesu ein wahres Wunder. Sie wird uns auch als Wunderheilung beschrieben. Das Wunder ist aber nicht und nicht in erster Linie die wundersame Art der Heilung - Jesus streicht Brei auf die Augen des Blinden. Das Wunderbare im schönsten Sinne des Wortes ist, dass Jesus sich überhaupt des Schicksals dieses Blinden angenommen hat und er die Blindheit nicht zulasten des Blinden und seiner Eltern interpretiert.

Wie wenig selbstverständlich das Vorgehen Jesu war, erfahren wir, wenn wir unseren Predigtabschnitt weiterlesen. Die Vertreter des überkommenen Gottesverständnisses billigen es Jesus nicht zu, sich im Namen Gottes über geltende Konzepte hinwegzusetzen. Da die Heilung am Sabbat geschah, haben sie zusätzlich einen ganz konkreten Anlass, das Vorgehen Jesu zu kritisieren.

Für uns aber ist Jesus mit seiner Botschaft zum Licht der Welt geworden.

„Du bist ein Schatz!"
5. August 2007
9. Sonntag nach Trinitatis
Matthäus 13,44-46

Wir haben hier zwei Gleichnisse vor uns. Jesus hat oft Gleichnisse erzählt, um seine Aussage mit Bildern anschaulich zu machen. Es ist aber nicht immer ganz einfach, die Bilder zu interpretieren. Auch die Jünger hatten damit ihre Schwierigkeiten. „Was soll das Gleichnis bedeuten?", fragten sie ihn dann. Und Jesus musste seinem Gleichnis noch die Auslegung hinzufügen.

In unserem heutigen Predigtabschnitt geht es um zwei Gleichnisse. Sie sollen etwas aussagen über das Himmelreich. „Das Himmelreich gleicht einem ..." - und dann folgen diese beiden kleinen Gleichnisse. Sie benutzen verschiedene Bilder für dieselbe Aussage. Deshalb beschränke ich mich jetzt auf das erste Gleichnis, das vom Schatz im Acker.

Da ist ein Mann, ein Landarbeiter vielleicht, der geht über ein Feld und findet einen Schatz. Vielleicht war er dabei, den Acker zu pflügen. Es mag sein, dass der Pflug ein Gefäß an die Oberfläche befördert hat, vielleicht einen Tonbehälter voller Münzen.

Ein solcher Fund wäre in jener Zeit gar nicht etwas so Ungewöhnliches gewesen. Denn in Palästina gab es schon damals immer wieder kriegerische Unruhen. Da sahen sich die Bewohner oft genug veranlasst, ihr Hab und Gut in Sicherheit zu bringen. Etwas zu vergraben, galt als sicheres Versteck. So mag es also zu diesem Fund gekommen sein.

Der Mann ist außerordentlich erfreut über seine Entdeckung. Wie kann er nun Eigentümer dieser Wertsachen werden? Der Acker gehört ihm nicht, und damit auch nicht all das, was sich auf und in dem Acker befindet. Der Mann beschließt, den Acker käuflich zu erwerben. Er scheint kein reicher Mann zu sein. Er muss seine ganze Habe drangeben, um den Kaufpreis für den

Acker aufzubringen.

Aber er tut dies mit Freuden - in der Gewissheit, dass sich die Investition lohnt. Er weiß: Was er aufgibt, ist zwar viel, nämlich alles, was er hat. Aber was er dann erwirbt, wird viel mehr sein als das, was zuvor sein Eigen war.

Der Mann kann sich glücklich schätzen. Er hätte den Schatz niemals erwerben können, wenn er seinen wahren Wert hätte bezahlen müssen. Durch glückliche Umstände wird ihm hier etwas zuteil, was er sich eigentlich nicht leisten kann, was sein Vermögen übersteigt. Ein Geschenk des Himmels, so mag er das empfunden haben.

So ist es mit dem Himmelreich, sagt Jesus. Das Himmelreich ist ein so wunderbarer Schatz, dass es sich lohnt, alles dranzugeben, um es zu erlangen. Denn was wir durch das Himmelreich empfangen, wird mehr sein, als wir dafür aufgegeben haben.

Es bleibt die Frage, was es mit dem Himmelreich konkret auf sich hat. Klar ist durch das Gleichnis nur, dass es sich um etwas sehr Wertvolles handelt, das den ganzen Einsatz lohnt.

Vielleicht hilft es zum Verständnis, wenn wir den Begriff Himmelreich einmal ganz profan betrachten. Was meinen wir, wenn wir in unserer Umgangssprache z. B. vom „Himmel auf Erden" sprechen oder wenn ein Werbeplakat ein Produkt mit eben dieser Formulierung anbietet: Der Himmel auf Erden!? Dann muss es sich um etwas exzeptionell Wunderbares handeln.

Was meinen wir, wenn wir gar vom „siebten Himmel" reden? Wir meinen einen wunderbaren Zustand der Glückseligkeit, einen Zustand, der sich von unserem alltäglichen Leben mehr als wohltuend unterscheidet. Wir meinen einen geradezu außerweltlich schönen - eben „himmlischen" - Zustand.

In manchen Augenblicken des Lebens können wir zumindest eine Ahnung davon bekommen, was das sein könnte. Solche Erfahrung ist dann ein großes Glück. Wir würden die Zeit dann am liebsten anhalten und uns wünschen: So müsste es immer sein! Wir wären dann vielleicht bereit, alles zu tun, um diesen Zustand auf immer zu bewahren.

Wenn wir vom siebten Himmel reden, dann meinen wir in der Regel das Glück einer tiefen Liebesbeziehung, das Glück eines frisch verliebten Paares vielleicht.

Wie kann es zu diesem Glück gekommen sein? Es könnte sich ähnlich wie im Gleichnis vom Schatz im Acker zugetragen haben: Da geht einer durch die Welt - ich betrachte die Sache jetzt mal von der Seite des Mannes her - und entdeckt eines Tages eine Frau, von der er überzeugt ist, dass sie die Frau seines Lebens sei - dass sie es ist. In seiner großen Freude über diesen glücklichen Fund setzt er alles daran, um aus dieser zufälligen Begegnung eine dauerhafte Beziehung zu machen. „Darum wird ein Mensch Vater und Mutter verlassen und seiner Frau anhängen", sagt die Bibel und bringt damit zum Ausdruck: Die Beziehung zu diesem einen geliebten Menschen erlangt die oberste Priorität und ist den ganzen Einsatz wert und die Aufgabe von vielem, was einem bis dahin wichtig gewesen ist.

(Meine Frau wäre mit mir damals bis in den argentinischen Chaco gegangen, was wirklich die Aufgabe von vielen zivilisatorischen Bequemlichkeiten bedeutet hätte, denn der Chaco im Norden Argentiniens ist ein ziemlich abgelegenes und unwirtliches Gebiet. Aber das war ja nicht nötig. Statt dessen habe ich meine Arbeit in Cuxhaven aufgegeben und bin nach Hamburg gekommen in diese Gemeinde, weil meine Frau in Hamburg studierte.) Das jetzt nur in Klammern.

Wenn ein Paar sagt, es befinde sich im siebten Himmel, will es zum Ausdruck bringen: Etwas Schöneres und Größeres kann es für uns nicht geben. Wenn die beiden heiraten, ist das auch ein Schritt, der in gewisser Weise durchaus dem Einsatz des Mannes in unserem Gleichnis vergleichbar ist. Denn der Schritt in die Ehe bedeutet auch: Vollständige Hingabe von allem, was wir sind und haben mit der Perspektive, dass wir noch mehr empfangen werden, als wir eingebracht haben: Dieses Mehr ist das gemeinsame Glück.

Der Himmel ist im persönlichen Bereich der Inbegriff

höchsten Glücks. Im überindividuellen Bereich ist der Himmel Inbegriff einer Welt, die sich von unserer gegenwärtigen erfahrbaren Welt grundlegend unterscheidet. Der Himmel - das ist die heile Welt, in der keine Tränen mehr vergossen werden, weil einer dem anderen ein Leid zufügt. Es ist eine Welt nach dem Willen Gottes, in der Frieden herrscht und Wohlergehen, Eintracht unter den Geschöpfen und ein Miteinander in Liebe. Wir leben nicht in einer solchen Welt. Sie ist als Realität auch kaum vorstellbar. Aber sie ist Gegenstand unserer Sehnsucht. Wir haben eine Ahnung von ihr. In manchen flüchtigen Augenblicken unseres Lebens meinen wir, einen Vorgeschmack real erlebt zu haben.

Wenn wir den Schlüssel zum Himmel in diesem Sinne bei unserem Gang über den Acker unserer Welt fänden, würden wir dann nicht glauben, einen großen Schatz gefunden zu haben? Und würden wir für diesen Schatz in unserer Freude dann nicht alles andere hergeben?

Jesus meint mit dem Schatz im Acker den Schlüssel zum Himmelreich, zum Reich Gottes. Welcher Art ist dieser Schlüssel? Der Schlüssel zum Himmelreich besteht nicht in Geld und nicht in sonstigen materiellen Werten. Den Eintritt in das Reich Gottes können wir uns nicht erkaufen. Der Schatz ist anderer Natur. Er besteht in der Person Jesu Christi. Jesus Christus ist der verborgene Schatz im Acker unserer Welt. Er ist der Schlüssel zum Reich Gottes. Seine Liebe schließt uns den Himmel auf. Wer das erkannt hat, der wird Jesus Christus höchste Priorität in seinem Leben einräumen - nicht im Sinne eines dogmatischen Glaubens, sondern im Sinne einer ernsthaften Bereitschaft, sein Leben im Geiste der Liebe Jesu Christi zu führen.

Nicht jeder vermag die große Bedeutung Jesu Christi zu erkennen. Darum ist er einem verborgenen Schatz vergleichbar. Aber wer ihn entdeckt hat, der wird sich glücklich schätzen, wie der Mann unseres Gleichnisses.

Die Auslegung des Gleichnisses könnte an dieser Stelle abgeschlossen werden. Aber das Evangelium, die gute Botschaft des Neuen Testaments, drängt auf einen weiteren Schritt, mag er auch fast töricht erscheinen - es wäre die Torheit unseres Glaubens.

Wir brauchen uns in diesem Gleichnis nicht nur mit dem Mann zu vergleichen, der den Schatz findet. Wir finden nicht nur, wir werden auch gefunden - was ja auch für jede Liebesbeziehung gilt.

Wir sind nicht nur der Mann, der über den Acker geht und den Schatz entdeckt. Wir können auch der Schatz im Acker sein. Das können Sie sein, das kann ich sein, dass kann er oder sie sein, ein jeder von uns. Ich habe einmal einige gefragt: „Hat zu Ihnen schon mal jemand gesagt: ‚Mein Schatz!'?" Einige antworteten: „Ja." Einige andere sagten: „Nein, noch nie!" Wir können uns glücklich schätzen, wenn uns jemand gefunden und uns als Schatz entdeckt hat.

Aber auch abgesehen von allen menschlichen Beziehungen sollen wir alle wissen, dass wir Schätze Gottes sind. Denn er hat uns alle gern. Er hat Jesus Christus in die Welt gesandt wie den Mann über den Acker. Und Jesus Christus hat uns Menschen im Acker dieser Welt als einen großen Schatz entdeckt. Was allen anderen verborgen war, hat er entdeckt. Was andere übersehen und für wertlos gehalten und gering geschätzt haben, den Menschen, den Mitmenschen, dieses unvollkommene, fehlerhafte und schuldbeladene Wesen - das hat er als einen großen Schatz entdeckt. Für diesen Schatz hat er alles hingegeben. Er hat sein ganzes Leben für diesen Schatz, den Menschen, hingegeben. Was für uns nur einer tun würde, derjenige, dem wir ein und alles bedeuten, der uns von ganzem Herzen liebt, das hat Jesus Christus für einen jeden von uns getan. Das hat Gott für uns getan. Seinen einzigen Sohn, Jesus Christus, hat er für uns hingegeben.

Es ist eigentlich unglaublich - und doch ist es die Botschaft des Neuen Testaments, die uns zum Glauben herausfordert: dass wir in den Augen Gottes der große Schatz sind. „Was ist der Mensch, dass du seiner gedenkst?", fragt ganz erstaunt der Dichter eines Psalms. Das aber macht gerade das Himmelreich aus: dass wir so hoch wertgeschätzt werden, dass Jesus Christus als Gottes Sohn sich für uns hingegeben hat.

Wenn auch wir einander doch mit solchen Augen sehen könnten: dass wir den anderen nicht nur als den belanglosen und manchmal lästigen Jedermann wahrnehmen, sondern in ihm den Schatz entdecken! Das hieße, den Mitmenschen mit den Augen der Liebe Gottes betrachten. Solche Sichtweise wünsche ich uns allen. Sie wird uns gewiss Großes entdecken lassen.

Wohnort Gottes
12. August 2007
10. Sonntag nach Trinitatis
Johannes 4,19-26

Dieser Text hört sich vielleicht nicht sehr verständlich an. Er ist ja auch aus einem Zusammenhang herausgenommen. Er hat, um das vorweg zu sagen, im weitesten Sinne mit einer Frage zu tun, die sich auch viele Menschen unter uns stellen, nämlich: „Muss ich in die Kirche gehen, um zu Gott beten zu können?" Wie würden Sie auf diese Frage antworten? Als Pastor sage ich „Nein, aber." Man muss nicht in eine Kirche gehen, um beten zu können, das kann man überall tun. Denn Gott ist überall. Aber es ist gut und wichtig, dass es Kirchen gibt und dass wir besondere Orte haben, an denen wir uns zum Gottesdienst versammeln.

In unserem Predigtabschnitt geht es um zwei Orte der Anbetung. Der eine ist ein ganz großer, noch heute bekannter, die Stadt Jerusalem nämlich, die Stadt, in der sich die heiligste Stätte des Judentums befindet, die Klagemauer. Sie ist der Überrest einer Tempelanlage aus dem 6. Jahrhundert vor Christus, des sog. 2. Tempels. Dieser war zur Zeit Jesu durch Herodes prachtvoll ausgebaut und im Jahr 70 nach Christus von den Römern zerstört worden. Jerusalem war zur zentralen Kulturstätte der Israeliten geworden, als der König Salomo vor fast dreitausend Jahren erstmals einen Tempel auf dem Berg gebaut hatte, der uns heute als Tempelberg bekannt ist.

Als es noch keinen Tempel gab, waren die israelitischen Stämme mit der sogenannten Lade umhergezogen, der Bundeslade, einem mobilen Heiligtum, einem Holzkasten, der an zwei langen Stangen transportiert wurde wie eine Sänfte. In diesem Kasten befanden sich die zwei Steintafeln mit den 10 Geboten. Der Kasten bestand aus vergoldetem Akazienholz und war verziert mit zwei Engeln. Dieser transportable Kasten war - in Anführungszeichen - das „Gotteshaus" der Nomaden - oder vielleicht könnten wir auch sagen - in Anführungszeichen: das „Wohnmobil Gottes". Die zwölf Stämme Israels waren anfangs Nomaden gewesen. Sie waren mit ihren Herden umhergezogen - immer auf der Suche nach Gras für ihre Tiere. Da war so eine mobile Kultstätte ganz praktisch.

Aber es kam die Zeit, dass die israelitischen Stämme sesshaft wurden und dass sie einen gemeinsamen König und eine feste Kultstätte haben wollten. Mit Saul fing das Königtum der Israeliten an, dann kam König David, der ein großes Reich aufbaute. Und nach ihm Salomo, der, wie gesagt, in Jerusalem einen Tempel bauen ließ. Wo ein Tempel ist, da gibt es auch Priester und einen Kult mit vielen Riten und Regeln.

Salomo konnte sein großes Reich nicht auf Dauer halten. Es zerbrach bald an inneren und äußeren Auseinandersetzungen. Das Reich zerfiel in einen Nordstaat und einen Südstaat. Der Südstaat behielt Jerusalem als Hauptstadt. Hauptstadt des Nordreiches wurde Samaria. Das Nordreich schuf sich später auch eine eigene zentrale Kultstätte - und zwar auf dem Berg Garizim. Damit fing das Problem an, um das es viele Jahrhunderte später immer noch ging und das sich in unserem heutigen Predigtabschnitt niedergeschlagen hat.

Der Name Samaria hat für uns durch den barmherzigen Samariter einen sympathischen Klang. Aber zwischen den Samaritern oder den Samaritanern, wie sie auch genannt wurden, im Nordreich und der judäischen Bevölkerung im Südreich um Jerusalem herum gab es seit der Spaltung des Reiches Probleme. Aus Sicht der Juden waren die Samariter Abtrünnige - auch in religiöser Hinsicht.

Die Juden beanspruchten, über das wahre Heiligtum und den wahren Kult in Jerusalem und über den wahren Glauben zu verfügen. Die Samariter konnten das natürlich nicht akzeptieren. Sie nahmen ihrerseits in Anspruch, in der Tradition der israelitischen Religion zu stehen und den rechten Glauben zu wahren. Auch sie warteten z. B. auf einen Messias.

Die Frau in unserem Predigttext ist eine Samariterin. Jesus

kommt mit ihr ins Gespräch; er war nämlich über die Grenze gegangen, ein Stück nach Samarien hinein. Dort hatte er die Frau an einem Brunnen getroffen. Er hatte sie um Wasser gebeten.

Im Laufe des Gesprächs merkt die Frau, dass es sich bei Jesus um einen besonderen Menschen handelt. Sie sagt zu ihm: „Ich sehe, du bist ein Prophet." Als sie vom Messiasglauben der Samariter spricht, gibt er sich zu erkennen und sagt: „Ich bin es, auf den ihr wartet."

Die beiden hatten sich zuvor über die Frage unterhalten, wo denn die richtige Stätte zur Anbetung Gottes sei. Die Juden sagten: Auf dem Berg in Jerusalem. Die Samariter aber sagten: Auf dem Berg Garizim.

Jesus sagt nun zur Frau: „Es kommt die Zeit, da werdet ihr weder auf diesem Berg noch in Jerusalem Gott anbeten. Denn Gott ist Geist, und die ihn anbeten, müssen ihn im Geist und in der Wahrheit anbeten."

Was will Jesus damit zum Ausdruck bringen? Gott ist Geist - und „der Geist", wie Paulus einmal sagte, „der Geist weht, wo er will." Gott lässt sich nicht an einen Ort festbinden. Gott ist überall, in der ganzen Schöpfung, er begegnet uns in jedem Menschen und er wohnt in unserer aller Herzen. Wir können immer und überall Zwiesprache mit ihm halten.

Mit dem, was Jesus der Frau sagt, will er nicht die besondere Bedeutung einer festen Kultstätte in Abrede stellen. Aber wenn die Vertreter einer bestimmten Glaubensrichtung oder Volksgruppe behaupten, nur bei ihnen, an ihrem Ort, in ihrem Gotteshaus ließe sich Gott in Wahrheit anbeten, dann muss eine solche Behauptung zurückgewiesen werden. Denn diese wäre eine unzulässige und unangemessene Vereinnahmung Gottes, vielleicht mit dem Bedürfnis, eine exklusive Verfügung über die religiösen Dinge zu erlangen. Bei den beiden Kultstätten ging es in der Tat auch um Politik und Religionspolitik.

Martin Luther hat sich eineinhalb Jahrtausende nach dem Auftreten Jesu gegen ähnliche Exklusivitätsbestrebungen der römisch-katholischen Kirche zur Wehr gesetzt und hat dafür gekämpft, dem Geist der Bibel den Vorrang einzuräumen.

Gott ist Geist. In Jesus Christus ist der Geist Gottes Mensch geworden. Als Jesus Christus gen Himmel fuhr, hat er uns seinen Geist hinterlassen.

Aus dem Geist Gottes ist, so sagen manche enttäuscht, die Institution Kirche geworden. Manche Erscheinungsformen von Kirche sind im Laufe der Geschichte auch wirklich sehr enttäuschend gewesen. Man kann auch heute manches an der Institution Kirche kritisieren.

Trotzdem ist gut, dass es die Institution gibt, dass es Kirchen gibt, dass es besondere Orte gibt, an denen gemeinschaftlich Gottesdienst gehalten wird - sofern dies alles nicht mit dem Anspruch der Exklusivität getan wird und mit einem Machtanspruch verbunden ist.

Jesus sagte an anderer Stelle: „Wo zwei oder drei in meinem Namen versammelt sind, da bin ich mitten unter ihnen." Auch damit brachte er deutlich zum Ausdruck, dass Gott und das Gebet zu Gott nicht an einen festen Ort gebunden sind, sondern dass Gott uns im Geiste und im Glauben nahe ist.

Zu dieser Einsicht sind in gewisser Weise auch die Juden gelangt. Denn ihnen ist im Laufe ihrer Geschichte zweimal das zentrale Heiligtum in Jerusalem zerstört worden. Die heutige Klagemauer ist ja, wie gesagt, auch der Rest einer früheren Tempelanlage. Für die Juden ist die Tora, also ihre heilige Schrift, quasi zur Wohnstätte Gottes geworden. Diese kann man überall mit hinnehmen.

Allerdings erleben wir bis in die Gegenwart hinein, wie wichtig den Juden Jerusalem als heilige Stadt geblieben ist - und nicht nur den Juden. Heilige Orte haben eben doch eine ganz große Bedeutung. Aber die Bedeutung von Orten muss auch ihre Grenzen haben. Das will Jesus sagen. Denn Gott ist Geist. Als solcher ist er überall gegenwärtig und will im Geist und der Wahrheit an jedem Ort der Welt angebetet werden.

Dieser Hinweis Jesu wird manchmal herangezogen, um über die Schließung von Kirchen hinwegzutrösten.

Wo Kirchen geschlossen werden, da ist Trost vonnöten.

Denn mit den Kirchen verbinden Menschen Erinnerungen an eigene Lebensstationen, Gefühle von Heimat und Zugehörigkeit. Es ist, müssen wir jetzt umgekehrt sagen, zwar so, dass Gott überall ist und überall angebetet werden kann. Trotzdem sind Orte wichtig, so, wie auch Rituale und Feste und Formen wichtig sind. So ganz würden wir mit den religiösen Dingen wohl nicht zurechtkommen, wenn alles nur Geist wäre und bliebe. Wir brauchen auch das Konkrete, das Anschaubare, Anfassbare, Erlebbare, auch das Lokalisierbare.

Gott ist ja auch nicht nur Geist geblieben. Er ist sehr konkret geworden, er ist Mensch geworden in Jesus von Nazareth. Wenn uns Jesus nach seiner Himmelfahrt den Geist hinterlassen hat, dann ist es in gewissem Maße hilfreich und vonnöten, dass der Geist wiederum konkrete Formen annimmt - in Menschen, die vom Geist erfüllt sind, in Institutionen der Nächstenliebe und auch in Häusern, in denen wir uns im Geiste Gottes versammeln können, in Kirchen eben.

Wir können also froh und dankbar sein, dass wir unsere Kirche haben, dass wir St. Markus haben. Abwegig wäre es allerdings, wenn wir unsere Kirche zum alleinigen Ort der wahren Anbetung Gottes erklären würden. Die Gefahr solcher Anmaßung besteht in unserem Fall wohl nicht. Wir sollten es aber auch nicht gering schätzen, wenn Menschen sagen: „Ich kann zu Gott überall beten." Ja, das können sie.

Das Haus der Kirche, unsere Kirche - ist ein Angebot, ein Angebot zur gemeinschaftlichen gottesdienstlichen Feier mit einer besonders gestalteten Form in einem ganz besonderen Raum. Wir sind froh und dankbar, dass es hier in der Kirche nun auch wieder schöner aussieht, nachdem renoviert worden ist.

Mögen das Äußere und das Innere, Geist und Form, stets im Einklang miteinander stehen und zusammen Gott die Ehre geben.

Die liebende Prostituierte

19. August 2007
11. Sonntag nach Trinitatis
Lukas 7,36-50

Jesus ist zu Gast im Haus eines Gelehrten, im Haus eines Frommen. Er ist zu Gast bei Simon, dem Pharisäer. Er ist zum Essen eingeladen. Er hat Platz genommen. Eine Frau nähert sich Jesus, sie hat Tränen in den Augen, sie trägt ein Glas mit Salböl in der Hand. Sie nähert sich Jesus verschämt von hinten. Sie kniet nieder. Ihre Tränen fallen auf seine Füße. Mit ihren langen Haaren trocknet sie seine Füße. Sie küsst seine Füße und salbt sie mit Salböl.

Dies ist eine Szene von beschämender Menschlichkeit. Diese Frau tut hier etwas ohne Rücksicht darauf, was andere von ihr denken könnten. Sie küsst die Füße eines Fremden, sie erniedrigt sich selbst - so müssen es die anderen sehen.

Es war eine orientalische Sitte, dem Gast beim Eintreten Wasser zu reichen, damit er sich den Staub der Straße von den Füßen waschen könnte, aber diese Frau verwandelt diese Sitte in eine beschämende Geste der Demut.

Nach dem Willen des Gastgebers soll sich Jesus diese Geste nicht gefallen lassen. Simon hatte Jesus, entgegen den Regeln der Höflichkeit, kein Wasser zum Waschen der Füße gereicht. Das mag ihm nun peinlich geworden sein. Er versucht vor sich selbst, die Geste der Frau abzuwerten, indem er sich fragt, ob Jesus denn wisse, um was für eine Frau es sich da handelt.

Es handelt sich, so müssen wir den Text wohl auslegen, um eine Prostituierte. Simon, der Gastgeber, der Pharisäer, der Fromme und Gesetzestreue, nennt sie eine Sünderin. Als solche wird sie nicht nur von Simon gesehen worden sein, sondern von vielen. Sicherlich hat sich die Frau selbst auch so gesehen - als Sünderin, als eine, die das Gesetz übertritt, die die moralischen Regeln missachtet, die sich durch ihr Verhalten außerhalb dessen stellt, was in der Gesellschaft als anständig gilt und geachtet ist.

Eine Prostituierte galt als Sünderin. Auch in unserer Gesellschaft wird sie vielfach als moralisch verwerfliche Person und mit Geringschätzung betrachtet. Wenn wir die Prostituierte in dieser Weise bewerten, sollten wir allerdings auch an die Freier denken. Eine Prostituierte hat mit einer ganzen Reihe von Männern zu tun - auch diese müssten konsequenterweise als Sünder bezeichnet werden. Wenn eine Prostituierte im Durchschnitt mit nur 20 verschiedenen Männern zu tun hätte, dann kämen z. B. auf die geschätzten zweieinhalbtausend Prostituierten in Hamburg 50.000 Freier, also auf zweieinhalbtausend Sünderinnen 50.000 männliche Sünder.

Ich treibe dieses Zahlenspiel aus Gründen der Gerechtigkeit und der Wahrhaftigkeit. Denn es geht hier auch um die Stellung und Rolle der Frau.

Die Frau, die unser Predigttext heute unserem Nachdenken anempfiehlt, ist ein Beispiel für eine typische Ungerechtigkeit. Als Prostituierte wird sie mit dem Makel der Sünderin behaftet - auch gleich stellvertretend mit für die vielfache Zahl von Männern, die anonym und in ihrem Ansehen unangetastet im Verborgenen bleiben.

Wenn in dieser Sache überhaupt mit moralischen Kategorien geurteilt wird, dann müsste die Prostituierte selbst noch am besten davonkommen. Die Freier kommen in der Regel aus Lust und freien Stücken zu ihr. Es gibt sicherlich auch Prostituierte, die sich für diesen Beruf frei entschieden haben. Viele Prostituierte sind in diese Betätigung aber durch eine Notlage hineingedrängt worden. In Hamburg versuchen z. B. viele junge, minderjährige drogensüchtige Mädchen durch Prostitution das Geld zu verdienen, das sie für den täglichen Stoff benötigen. Zur Zeit Jesu wird es weniger das Drogenproblem gewesen sein, aber gewiss doch die wirtschaftliche Not.

Die Frau aus unserer biblischen Geschichte sah sich belastet mit dem Makel der Sünderin. Was für eine Leidensgeschichte hat sie hinter sich? Wir wissen es nicht. Offensichtlich aber ist, dass sie in Jesus einen Menschen erkannt hat, der sie anders wahrnimmt als die anderen. Zu ihm hat sie ganz offensichtlich großes Vertrauen und Zutrauen. Er ist für sie anders als die Männer, mit denen sie sonst zu tun gehabt hat. Und so scheut sie sich nicht und schämt sich nicht, ihm in der allerdemütigsten Form zu begegnen.

Jesus lässt diese Frau gewähren. Er nimmt ihre Gesten der Dankbarkeit, der Zuneigung, der Ehrerbietung an. Und er nimmt die Frau in Schutz gegenüber der geringschätzigen Reaktion des Simon.

Die Frau findet bei Jesus das, was sie bei ihm vermutet hat. Ihr Vertrauen erweist sich als gerechtfertigt. Vielleicht ist sie anschließend zu einer der Anhängerinnen Jesu geworden. Jesus hatte nicht nur die zwölf Jünger, die zwölf Männer. Zum Kreis seiner Anhänger zählten auch viele Frauen. Unsere kleine Episode könnte dafür eine Erklärung liefern. Frauen fühlten sich mit ihren besonderen Belastungen offensichtlich bei ihm verstanden und angenommen.

Im Stadtteil St. Georg hinter dem Hauptbahnhof hier bei uns in Hamburg unterhält die Kirche seit 1985 das Café Sperrgebiet. Vielleicht haben Sie davon gehört. Dort haben nur Frauen Zutritt. Es ist eine Zufluchtsstätte vor allem für Mädchen und junge Frauen im Alter bis zu 21 Jahren, die drogenabhängig sind und sich prostituieren. In der Monatszeitung Hinz & Kunzt, aber auch anderswo, können Sie gelegentlich einiges darüber lesen. Die Leiterin des Cafés berichtete einmal von einer jugendlichen Prostituierten, die seit ihrem 12. Lebensjahr in St. Georg ist und in vier Jahren ihres Anschaffens einige Tausend Freier gehabt hat. Dieses Mädchen sagte zu ihr am Muttertag, sie wäre die erste Mutter, die es je gehabt habe.

Was für eine Kindheit hat dieses Mädchen gehabt! In ihrer Rolle als Prostituierte verdient sie nicht Geringschätzung und Verurteilung, sondern besonders liebevolle Zuwendung.

Das Neue Testament berichtet mehrfach von Begegnungen Jesu mit Prostituierten und mit anderen Gruppen, die gesellschaftlich geächtet waren. Jesus verwehrt uns, mit dem Finger auf andere zu zeigen und auf einige abzuwälzen, woran wir ggf.

selbst schuldhaft beteiligt sind und was unsere Gesellschaft insgesamt sich als Schuld zurechnen lassen müsste.

Die Prostituierten - und die Zöllner, die oftmals im Neuen Testament wegen ihrer beruflichen Vergehen als Sünder mitgenannt werden - sollen damit nicht von ihrer eigenen Verantwortung für sich selbst entbunden werden. Das wäre ja auch eine Art von Entmündigung. Aber es dürfen nicht Einzelne und einzelne Gruppen zu Sündenböcken gemacht werden. Es lebt niemand für sich allein und aus sich selbst heraus. Und es wird niemand allein aus sich selbst heraus schuldig. Da ist immer auch Mitverantwortung für die Zusammenhänge, aus denen heraus Not und Schuld entstehen.

Jesus erkennt die Not dieser Frau. Er erkennt ihr Bedürfnis nach wahrer, echter Liebe. Und er erfährt durch ihre Gesten, dass sie selbst noch liebesfähig ist. Was in ihr noch an positiven Kräften enthalten ist, stärkt er durch seine liebevolle Reaktion. Durch den Zuspruch der Vergebung befreit er sie von der Last der Geringschätzung und Verurteilung. Er verharmlost nicht die Prostitution, sondern er nimmt die Not der Frau und ihren Hilfeschrei ernst.

Die Frau glaubt an Jesus, an sein Verständnis, an seine Menschlichkeit, an seine Gerechtigkeit. Sie findet ihren Glauben bei ihm bestätigt. Sie geht aus dieser Begegnung gestärkt hervor. Jesus formuliert es mit den Worten: „Frau, dein Glaube hat dir geholfen. Geh hin in Frieden."

Dennoch: Die Liebe!

28. Oktober 2007

21. Sonntag nach Trinitatis
Johannes 15,9-12 (13-17

Was wäre, wenn es die Liebe nicht gäbe? Das wäre doch trostlos! „Die Liebe ist das Größte und Schönste", sagt Paulus. Sie ist die Kraft des Lebens. Sie sieht das Gute und kann gut machen, was nicht gut ist.

Ich habe es vor Jahren um so schmerzlicher empfunden, als ich eine über 80jährige Dame besuchte, die wegen ihrer Gebrechlichkeit ans Bett gefesselt war und die einen sehr verbitterten Eindruck machte. Ihr Gesicht nahm schon wenige Augenblicke nach der Begrüßung einen geradezu bösartigen Ausdruck an: „Der Mensch ist so schlecht!", sagte sie mit bitterem Ton. „Ein Untier ist der Mensch."

Mir stockte damals der Atem. Ich wagte zunächst nicht, etwas zu sagen. Schon gar nicht traute ich mich zu fragen: „Wie kommen Sie darauf? Was haben Sie denn für schlimme Erfahrungen gemacht, dass Sie so schlecht über die Menschen denken?" Ich konnte mir sofort nur allzu gut alle möglichen Erfahrungen vorstellen, die zu einer solchen Verbitterung geführt haben könnten und die eine solch negative Bewertung des menschlichen Wesens hätten rechtfertigen können.

Es bäumte sich in mir aber Widerstand auf: Das war doch ungerecht, was die Frau gerade gesagt hatte! Sie wurde doch gepflegt, mit Nahrung und ärztlicher Hilfe versorgt. Es war doch immer jemand für sie da. Ich sprach sie denn auch auf diese menschliche Fürsorge an, nachdem ich mich wieder etwas gefangen hatte: „Das ist doch alles gegen Bezahlung", meinte sie daraufhin abfällig.

Ich hatte in meinem Leben bis dahin selten ein so niederschmetterndes Urteil über uns Menschen gehört. Ich sage bewusst über „uns Menschen", denn ich fühlte mich auch ganz persönlich betroffen. Niederschmetternd war das Urteil der Frau auch deshalb, weil ja auch eine erhebliche Portion Wahrheit darin enthalten war. Wir kennen uns selbst. Wir sind keine Engel. Manchmal sind wir erschrocken über uns selbst. Fast könnte man sagen: „Wer den Menschen negativ sieht, hat die besseren Argumente." Beispiele lassen sich reichlich finden: Schlagen wir die Zeitung auf und schauen wir uns die Nachrichten an!

Aber das Urteil der Frau erfasste doch nicht die ganze Wahrheit. Da ist noch mehr zu sagen über den Menschen. Dieses Mehr, dieses Andere, das Schöne und Gute - wenn wir das nicht sehen oder nicht mehr sehen, dann sind wir übel dran. Dann kehrt Trostlosigkeit ein in unser Leben - und Bitterkeit.

Es ist die Liebe, die dieses „Mehr" wahrnimmt. Der Volksmund sagt: „Liebe macht blind." Es müsste besser heißen: „Die Liebe sieht mehr." Denn sie sieht durch Unschönes und Ungutes hindurch und nimmt wahr, was manche übersehen: dass da doch auch ganz wunderbare Seiten sind - in jedem Menschen. Selbst wenn uns bei der Betrachtung eines konkreten Menschen nicht so recht erkennbar wird, was denn nun Gutes und Schönes an ihm dran sein sollte, so ist und bleibt er doch ein geliebtes Geschöpf Gottes, ein Geschöpf desjenigen, der die Menschen aus Liebe geschaffen hat.

Sie könnten jetzt zurecht fragen: „Woher nehmen Sie diese Aussage?" Ja, woher nehmen wir diese Aussage: dass der göttliche Schöpfer sein Geschöpf Mensch aus Liebe erschaffen hat - und ihn nicht mehr aus seiner Liebe herausfallen lässt?

Das ist eine Aussage des Glaubens. Sie ist nicht willkürlich aus der Luft gegriffen. Diese Aussage hat Tradition. Die biblischen Generationen, auch schon die des Alten Testaments haben diesen Glauben formuliert. Im Neuen Testament ist dieser Glaube mit dunklem Rot für alle Zeit bekräftigt geworden.

Mit dankbarem Staunen fragt der Dichter des 8. Psalms: „Was ist der Mensch, Gott, dass du seiner gedenkst?"

Und auf die Frage: „Wie oft soll ich denn vergeben - ist siebenmal genug?", antwortet Jesus: „Nicht siebenmal, sondern siebzigmal siebenmal", was so viel bedeutet wie „endlos oft".

Uns mag dies übertrieben erscheinen. Die Frage mag bleiben: „Woher ein solcher Glaube? Woher nahmen die biblischen Generationen, woher nahm Jesus einen solchen Glauben, eine solche Einstellung gegenüber dem Menschen?"

So ganz aus der Welt ist diese Einstellung gegenüber dem Menschen allerdings nicht. Wenn wir nur einmal an Eltern denken, die sich ein Kind gewünscht haben und ein Kind in die Welt setzen, für die ihr Kind ein unendlich kostbarer Schatz ist und die dieses Kind mit ganzer Hingabe und Liebe ins Leben hineinführen: Wie oft verzeihen diese Eltern ihrem Kind? Das lässt sich bald gar nicht mehr zählen. Aber sie tun es immer und immer wieder. Es geht gar nicht anders, und sie wollen es auch gar nicht anders. Es ist ihnen wie selbstverständlich - das immer erneute Verzeihen. Schon als sie den Wunsch hatten, ein Kind zu bekommen, war ihnen klar: „Auch unser Kind wird kein Engel sein. Aber", so haben sie sich weiter gesagt, „wir werden miteinander klarkommen. Wir werden uns zusammenraufen - in Liebe."

Ja, es ist die Liebe, die elterliche Liebe, die es wie selbstverständlich erscheinen lässt, dass wir einander verzeihen, dass wir die Schwächen und Fehler des Kindes immer wieder auszugleichen versuchen, dass wir immer wieder nach einem guten Weg suchen.

So geht es nicht nur zwischen Eltern und Kindern, so geht es auch zwischen Erwachsenen, zwischen allen, die sich gern haben, die sich lieben.

„So weit so gut", werden Sie sagen. „Aber ...".

Ja, das Aber fängt da an, wo es nicht mehr um das Eltern-Kind-Verhältnis geht und auch nicht um das Verhältnis zwischen Menschen, die sich mögen, die verliebt sind, die in Zuneigung verbunden sind, sondern wo es um irgendwelche Menschen geht.

Da fängt das „Aber" an. Warum sollten wir eine liebevolle Beziehung zu irgendjemandem pflegen, zu einem Fremden, vielleicht sogar zu einem, der uns gar nicht gefällt, der uns vielleicht sogar erheblich stört?

Warum? Weil die Liebe die Voraussetzung für ein gedeihliches und friedliches Miteinander ist - nicht nur im ganz persönlichen Umkreis, im Kreis unserer Lieben, sondern auch in der Gesellschaft und auch unter den Völkern weltweit.

Wenn Sie sagen: „Ich kann doch nicht jeden lieben!", dann hat das zum einen seine Berechtigung. Sofern Sie nämlich mit „Liebe" die emotional liebevolle Beziehung meinen, wie wir sie eben unter den Menschen pflegen, denen wir von Herzen verbunden sind.

Liebe ist aber mehr als das Gefühl. Liebe ist auch eine Aufgabe, eine bestimmte bewusste Art des Umgangs miteinander, wie Paulus das in seinem Hohelied der Liebe im 1. Korintherbrief Kap. 13 beschrieben hat. Da geht es um Freundlichkeit, um Geduld, um Vergebung, um Hilfsbereitschaft, ...

Eine solche Art des Umgangs geht einem gegenüber jedermann nicht unbedingt spontan von der Hand, da müssen wir uns manchmal ziemlich bemühen, uns vielleicht zusammenreißen und uns ganz fest vornehmen, in dieser Weise liebevoll zu sein und zu handeln und uns davon nicht abbringen zu lassen.

Die Liebe ist in diesem Sinne eine Aufgabe. Und von daher macht es Sinn, wenn Jesus in unserem heutigen Predigtabschnitt die Liebe als ein Gebot bezeichnet. „Das ist mein Gebot, dass ihr euch untereinander liebt, wie ich euch liebe."

Die Liebe gegenüber jedermann, die Liebe zum Menschen schlechthin - sie ist der Sinn des Wirkens Jesu. Sie zu leben, hat Jesus als seinen göttlichen Auftrag verstanden. Sie ist es, die Jesus zum Christus gemacht hat, zum Erlöser. Denn es hat etwas Erlösendes, wenn einer das einmal klar sagt, was so quer steht zu unseren Alltagserfahrungen: „Liebt einander, auch wenn ihr euch nicht mögt, auch wenn es manchmal schwerfällt. Liebt eure Mitmenschen, die Nahen und die Fernen, so, wie ihr doch selbst, jeder einzelne von euch, geliebt werden wollt, auch wenn die anderen euch nicht mögen."

Die Liebe - sie ist der Grund, warum das Neue Testament

auch „die frohe Botschaft", „die gute Nachricht" heißt. Denn im Neuen Testament ist von demjenigen die Rede, der nicht nur seine Lieben geliebt hat, sondern den Menschen schlechthin, und der von der Liebe zum fremden Nächsten nicht nur geredet hat, sondern der durch alle enttäuschenden Erfahrungen hindurch an der Liebe zum Menschen festgehalten und sie noch bekräftigt hat. Er hat sie bekräftigt - auch denen gegenüber, die ihm ganz besonders übel zugesetzt haben. Er hat die Liebe bekräftigt - warum? Weil die Liebe die wahre Quelle der Hoffnung für ein menschenwürdiges, friedvolles Dasein für jeden Einzelnen und für uns alle auf diesem Erdball ist.

Das menschliche Zusammenleben ist nicht leicht. Es ist in vielfacher Hinsicht problembeladen, manchmal ist es schrecklich und geradezu unerträglich. Aber wenn wir da hinkommen, wo die alte Dame auf ihrem Krankenlager am Ende ihres Lebens angekommen war: bei tiefer Resignation und Verbitterung, ist das dann nicht trostlos?

Oder wenn es dahin kommt, dass Menschen im Hass auf Menschen und Menschengruppen mit Gewalt das Leben von Menschen zerstören - oder gar ihr eigenes Leben vernichten, um das Leben anderer zu zerstören: Ist das dann nicht das Ende der Hoffnung auf ein Leben in Freude und Frieden?!

Es fällt uns gewiss nicht immer leicht, auch da noch zu lieben, wo wir mit fremden und gar uns nicht wohlgesonnenen Menschen zu tun haben. Solche uneingeschränkte Liebe ist aber sinnvoll und wichtig und nötig. Wann immer wir daran zweifeln, mag es uns helfen, den Blick auf uns selbst zu richten: Wollen nicht auch wir uneingeschränkt liebevoll behandelt werden - unabhängig davon, ob wir gemocht werden oder nicht?

Wir können froh und dankbar sein, dass es die Liebe gibt.

Als denkende und bewusst handelnde Wesen können wir nicht, wie im Tierreich, einfach vor uns hinleben, geleitet von unseren natürlichen Trieben. Wir sind infolge unseres Verstandes, unseres Bewusstseins gezwungen, uns Gedanken zu machen und uns ein Konzept von Werten zu erarbeiten, nach denen wir leben wollen und in einem guten Sinne leben können.

Die biblischen Generationen haben uns dafür wertvolle Hilfestellungen hinterlassen.

Das Wertvollste, was sie uns zu geben haben, lässt sich in diesem einen Wort zusammenfassen: „Liebe". Sie ist ein Geschenk Gottes, eine wunderbare Gabe und eine große Aufgabe.

Mögen wir die Kraft haben, allezeit an die Liebe zu glauben und ein Leben in Liebe zu führen. Das wird uns allen guttun und Gott, unserem Schöpfer, die Ehre geben.

Unverbesserlich, aber nicht aufgegeben

4. November 2007
22. Sonntag nach Trinitatis
Micha 6,6-8

„Ich habe dir doch schon x-mal gesagt, dass du ..." Sie könnten diesen Satz selbst fortsetzen - ", ... dass du nicht immer dazwischenreden sollst, ... dass du deine Sachen nicht überall herumliegen lassen sollst, ... dass du nicht immer nur an dich denken sollst ..." Wir haben solche und ähnliche Sätze sicherlich des Öfteren in unserem Leben gehört und zu hören bekommen und auch selbst gesagt, wenn wir genervt waren über jemanden.

Man kann sich manchmal, verzeihen Sie, den Mund fusselig reden - und es passiert doch nichts. Warum klappt das so oft nicht, dass jeder tut, was er zu tun hat, dass jeder sich so verhält, wie er sich verhalten sollte? Ja, warum klappt das nicht? Das ist eine Lebensfrage, eine Menschheitsfrage. Es klappt einfach nicht, das können wir nur ganz illusionslos feststellen. Wenn es doch mal klappt, dann können wir uns freuen.

„Es ist dir gesagt, Mensch, was gut ist und was nicht gut ist." In vielen Fällen wissen wir wirklich, was wir zu tun haben und was wir zu unterlassen haben. Wir machen's trotzdem anders. „Merkt ja keiner!" oder „Ist doch nicht so schlimm!" oder „Machen die anderen doch auch!" Oder manchmal haben wir einfach nur keine Lust oder denken nicht daran. Manchmal handeln wir aber auch vorsätzlich - in der bewussten Absicht, das Recht zu brechen, der eine vielleicht, weil er einfach das Geld sparen möchte und die Steuer nicht zahlen will, der andere ... ach, da ließen sich viele Beispiele finden.

Wir sind einfach so. Wir sind keine Engel.

Auch wenn Eltern zu ihrem Kind manchmal sagen: „Mein kleiner Engel." Das ist dann die elterliche Liebe, die dann doch stärker ist als der Ärger über das Andere. Manchmal sagt es der Mann zu seiner Frau: „Mein Engel!" Das ist Liebe.

Das ist unser Glück, dass es etwas gibt, was doch noch wichtiger ist als das, was wir alles anstellen und unterlassen. Wenn einfach nur all das zusammengezählt würde, was wir an Unrechtem tun und sagen und denken, dann wäre das Maß ganz schnell voll und wir müssten sagen: „Das war's. Ende der Beziehung."

Aber so ist das nicht, meistens nicht. Wenn am Ende des Tages die Seite voll ist, blättern wir um, und auf der anderen Seite ist alles frei und rein - und wir fangen von vorn an.

So kann es in Familien gehen, wenn Eltern ihr Kind abends ins Bett bringen: „Das war heute nicht so gut", werden sie vielleicht sagen, „aber morgen probieren wir mal, ob es nicht doch besser geht." So oder so ähnlich geht es jeden Abend und jeden Tag. Und bei Eheleuten ist es - hoffentlich - auch so ähnlich, solange noch die Liebe da ist. Ja, daran hängt es: Es hängt daran, ob wir noch Liebe zueinander empfinden. Denn sie ist es, die uns bereit macht, all das Ungute und Unschöne hintanzustellen und es immer wieder im Guten miteinander zu versuchen, eine Lebensaufgabe, eine Menschheitsaufgabe.

Es ist das Befreiende an der biblischen Botschaft, dass sie uns sagt: „Du, Mensch, bist kein Engel, aber trotzdem bist du ein geliebtes Kind des Schöpfers. Du, Mensch, verhältst dich nicht korrekt, du bist nicht tadellos, du handelst immer wieder wider besseres Wissen und gegen dein eigenes Gewissen, du machst dich schuldig und brauchst die Ermahnung, die Kritik, die Strafe, aber du darfst wissen: Der Weg zur Besserung bleibt dir immer offen, ein Leben lang, ja, die ganze Menschheitsgeschichte lang. Schau dir den Regenbogen an: Er ist das Zeichen dafür, dass der Schöpfer sich zu endloser Geduld entschlossen hat, zu grenzenloser Barmherzigkeit und Liebe."

Das sagen uns die biblischen Texte - vom Alten Testament angefangen: Wie oft war der Gott Israels seinem Volk gnädig! Bis zum Neuen Testament: Das Kreuz, Zeichen menschlicher Schuld, wurde zum Symbol der Vergebung, zum Zeichen der göttlichen Liebe zu uns allen.

Die frohe Botschaft der Bibel verkündet uns keine billige

Gnade. Die Botschaft lautet nicht: „Es ist nicht so schlimm, Mensch, was du an Unrechtem sagst und tust." Doch, es ist schlimm, manchmal sehr schlimm. Aber es gäbe kein Leben mehr, wenn es nicht die Vergebung gäbe.

Mann und Frau würden kein Kind mehr in die Welt setzen, wenn sie erwarten würden, ein tadelloses Wesen zu erschaffen. Denn das tadellose Wesen wird es nicht geben. Die Eltern sind bereit, ein unvollkommenes Wesen anzunehmen - und es in Liebe großzuziehen - in der täglichen Auseinandersetzung mit all den immer wiederkehrenden kleinen und größeren Boshaftigkeiten.

Und kein Mann und keine Frau würden sich mehr dazu entschließen, eine Lebensbeziehung einzugehen, wenn sie erwarten würden: Der andere wird sich immer korrekt verhalten. Nein, beide Seiten wissen: Es wird auch Streit und Ärger geben. Aber wir sind bereit, uns immer wieder in Liebe zusammenzuraufen. Anders ginge es gar nicht: Der Mensch ist, wie er ist. Das Leben geht nur weiter in Liebe, in der Bereitschaft, immer wieder in Liebe aufeinander zuzugehen und neu anzufangen.

Diese Bereitschaft ist zum Glück weitgehend geradezu kreatürlich in uns vorhanden. Sie ist auch die biblische Botschaft. Der göttliche Schöpfer hat sich darauf eingestellt, dass sein Geschöpf Mensch unverbesserlich ist. Er hat sein Geschöpf mit den Bedingungen dieses Seins überfordert. Er hat den Menschen schwach geschaffen und ihn vor übergroße Aufgaben gestellt. Aber er hilft den Menschen und verzeiht. Er liebt sein Geschöpf und möchte, dass es immer wieder gut weitergeht. Das ist die biblische Botschaft, die frohe Botschaft, die gute Nachricht, das Evangelium. Das ist unser Glaube.

Bei aller Liebe bleibt die Notwendigkeit der Kritik, auch der Strafe bestehen. Jedes Tüpfelchen des Gesetzes hat weiterhin seine Gültigkeit. Unrecht muss weiterhin beim Namen genannt werden. Und die Bemühungen dürfen nicht nachlassen, Recht zu schaffen. Aber alles in Liebe.

Der Prophet Micha nennt Unrecht beim Namen. Es handelt

sich um eklatantes, ganz offensichtliches Unrecht. Soziale Kritik übte er damals, vor 2700 Jahren - mit teilweise drastischen Worten. Lesen Sie das ruhig mal selbst nach, es hat nur sieben Kapitel - das Buch des Propheten Micha:

„Sie reißen Äcker an sich und nehmen Häuser, wie es sie gelüstet", heißt es da. Und weiter: „Ihr hasst das Gute und liebt das Arge; ihr schindet ihnen die Haut ab und das Fleisch von ihren Knochen. ... Die Richter richten für Geschenke, die Priester lehren für Lohn und die Propheten wahrsagen für Geld ..." Und Micha warnt: „Niemand glaube seinem Nächsten, niemand verlasse sich auf einen Freund!"

Hinter solchen Äußerungen stehen deprimierende Lebenserfahrungen, die auch uns nicht unbekannt sind.

Und unbekannt ist uns auch nicht der Versuch, das schlechte Gewissen irgendwie wieder zu beruhigen und sich innere Entlastung zu schaffen - durch irgendwelche guten Taten, Ersatzleistungen, Ausgleichsleistungen. Der Prophet Micha nennt Opfer, kultische Opfer, sagt aber ganz klar: An einem Opfer wird Gott keinen Gefallen haben, wenn es dazu dienen soll, das schlechte Gewissen zu beruhigen. Gott will keine Opfer, sondern wahre Reue und Umkehr, den ernsthaften Versuch der Besserung.

„Es ist dir gesagt, Mensch, was gut ist und was Gott von dir fordert, nämlich Gottes Wort halten und Liebe üben und demütig sein vor deinem Gott."

Manchmal wissen wir wirklich, was gut ist und was böse ist - dann nämlich, wenn das Unrecht eindeutig Unrecht ist. Zur Zeit des Dritten Reiches z. B. gab es manches, was eindeutig und undiskutierbar Unrecht war.

Wir stehen allerdings nicht selten etwas ratlos vor einem Problem und vor einer ethischen Entscheidung. In den achtziger Jahren war unsere Gesellschaft - und auch die Kirche - geradezu gespalten über die Frage der atomaren Abschreckung. Vielleicht erinnern Sie noch die Auseinandersetzungen um den Nato-Doppelbeschluss. Heute ist z. B. die Frage, ob genetische

Veränderungen vorgenommen werden dürfen - in Lebensmitteln oder gar im menschlichen Erbgut, eine schwierige ethische Frage. Die Meinungen darüber, was gut ist und was böse ist, gehen weit auseinander. Was ist der Wille Gottes? „Prüft, was das Beste ist", sagt Paulus in seinem Brief an die Philipper. Ja, aber selbst nach ernsthafter Gewissensprüfung lässt sich das Fragezeichen manchmal nicht auslöschen.

Es gibt eindeutiges Unrecht. Und das muss als solches benannt und verurteilt werden. Aber insgesamt ist das Leben mit seinen Problemen und Fragestellungen und Herausforderungen für uns zu kompliziert, als dass wir alles gut und einvernehmlich erklären und regeln könnten. Wir sind nicht der göttliche Schöpfer selbst und wir sind nicht die Herren dieser Welt. Wir können uns nur bestmöglich bemühen - und das sollen wir auch tun. Wenn wir dann zu unseren persönlichen Schlussfolgerungen gekommen sind über das, was gut ist und was böse ist, dann bleibt ein gewisses Maß an Bescheidenheit wichtig: dass wir auch dem anderen das Recht zu abweichenden Schlussfolgerungen zubilligen.

Der Prophet Micha wollte aus gegebenem Anlass die Gewissen aufrütteln. Die Gewissensprüfung gehört zu unseren täglichen Aufgaben. Wenn wir sie ernsthaft vorgenommen haben und dennoch ratlos bleiben, dann dürfen wir unsere offenen Fragen in die Hand Gottes legen. Er hat sich in Christus als der Liebende offenbart. Das hilft uns ein großes Stück weiter. Dennoch bleibt er das Geheimnis des Lebens, das A und das O, die nicht auslotbare Tiefe der Weisheit und unerreichbare Höhe der Erkenntnis. Ihm dürfen wir unsere ungelösten Fragen anvertrauen. Und ihn dürfen wir um Nachsicht mit unseren Irrtümern und um Vergebung für unsere Schuld bitten.

Dem gütigen und barmherzigen Gott sei Dank und Ehre.

Geduld

9. Dezember 2007

2. Advent

Offenbarung 3,7-13

Die biblischen Texte am heutigen 2. Advent entsprechen nicht ganz den Empfindungen, die wir mit der Vorweihnachtszeit verbinden. Sie sind endzeitlich geprägt, schauen voraus auf die Wiederkehr Christi, die verbunden sein wird mit furchterregenden kosmischen Umwälzungen. Aus dem Predigttext für den heutigen Sonntag aus den Offenbarung des Johannes, Kap. 3, Verse 7-13, zitiere ich nur ein Wort. Es ist das Stichwort für diesen Tag und lautet „Geduld".

In der Epistellesung war bereits von dem Bauern die Rede, der auf die Frucht des Feldes wartet. Der Bauer muss geduldig warten; das Wachsen und Reifen braucht seine Zeit. Die Zeit des Wartens lässt sich nicht überspringen. Geduld ist die unvermeidbare Aufgabe.

Geduld ist nicht immer leicht aufzubringen. Wer in diesen Wochen mit kleinen Kindern zu tun hat, die sich auf Weihnachten freuen, der erlebt die ungeduldige Vorfreude. Die verbleibende Zeit bis zum Heiligabend wird gezählt in Nächten: Noch zehnmal, fünfmal, dreimal musst du schlafen. Und das Warten wird uns im wahrsten Sinne des Wortes versüßt: Wir öffnen die Türen des Adventskalenders und nehmen täglich eine Leckerei heraus als Überbrückung, bis dann am 24sten endlich die Fülle der Freude vor uns liegt.

Für Kinder ist das eine spannende Zeit. Das mitzuerleben, hat etwas Schönes und Anrührendes. Bei uns Erwachsenen ist das sicherlich ein wenig anders. Einige warten vielleicht eher ungeduldig darauf, dass die vorweihnachtliche Hektik bald zu Ende ist und ab Heiligabend endlich wieder Ruhe einkehrt.

Wenn die heutigen biblischen Texte zur Geduld mahnen, dann wenden sie sich damit nicht an Kinder. Sie meinen auch nicht den Stress, den wir uns mit den Vorbereitungen auf Weihnachten machen. Sie meinen allerdings bezüglich der Menschen damals auch ein Warten darauf, dass endlich Ruhe einkehren möge für Leib und Seele - für den Leib, weil die ersten Christen damals wegen ihres Glaubens an Leib und Leben bedroht waren, und für die Seele, weil die Sehnsucht nach innerer Erlösung durch das Auftreten Jesu Christi nun ganz dringlich auf Erfüllung drängte.

Das Ziel war für die an Christus Glaubenden schon zum Greifen nahe gewesen. Jesus Christus war erschienen, er war leibhaftig im Lande umhergegangen und hatte gepredigt: „Das Reich Gottes ist nahe herbeigekommen." Die Emotionen derjenigen, die an ihn glaubten, waren durch das tägliche Erleben dessen, was sie von ihm gehört und gesehen und erfahren hatten, ins Unermessliche gesteigert. Die Vorfreude darauf, dass nun endlich eine Welt anbrechen würde, die die Beschreibung „himmlisch" wirklich verdienen würde, war ins Unendliche gewachsen.

Dann aber folgte Golgatha, die Kreuzigung. Das Ende.

Dann kam die Auferstehung, der Aufbruch einer neuen Hoffnung, und es kamen Himmelfahrt und Pfingsten - der Beginn einer neuen Phase des Wartens.

Die innere Situation der betroffenen Menschen können wir uns vielleicht vorstellen, wenn wir an den alttestamentlichen Jakob denken, der sich in Rebecca verliebt hatte. Rebeccas Vater sagte zu Jakob: „Du kannst meine Tochter heiraten, aber erst musst du sieben Jahre für mich arbeiten." Das hat Jakob gern getan. Dann kam nach sieben Jahren der Tag der Hochzeit - aber Jakob bekam die ältere Schwester von Rebecca, Lea, untergeschoben. Das war für Jakob wie Golgatha, der Absturz in eine tiefe Enttäuschung. Aber noch einmal durfte er Hoffnung schöpfen. Denn der Vater von Rebecca sagte dann zu Jacob: „Du kannst meine Tochter Rebecca immer noch haben. Aber du musst noch weitere sieben Jahre für mich arbeiten." Jakob musste sich also ein weiteres Mal in Geduld üben. Das hat er auch getan. Anschließend konnte er endlich Rebecca heiraten, auf die er so lange gewartet hatte.

Das war ein happy end - nach langem Warten mit einer hohen Anforderung an Geduld und nochmals Geduld.

Ähnlich wie Jakob werden sich vielleicht die ersten Christen gefühlt haben. Sie waren innerlich angeheizt durch die leibhaftige Erfahrung mit demjenigen, in dem sie den Messias, den Christus, erkannt hatten, auf den sie so lange gewartet hatten. Aber es kam Golgatha. Und dann wurde ihnen eine weitere Phase des Wartens auferlegt.

Wenn wir die biblischen Texte lesen und hören, könnten wir meinen, es handelte sich dabei auch um - in Anführungszeichen - „nur" weitere sieben Jahre wie bei Jakob: dass die Menschen damals also noch zu ihren Lebzeiten auf die Wiederkehr Christi und auf die Vollendung dessen hoffen konnten, was in Jesus Christus angefangen hatte.

Die - in Anführungszeichen - „sieben Jahre" haben sich aber, wie wir heute wissen, enorm verlängert. Sie dauern weiter an. Jesus Christus ist noch nicht wieder erschienen, um sein Werk zu vollenden. Das Reich Gottes hatte in Jesus Christus seinen Anfang genommen. Aber die Vollendung steht - auch nach 2000 Jahren - weiter aus.

Wir feiern jedes Jahr Weihnachten und vollziehen so alljährlich die Freude darüber nach, dass Gott in Jesus Christus als Mensch zu uns gekommen ist und uns einen Eindruck davon gegeben hat, wie es sein könnte, wenn es unter uns „himmlisch" zugehen würde. Wir fragen uns aber jedes Jahr wieder: „Was nun? Wie geht es weiter? Wie kann denn das nun Wirklichkeit werden im Alltag, was uns an den Festtagen so schön vor Augen geführt und ins Herz gegeben worden ist?"

Diese Frage bleibt bestehen. Es ist weiterhin Geduld angesagt, geduldiges Warten.

Es ist zum Glück nicht so, dass wir gar nicht mehr warten würden, dass wir aus lauter Enttäuschung gar keine Erwartungen mehr hätten. Die Tatsache, dass sich zu Heiligabend die Gottesdienste über die Maßen füllen, können wir wohl als ein Anzeichen dafür nehmen, dass Erwartungen da sind, dass ein

Gespür dafür vorhanden ist, dass da mehr ist und noch mehr kommen müsste als das, was uns das tägliche Leben zu bieten hat. Es gibt eine Sehnsucht nach dem, was unseren Alltag übersteigt, was über das Menschliche, das Menschen Mögliche, das von Menschen Machbare hinausgeht, was auch größer ist als alle Niedrigkeiten, alles Versagen, alle Not, alles Unglück, alles Leid.

Die Sehnsucht nach dem Größeren und Höheren und Übermenschlichen ist da. Aber wie und wo und wann wird die Erfüllung kommen? Wird sich in dieser unserer erfahrbaren Welt vollziehen, was wir uns ersehnen? Wird es uns in einer jenseitigen Welt zuteil? Oder ist vielleicht der Weg schon das Ziel? Ist das Vollkommene bereits im Unvollkommenen enthalten, die Ewigkeit im Zeitlichen?

Die biblischen Texte halten unterschiedliche Antworten bereit. Die Offenbarung des Johannes bietet eine grandiose Antwort: Himmel und Erde werden eins werden in einer gewaltigen kosmischen Umwälzung. Die Erde wird sich in das Reich Gottes verwandeln. Das himmlische Jerusalem wird zur Erde hernieder kommen und Gott wird unter den Menschen wohnen. Das alles sollte in Kürze geschehen - zur damaligen Zeit, in der Johannes seine Offenbarungen verkündete. Auch Paulus hat das nahe Ende alles Gekannten und den Anbruch des Himmelreiches noch zu seinen Lebzeiten erwartet. Der Evangelist Lukas hat die kosmische Umwälzung ebenfalls als nahe bevorstehendes Ereignis beschrieben.

Es ist anders gekommen. Es verbieten sich Berechnungen und Spekulationen, wie sie von manchen angestellt werden. Die Sehnsucht freilich bleibt.

Wie immer wir auch für uns selbst die Frage nach dem endgültigen Reich Gottes beantworten - wir stehen vor der Aufgabe, das tägliche Leben trotz der Fragezeichen konkret zu gestalten, d. h. den Weg des Lebens zu gehen mit all dem im Kopf und im Herzen, was uns überliefert ist an biblischer Tradition, an Worten Jesu, an Berichten über ihn, sein Leben, sein Auferstehen, sein Weiterwirken, mit all dem, was uns überliefert ist an Inhalten und Formen des Glaubens.

Wir haben nur die vorläufigen Antworten und müssen doch das konkrete Leben gestalten. Wir sind noch nicht am Ziel, wir sind auf dem Weg und diesen Weg müssen wir gehen, so gut es geht, mit eigenen Entscheidungen, die immer unter dem Vorbehalt des Irrtums stehen, mit der Bitte also auch um Beistand, mit der Bereitschaft zur Korrektur, zur Umkehr, mit Gottvertrauen in der Hoffnung, dass wir letztlich den richtigen Weg gehen, den richtigen Weg geführt werden - auf das Ziel unserer Sehnsucht zu - und in der Hoffnung, dass uns Gott entgegenkommen möge.

Wir müssen warten und uns in Geduld üben. Aber es sollte ein aktives Warten sein, in dem wir uns bemühen, nach Kräften schon jetzt und hier etwas von dem zu verwirklichen, was uns Jesus Christus aufgetragen hat: dass wir diese Welt als Gottes Schöpfung respektieren und bewahren, dass wir sie dankbar pflegen und hegen als Lebensraum für alle seine Geschöpfe. Dass wir sein Geschöpf Mensch achten und ihm mit Liebe begegnen, so, wie der Schöpfer uns in Liebe erschaffen und uns durch Christus seine Liebe unverbrüchlich erwiesen hat.

Geduldig warten, aber aktiv warten im Geiste des Auftrags, den Jesus Christus selbst seinen Jüngern gab und der auf uns übergangen ist, damit das Licht der Hoffnung nicht ausgeht und durch alles Unvollkommene hindurch auch weiterhin das Vollkommene erahnbar bleibt: das Reich Gottes, in dem alles Leiden ein Ende hat und die Liebe und der Friede Gottes regieren.

Süße Last der Liebe

16. Dezember 2007
3. Advent
Offenbarung 3,1-6

Weihnachten ist nicht mehr weit. Wir schreiten voran - ähnlich wie das junge Paar Josef und Maria, die Schwangere.

Die beiden sind auf dem Weg von Nazareth nach Bethlehem - zu Fuß. Wenn man so vor sich hin wandert, kann es sein, dass man zu grübeln anfängt. Es gehen einem Gedanken durch den Kopf, ob man nun will oder nicht.

Maria wird vielleicht gedacht haben: „Hoffentlich sind wir bald da!" Sie trägt eine schwere Last in sich. Die Niederkunft steht in Kürze bevor. In ihrem Herzen hat sie lange die Worte des Engels bewegt: „Maria, du wirst ein Kind bekommen." Sie war noch gar nicht so weit gewesen, überhaupt an ein Kind zu denken. Und schon war es geschehen. Sie macht sich Gedanken - über Josef, über sich, über das Kind in ihrem Bauch, über das Geheimnisvolle, die offenen Fragen: „Was hat das alles zu bedeuten? Was wird werden? Wie wird es weitergehen?" Ein wenig bange ist ihr, aber sie freut sich auch.

In Josef drehen sich nicht weniger Gedanken im Kopf herum. Wieder und immer wieder kommt ihm die Frage: „Wie kann das sein? Maria ist schwanger." Er will darüber nicht mehr nachdenken. Aber die Gedanken sind einfach da. „Möge es so sein, wie es ist, wenn es denn der Allmächtige so will", sagt er sich immer wieder. Er mag Maria, er liebt Maria, er will zu ihr halten.

Jetzt gibt es erst einmal ein praktisches Problem zu lösen: Sie müssen den Weg bis Bethlehem schaffen und dort eine Unterkunft finden. Dann werden sie weitersehen.

So haben die beiden vor sich hingegrübelt auf ihrem langen Weg von Nazareth nach Bethlehem. Und auch wir machen uns so unsere Gedanken. Wir sind auf dem Weg zum Weihnachtsfest. Dieser alljährliche Weg durch die Adventszeit ist so unausweichlich wie er es für Maria und Josef gewesen ist, als reiche der Befehl des Kaisers bis in unsere Zeit hinein.

„Warum ist meine Freundin schwanger?" Diese Frage wird auch in unserer Zeit das Hirn und Herz manchen jungen Mannes bewegen. Und manche schwangere Frau wird sich fragen: „Wie wird es weitergehen? Wird alles gut werden?" Das sind ganz grundlegende, existentielle Fragen. Aber in dieser Zeit der Besinnung und Besinnlichkeit vor dem großen Fest geht uns auch einiges andere durch den Kopf.

Wir machen uns über manches Unerledigte Gedanken. Weihnachten soll doch schön werden. Lässt sich noch die eine oder andere Unordnung beseitigen? Ist da noch etwas zu reparieren? Ganz praktisch in unserer Wohnung - oder vielleicht auch in unserem Leben überhaupt, in der einen oder anderen zwischenmenschlichen Beziehung?

„Wach auf!", heißt es in unserem Predigttext aus der Offenbarung des Johannes. Ja, „Wach auf - Weihnachten ist nicht mehr weit! Es wird Zeit, endlich noch das eine und andere zu regeln!"

Wir hätten noch so viel in Ordnung zu bringen in unserem Leben - tausend Kleinigkeiten und auch manches Größere: den einen und anderen Anruf, einen Besuch, eine Karte, einen Brief, eine mail. An wie viele möchten wir jetzt gern schreiben! Sich endlich mal wieder melden! Wir gehen all unsere Lieben in Gedanken durch - auch die Fernerstehenden.

Bei manchem Namen werden wir vielleicht verharren - in Wehmut, mit Trauer im Herzen, mit Schmerzen, bei dem einen und anderen Namen vielleicht auch mit der Frage: „Hätten wir das Problem nicht anders miteinander regeln können? Hätte sich die Beziehung nicht vielleicht doch noch retten lassen können? Hätten wir das verletzende Wort lieber doch nicht sagen sollen?! Was ist schiefgelaufen? Was habe ich falsch gemacht?"

Vielleicht sind da aber auch gar nicht so viele Menschen, über die ich mir überhaupt noch Gedanken machen kann. Wen haben wir überhaupt, dem wir nahestehen, der uns wichtig ist, dem wir etwas bedeuten?

Man macht sich so seine Gedanken auf dem Weg zum Fest. Weihnachten hat diese Wirkung - die geht bis ins Herz hinein, auch wenn vieles veräußerlicht ist. Auch das bewegt unsere Gedanken und Herzen: Wir wollen es nicht bei den Äußerlichkeiten belassen. Wir wollen und suchen das Ernsthafte, das Tiefe, die wahre Besinnung.

Und das nicht nur als Spielerei, sondern im ernsthaften Wunsch nach Besserung, nach dem Schönen und Heilen und Guten. „Was können wir tun?" Das ist die eine Frage. Was wir selbst tun können, wollen wir auch gern tun. Die Bereitschaft in der Vorweihnachtszeit ist nicht gering. Das ist das eine.

Das andere ist dies: Wir wollen auch gern etwas an uns geschehen lassen - wir wollen uns auch gern beschenken lassen. Auch darauf wollen wir uns gern vorbereiten. Wir gehen sehr weit mit unseren Vorbereitungen, Gäste zu empfangen z. B. und alles schön zu machen. Das bringt uns manchmal an den Rand unserer Kräfte. Aber dahinter steckt doch eine gute Absicht, eine tiefe Sehnsucht.

Wir sind auf dem Weg. Ganz besonders jetzt vor Weihnachten. Das gilt aber auch für das ganze Leben überhaupt. Wir sind auf dem Weg. Jetzt gehen wir auf Weihnachten zu - auf die Geburt des Gotteskindes. Aber mit unserem ganzen Leben gehen auf denjenigen zu, der uns dieses Kind gesandt hat, der uns in dem Kind selbst erschienen ist und immer wieder erscheint.

Wir sind auf dem Weg - gehen ihn und wir werden ihn gegangen. Wir haben uns auf den Weg des Lebens nicht selbst geschickt. Wir sind auf den Weg geschickt worden. Wir versuchen, ihn zu unserem Weg zu machen, ihn aus eigener Kraft zu gehen. Manchmal fühlen wir uns ein wenig gedrängt und getrieben. Die Richtung ist uns nicht immer klar, das Ziel ist uns nicht immer vor Augen. Aber wir gehen den Weg mit dem Wunsch und der Hoffnung, dass er für uns der richtige ist und uns durch gute Erfahrungen hindurch an ein gutes Ziel führen möge.

Wenn wir Maria und Josef betrachten, das junge Paar, noch ziemlich am Anfang ihres Lebensweges, dann sehen wir - im Nachherein, was da noch alles gekommen ist. Es war ein insgesamt nicht leichter Weg, aber ein Weg mit bedeutenden Erfahrungen. Das Kind, das Maria zur Welt brachte, gab ihrem Leben einen tiefen Sinn.

Auch wir gehen, um es bildhaft zu sagen, mit dem Christkind schwanger. Zu Heiligabend wird es uns allen geboren. Und wie geht es dann weiter? Wie gehen wir mit diesem Kind durchs Leben und mit dem, der dann nicht mehr nur Kind ist, mit dem herangewachsenen Mann, der zu unserem Freund und Bruder und am Ende zu unserem Heiland geworden ist?

Wir gehen mit ihm durchs Leben, indem wir ihn in uns hineinnehmen und uns von ihm etwas sagen lassen, uns von ihm trösten und vergeben, uns ermutigen und stärken lassen. Wir gehen mit ihm durch das Leben - über die Höhen und durch die Tiefen. Und wir lassen uns von ihm die Augen und das Herz öffnen für die Wunder dieser Schöpfung, für die Größe und Schönheit dieses Seins und für die Würde dieses einzigartigen Geschöpfes Mensch.

Mit Christus in uns schauen wir durch alle Widrigkeiten und Niedrigkeiten, durch alle Probleme, durch Not und Elend, durch alles Leid hindurch. Wir sehen und erleben diese Welt und den Menschen und uns selbst neu: als wunderbare Gaben Gottes, als Geschenk und Auftrag zugleich.

Wie jedes Kind, das auf dieser Erde geboren wird, ist das Christkind ein Kind Gottes, das uns zu liebevoller Hingabe herausfordert. Aber mehr als jedes Kind auf Erden verkörpert es die göttliche Botschaft: dass die Liebe der eigentliche Sinn unseres Lebens ist, das Lieben und Geliebtwerden.

Auf dem Weg nach Bethlehem trug Maria eine Last in sich, eine doppelte Last: die Ungereimtheiten der Schwangerschaft und die Ungewissheit der Zukunft zum einen. Die süße Last eines Kindes zum anderen, eines Kindes, das selbst zum Lastenträger für uns alle werden sollte.

Jeder von uns hat sein eigenes Päckchen zu tragen. Ganz unbelastet sind wir wohl alle nicht auf unserem Weg nach Bethlehem zur heiligen Nacht. Maria entbindet dort ihr Kind. Der Schöpfer allen Lebens macht sie frei von dem, woran sie so lange zu tragen hatte. Mit diesem Kind nimmt er auch uns die Last. Marias Entbindung entbindet auch uns. Die Bande von Sünde und Schuld fallen mit diesem Kind.

Weihnachten ist auch ein Fest der Befreiung, ein früher Gruß von Ostern.

Ihnen allen noch eine besinnliche Woche auf dem Weg zum heiligen Abend!

Der Allmächtige als Kind
25. Dezember 2007
1. Weihnachtstag
Johannes 1,14a

Der 1. Weihnachtstag ist mit einem Wort aus dem Evangelium des Johannes im 1. Kapitel überschrieben:
„Das Wort ward Fleisch und wohnte unter uns und wir sahen seine Herrlichkeit."

Die Weihnachtsgeschichte des Lukas ist so wunderbar anschaulich, dass sie sogar aufgeführt und Kindern nahegebracht werden kann. Der Evangelist Johannes dagegen äußert sich über die Geburt Jesu in recht abstrakten Formulierungen. Beide - Lukas und Johannes - wollen aber im Grunde auf dasselbe hinaus: dass nämlich das Göttliche in unsere menschliche Welt hineingekommen ist in der Gestalt eines Menschen. Johannes sagt: Das Wort wurde Fleisch, das Wort wurde Mensch. Lukas sagt: Gottes Sohn ist geboren. Er stellt dies als ein lebendiges Geschehen dar.

Das Göttliche und das Menschliche, das Himmlische und das Irdische begegnen einander. Gott kommt zum Menschen, der Himmel neigt sich zur Erde. Von zwei grundverschiedenen Bereichen ist die Rede. Auch wer der Kirche und dem christlichen Glauben fernsteht, wird wohl ein Empfinden dafür haben, dass der Bereich des Menschlichen, des Kreatürlichen, der Bereich unserer erfahrbaren Welt eingebettet ist in einen anderen geheimnisvollen, unergründlichen, allumfassenden Bereich, den wir etwas hilflos als den Bereich des Göttlichen, des Himmlischen oder als den Himmel bezeichnen. Es gibt mehr, als was wir sehen und hören, riechen, schmecken und fühlen können. Das ist das Wunder des Daseins. Auf vieles können wir keine Antwort geben. Aber mit unseren Fragen reichen wir in den Bereich des für uns Unergründlichen hinein.

Vor diesem Unergründlichen könnte man erschaudern. Und

in manchen Augenblicken des Lebens ist vielleicht schon jeder von uns von diesem Gefühl der Verlorenheit in diesem unendlichen Universum erfasst worden. Wer nachts allein durch den Wald geht, der hat ja nicht nur Angst vor einem Bösewicht, sondern der wird auch erfasst von einem viel tiefer sitzenden Gefühl der Bedrohung, der Leere und Haltlosigkeit. Wir spüren, wie klein und unbedeutend und wie gefährdet wir sind.

Die Menschen der Bibel waren von Anfang an von dem Glauben erfüllt, dass dieses Große, Allumfassende, Unbekannte nicht ein neutrales Etwas, nicht eine anonyme Schicksalsmacht ist, die in unser Leben eingreift und der wir schutzlos ausgeliefert sind. Sie waren von dem Glauben erfüllt, dass das Geheimnis unseres Daseins persönliche Züge trägt, dass es ein persönlicher Gott ist, der alles geschaffen hat, der hinter allem Geschehen steht und der dem Menschen ganz nahe kommt: Gott, der Vater aller Menschen, der Allmächtige, der Schöpfer des Himmels und der Erde - so wird er genannt.

Natürlich können einem solche Beschreibungen Gottes auch Schwierigkeiten bereiten. Wenn es erneut ein großes Unglück gegeben hat, fragen wir irritiert: „Wo war der allmächtige Gott, der dies hätte verhindern können?" Natürlich geraten wir mit unseren Beschreibungen Gottes in Schwierigkeiten. Denn alles menschliche Reden von Gott kann nur ein Versuch sein, das große Unbekannte in Worte zu fassen.

Auch das Reden der Menschen des Alten und Neuen Testaments ist der vielfältige Versuch, dem Geheimnis unseres Daseins Ausdruck zu geben in Worten, in abstrakten Worten wie bei Johannes oder in anschaulichen Bildern wie bei Lukas. Es sind die Versuche vieler Menschen zu vielen Zeiten aus den unterschiedlichsten Situationen und Erfahrungen heraus. Was uns da überliefert ist, lässt sich nicht alles auf einen Nenner bringen, das passt nicht immer alles nahtlos zusammen. Das sollen wir auch nicht erwarten. Denn dann hätte der Mensch das Geheimnis Gottes gelüftet. Davon sind wir aber weit entfernt.

So bleibt weiterhin wahr, was Johannes uns an einer Stelle seines Evangeliums sagt: Da ist das Himmlische und da ist das

Irdische. Der von oben her kommt, der ist über allem. Und wer von der Erde stammt, der redet von der Erde her.

Dieses Reden von der Erde her ist ein Reden mit den begrenzten Ausdrucksmitteln unserer Sprache auf der Grundlage unseres begrenzten Verstandes. Wir wüssten gern mehr, und wir hätten gern sicherer gewusst, woran wir mit diesem ganzen Dasein sind. Aber wir bleiben darauf angewiesen zu glauben, uns vertrauensvoll einzulassen auf die uns überlieferten menschlichen Versuche, dem Geheimnis des Daseins ein menschliches Antlitz zu geben.

Gott ist zur Erde gekommen. Der Sohn Gottes ist geboren. Aus jener anderen, für uns nicht zu ergründenden Welt ist einer zu uns gekommen, den wir anschauen können, der uns etwas mitzuteilen hat aus dem Bereich des Himmlischen. Jesus von Nazareth, geboren in Bethlehem - in diesem Menschen haben viele erkannt: Der ist nicht von unserer Welt, der ist aus jenem anderen Bereich, der kommt von oben her.

Wir spüren allen Schilderungen über Jesus ab, welchen tiefen Eindruck er auf die Menschen damals gemacht hat. Was er sagte und tat, ist zur Kraft ihres Lebens geworden, zu einer verändernden und neu gestaltenden Kraft, und sie haben in überschwenglichen Worten und Bildern versucht, ihrem Erleben des Göttlichen Ausdruck zu verleihen.

Was wir in manchen Situationen erfahren als die undurchdringliche Schicksalsmacht, vor der man gelegentlich erschaudern könnte, schildern sie uns anhand Jesu Christi als einen liebenden Vater, der auf seine Kinder zugeht, sich ihrer annimmt, so, wie sie sind, der sie tröstet, ihnen hilft, ihnen verzeiht und ihnen auch die Richtung weist. Es ist ein liebender Gott, an den zu glauben die Menschen der Bibel uns werben. Sie laden uns ein, dem Geheimnis unseres Daseins vertrauensvoll zu begegnen, uns nicht irritieren oder gar in Verzweiflung stürzen zu lassen von den Ungereimtheiten dieses Daseins und den vielen erschreckenden Erfahrungen. Sie bringen uns einen Gott nahe, der sich nicht zu schade ist, sich in die Niederungen unserer menschlichen Welt hineinzubegeben, der selbst das Leid auf sich nimmt, der die Nöte der Menschen teilt und der zu dem Leben unter den Bedingungen unseres irdischen Daseins „Ja" sagt.

Die uns von Jesus Christus erzählen, wollen uns zum Leben ermutigen. Wir haben solche Ermutigung nötig. Sie wollen uns trösten - und auch Trost haben wir nötig. Sie wollen uns Maßstäbe des Handelns geben - und auch sie brauchen wir dringend. Und sie wollen uns helfen, mit dem Scheitern fertigzuwerden. Wer bräuchte nicht solche Unterstützung?

Lassen wir uns also auf Johannes und Lukas und die vielen anderen ein, denen wir dieses Geschenk verdanken: Dass sie uns diesen Jesus überliefern, der die Liebe Gottes gelebt und sie als eine unzerstörbare Kraft in unsere Welt hineingegeben hat.

Das Geheimnis wird Mensch
6. Januar 2008
Epiphanias
2. Korinther 4,3-6

In dem Predigttext für den heutigen Sonntag Epiphanias ist die Rede von den „Ungläubigen, die verlorengehen" werden. Diese Aussage ist nicht unproblematisch. Denn der christliche Glaube ist keine einfache Sache. Diejenigen als Ungläubige verloren zu geben, die sich mit dem christlichen Glauben schwertun, die dazu keinen Zugang finden, denen das alles nicht einleuchtet, ist nicht gut.

Es ist keine Schande, nicht glauben zu können. Es ist umgekehrt vielmehr eine Gnade, glauben zu können. Das sagt Paulus an anderen Stellen immer wieder. Wem diese Gnade nicht gegeben ist, dem gebührt ein gewisses Maß an Barmherzigkeit und Geduld. Wir haben im Übrigen alle mal Zeiten, in denen wir glaubensschwach sind, Zeiten der Unsicherheit, des Zweifels, Zeiten vielleicht sogar, in denen wir sagen: Ich kann nicht mehr glauben, ich kann nicht mehr daran glauben, dass es einen „lieben" Gott gibt.

Worum geht es überhaupt im christlichen Glauben? Wir haben heute den Sonntag Epiphanias, das Fest der Erscheinung. Welcher Erscheinung? Es geht um die Erscheinung Gottes in einem Menschen, in Jesus, der in Bethlehem geboren wurde.

Gott erscheint als Mensch. Gott wird Mensch. Das zu verstehen ist nicht leicht. Das Reden von Gott überhaupt ist schon schwierig genug.

Was meinen wir, wenn wir von Gott reden? Unser heutiger Predigtabschnitt gibt hierzu einen Hinweis. Da ist die Rede von „Gott, der gesagt hat: Aus Finsternis soll Licht leuchten!" Hier meint Paulus Gott, den Schöpfer. Er nimmt Bezug auf die ersten Worte der Bibel. Da geht es um die Erschaffung der Welt. Da heißt es: „Gott sprach: Es werde Licht - und es wurde Licht."

Jetzt mag der eine oder andere sagen: „So ist die Welt nicht entstanden. Sie ist nicht durch ein Wort entstanden. Sie ist durch den Urknall entstanden - oder was es da auch immer an wissenschaftlichen Erklärungsversuchen geben mag." Das hat ja auch seine Richtigkeit. Aber das andere ist eben auch richtig: Die Entstehung unserer Welt bleibt ein Geheimnis. Alle wissenschaftlichen Versuche sind nur Versuche, in Worte und Formeln zu fassen, wie alles entstanden ist und wie das alles in unserem Sein funktioniert. Es sind nur Versuche zu beschreiben und zu erklären. Mit jeder Antwort, die wir gefunden haben, tauchen zehn neue Fragen auf. Was das ganze Sein soll, warum es das alles gibt, was es gibt, welchen Sinn das alles hat, diese Frage wird uns auch die genialste wissenschaftliche Formel nicht beantworten können.

Das Sein bleibt ein Geheimnis. Dieses Geheimnis benennen wir mit den vier Buchstaben „Gott". Wenn wir uns fragen: „Wo ist Gott? Wo finden wir ihn? Wo erscheint er uns?", können wir antworten: „Er ist überall, er erscheint uns in allem - in dem unendlichen gestirnten Himmel über uns, in der Natur, in jeder Stubenfliege und in jedem Molekül, in jedem kleinsten Baustein der Materie."

Wenn jemand sagt: „Ich glaube nur, was ich sehe", könnten wir sagen: „Du siehst doch jede Menge. Erkennst du darin nicht den geheimnisvollen Schöpfer?"

Dieser Schritt fällt manchem nicht leicht: im materiellen Sein Gott, den Schöpfer, wahrzunehmen. Wer aber überhaupt in der Lage ist zu staunen über das, was es in dieser Welt gibt, dem ist immerhin die Grundlage zum Glauben gegeben. Denn damit fängt der Glaube an: mit dem Staunen.

Nun geht es am heutigen Sonntag Epiphanias aber nicht um das Erscheinen Gottes in der Natur und im ganzen Sein schlechthin. Es geht um das Erscheinen Gottes in einem Menschen.

Hier könnten wir zunächst sagen, dass die Geburt eines Menschen, eines jeden Menschen, insbesondere aber eines eigenen Kindes, für viele auch eine Gotteserfahrung ist. Denn wenn nach neun Monaten ein neues Menschenwesen da ist, erleben wir das oftmals wirklich als ein ganz großes Wunder. Der menschliche Eigenbeitrag zur Entstehung des Kindes ist zugegebenermaßen wirklich sehr gering - gemessen an dem, was wir dann nachher in den Händen halten. Jedes Kind ist ein Wunder der Schöpfung, da können wir nur dankbar staunen. Das ist ja auch ein Anlass, ein Kind taufen zu lassen: Um dem geheimnisvollen Schöpfer auf diese Weise Dank zu sagen: „Danke, Gott, für das Geschenk des Lebens."

Es geht am heutigen Epiphanientag aber nicht nur um das Wunder der Geburt schlechthin. Es geht nicht um das Erscheinen Gottes in einem jeden Menschen. Es geht um das Erscheinen Gottes in Jesus, dem Kind, das in Bethlehem geboren wurde, vor zweitausend Jahren.

Dieses Kind sagt uns nicht nur: „Gott ist ein geheimnisvoller, wunderbarer Schöpfer." Von diesem Kind geht vielmehr zusätzlich eine Botschaft aus, die dem bloßen Sein nicht so ohne weiteres abzulesen ist.

Die Botschaft lautet: „Der geheimnisvolle Schöpfer allen Seins ist nicht nur ein genialer Schöpfer, er ist auch ein liebender Gott. Er liebt seine Schöpfung, er liebt alle seine Geschöpfe, er liebt den Menschen und er liebt den Menschen auch unabhängig davon, dass der Mensch selbst sich oft so lieblos verhält."

Diese Botschaft von der voraussetzungslosen und bedingungslosen Liebe Gottes ist schon etwas sehr Spezielles. Diese Botschaft ergeht nicht als Textbeitrag an uns. Sie ist nicht bloß in einem himmlischen Schriftstück enthalten. Wir haben hier zwar ein Buch, in dem davon geschrieben ist, die Bibel. Aber in diesem Buch haben Menschen aufgeschrieben, was sie leibhaftig erlebt haben. Sie berichten von einem Menschen, der gelebt hat, der geliebt hat, der gelitten hat, der sich aufgeopfert hat um der Liebe willen und der nach seinem Tod in die menschlichen Herzen eingezogen ist und da lebendig geblieben ist - bis auf den heutigen Tag.

Die göttliche Botschaft von der Liebe ist in einem leibhaftigen Menschen an uns ergangen und zwar mit einer solchen Nachdrücklichkeit, mit einer solchen Überzeugungskraft und mit einer solchen Glaubwürdigkeit, dass Menschen, die das damals erlebt haben, gesagt haben: „In diesem Menschen ist Gott selbst erschienen."

Das feiern wir heute: das Erscheinen Gottes in Jesus, der dann später auch Christus genannt wurde, was so viel bedeutet wie: Jesus, der König, der König der Herzen, der in unseren Herzen regieren will - durch Liebe - und der uns über unsere Herzen zu einem Leben in Liebe ermutigen will.

Um dieses Erscheinen geht es heute: „Gott erscheint in menschlicher Gestalt in Jesus Christus." Das ist der Kerngehalt des Weihnachtsfestes. Das haben wir am 24., 25. Dezember mit der Weihnachtsgeschichte des Lukas von der Geburt Jesu im Stall besonders gefeiert. Und das feiern wir heute mit der Geschichte von den drei Weisen aus dem Morgenland, den sog. Heiligen Drei Königen, und das feiern die mazedonisch-orthodoxen Christen heute Nachmittag und morgen in unserer Kirche.

Wem die christliche Botschaft nun doch nicht so recht einleuchten will, wer Schwierigkeiten mit dem Verständnis und mit dem Glauben hat, den dürfen wir nicht als Ungläubigen verlorengeben, wie Paulus das in unserem Predigttext etwas problematisch formuliert.

Wir können einfach nur wünschen und hoffen - und unser Teil dazu beitragen, dass möglichst viele Menschen den Segen des Evangeliums erfahren und für sich selbst und unserer Leben miteinander nutzen können: die Botschaft, dass unser ganzes Sein von der Liebe des Schöpfers durchdrungen ist, dass wir aus seiner Liebe geboren sind und allezeit in seiner Liebe geborgen bleiben.

Das ist eine wunderbare Botschaft, ein Segen für uns und für die Welt, und zugleich ein Auftrag an uns, unser Leben in diesem Sinne zu gestalten - uns selbst und allen Menschen zum Wohl und Gott und Christus zur Ehre.

Ist Gott (un)gerecht?

20. Januar 2008
Septuagesimae
(3. Sonntag vor der Passionszeit)
Römer 9,14-24

„Ist Gott etwa ungerecht?" fragt Paulus. Und er antwortet heftig: „Das sei ferne! - Keinesfalls!" Was sollen wir dazu sagen? Widersprechen könnten wir: „Doch, Gott ist ungerecht!"

Gott ist ungerecht - jedenfalls gemessen an dem, was unter uns als gerecht und ungerecht gilt.

Die Argumentation, die Paulus hier vorlegt, schreit geradezu danach, ihm Widerspruch zu leisten.

Paulus schildert Gott in diesem Textabschnitt als einen geradezu willkürlichen Gott: „Wen er begnadigen will, den begnadigt er. Wen er verhärten will, den verhärtet er."

Da hat der Mensch doch keine Chance! Zur Gerechtigkeit gehört doch, dass jeder die gleiche Chance hat. Wenn zwei um die Wette laufen - und dem einen wird ein Sack Sand auf den Rücken gebunden, dann muss der ja verlieren. Das ist dann doch kein fairer Wettlauf! Das wäre doch ungerecht.

Aber in eben diesem Sinne schildert Paulus an dieser Stelle Gott als jemanden, der einigen eine Last aufbürdet, anderen nicht - willkürlich. Weil er die Macht dazu hat. Er, Gott, ist derjenige, der die Spielregeln und die Bedingungen festlegt: „Der Töpfer hat die Macht über den Ton", sagt Paulus. Einige Gefäße gestaltet der Töpfer so schön, dass sie ihm zur Ehre gereichen und die Leute sagen: „Das ist ja ein toller Töpfer!" Andere Gefäße gestaltet er so unansehnlich, dass die Leute sagen: „Da muss der Töpfer wohl schlecht drauf gewesen sein, als er dieses Gefäß produziert hat."

So, wie der Töpfer ist, so schildert uns Paulus Gott: „Wir als Menschen werden so gemacht oder anders, schön oder nicht schön, ganz wie der Schöpfer es will." Dem Menschen billigt Paulus nicht das Recht zu, sich darüber zu beklagen: „Wird etwa der Topf zu dem Töpfer sagen: Warum hast Du mich so gemacht?" Der Mensch soll den Mund halten und die Dinge nehmen, wie sie sind. Ist das gerecht? Jedenfalls nicht nach den uns geläufigen Maßstäben.

Paulus aber sagt: „Doch, doch: Gott ist gerecht!" - und argumentiert hier mit der undiskutablen willkürlich eingesetzten Macht Gottes.

Was sollen wir dazu nun sagen?

Dass Paulus hier Bezug nimmt auf die Geschichte Israels, macht die Sache eher noch komplizierter. Das möchte ich an dieser Stelle gar nicht diskutieren.

Wir können zunächst einmal feststellen, dass die hier aufgeworfene Frage nach der Gerechtigkeit Gottes eine Menschheitsfrage ist, eine sehr existentielle Frage, und dass die Antwort hierauf auch sehr existentieller Natur ist. Es kann bei der Beantwortung der Frage nach der Gerechtigkeit Gottes im wörtlichen Sinne um Leben und Tod gehen. Das ist sehr anschaulich gleich auf den ersten Seiten der Bibel dargestellt: Kain vermochte die Ungerechtigkeit Gottes nicht zu ertragen: Er schlug seinen Bruder Abel tot.

Auch ein anderer litt ganz furchtbar unter der Ungerechtigkeit Gottes und verfluchte den Tag seiner Geburt: „Warum hast du mich überhaupt lebend aus dem Mutterleib gezogen?! Hättest du mich doch gleich tot zur Welt kommen lassen, dann hätte ich deine Ungerechtigkeit nicht ertragen müssen", so klagt Hiob Gott an, der ihm ein Leid nach dem anderen auferlegt hat, obwohl er doch immer fromm und rechtschaffen gewesen war.

Die alttestamentliche Gestalt Hiob ist geradezu zum Prototyp geworden für all die Menschen, die über die Frage nach der Gerechtigkeit Gottes in eine existentielle Krise gestürzt sind.

Diese Frage bewegt viele, sie bewegt uns wohl alle - unter der bekannten Fragestellung: „Womit habe ich das verdient?"

Diese Frage stellen wir meist erst dann, wenn es uns besonders schlecht geht und unsere Not groß ist. Wenn schon, dann sollten wir gelegentlich auch fragen - was nur Wenige tun: „Womit habe ich es verdient, dass es mir so gut geht?"

Der Wunsch, dass es im Leben gerecht zugehen möge - und

wir das Unsre dazu auch beitragen können, ist tief in uns verwurzelt und bricht besonders in Krisenzeiten als Klage über die Ungerechtigkeit Gottes aus uns heraus. Manche fallen vom Glauben ab, wenn sie ein Unglück oder gar mehrere in Folge erleiden.

Was sollen wir nun sagen? Ist Gott ungerecht? Wenn wir an das Gleichnis von den Arbeitern im Weinberg denken, möchten wir am liebsten vielleicht noch einmal sagen: „Ja, Gott ist ungerecht, wenn er so ist wie der Weinbergbesitzer, der allen gleichen Lohn zahlt, obwohl die Männer unterschiedlich lange gearbeitet haben."

Wenn wir in Bezug auf irgendeine Not in unserem Leben fragen: „Womit haben wir das verdient?" und damit meinen, wir hätten etwas Besseres verdient, dann könnten wir uns jetzt einmal fragen: „Haben wir das Recht, Ansprüche zu stellen? Haben wir berechtigte Ansprüche dahin gehend, dass das Leben so oder so verlaufen möge?"

Darauf müssen wir wohl antworten: „Wir haben einen solchen Anspruch nicht. Es fehlt die Rechtsgrundlage."

Es fehlt überhaupt die Anspruchsgrundlage dafür, dass wir überhaupt leben dürfen. Wenn wir einmal bedenken, wie endlos viele Menschen in jedem Augenblick nicht geboren werden, dann dürfte uns wohl klar werden, dass es ein Privileg unschätzbaren Wertes ist, dass wir - Sie und ich, wir alle hier, geboren worden sind.

Darauf hatten wir keinen Anspruch. Wir sind da. Dafür können wir einfach nur staunend danken.

Es setzt, wenn wir erst einmal geboren sind, in uns allerdings ein Mechanismus ein, der nur allzu menschlich ist: dass wir aus dem, was wir haben, einen Anspruch entwickeln, dass es so oder so weitergehen müsste. Das ist nicht in Ordnung. Der Volksmund sagt: „Einem geschenkten Gaul schaut man nicht ins Maul."

Das uns geschenkte Leben ist unendlich viel mehr wert als ein geschenkter Gaul. Da sollten wir nicht noch weitergehende

Ansprüche stellen. Diese stellen sich bei uns aber geradezu unwiderstehlich ein und nehmen oftmals geradezu explosionsartig zu, je mehr wir schon haben und je besser es uns geht. Je mehr wir folglich auch zu verlieren haben, desto schmerzlicher der Verlust, desto heftiger die Frage: „Womit habe ich das verdient?" Und desto ungerechter erscheint der Schöpfer.

So also kann der Ablauf in unseren Gefühlen sein - nachvollziehbar, aber fast schon ein wenig undankbar.

Kehren wir zurück zur Argumentation des Paulus. Paulus sagte: „Gott kann machen, was er will." Das klingt nach Willkür. Aber dieser Begriff ist nicht gut.

Wenn wir bereit sind, das Leben als ein wunderbares Geschenk anzunehmen, ist es dann nicht angemessener, von der Freiheit und Souveränität Gottes zu sprechen?

Wenn uns der Schöpfer dazu erwählt hat, dass wir leben dürfen, dann lassen Sie uns einfach dankbar sein - ohne weitergehende Ansprüche. Hiob hat zwei Sätze gesagt, die eine angemessene Einstellung gegenüber der Größe des Geschenks zum Ausdruck bringen. Er sagte über das Leben: „Der Herr hat's gegeben, der Herr hat's genommen - gelobt sei der Name des Herrn." Und was den wechselhaften Verlauf des Lebens anbetrifft, sagte er: „Wenn wir das Gute von Gott angenommen haben, sollten wir dann nicht auch das Schwere annehmen?!"

Ja, das sollten wir - ohne mit Gott ins Gericht zu gehen, wofür es ohnehin keine Rechtsgrundlage gäbe. Es ist nicht leicht, sich zu der eben zitierten inneren Einstellung von Hiob durchzuringen. Unser Bedürfnis, nach einem Schuldigen für unser Leiden zu suchen und diesen anzuklagen, ist nur allzu menschlich. Manchmal kommt uns einfach kein anderer Schuldiger mehr in den Sinn als Gott, der Schöpfer und Herr der Geschichte selbst.

Gott zu verfluchen, wie Hiob es zeitweise tat, ist keine Lösung. Und den Mitmenschen umzubringen, dem es für unser Empfindungen ungerechterweise besser geht, wie Kain es mit seinem Bruder Abel tat, ist auch keine Lösung.

Wir tun uns schwer mit der Gerechtigkeit. Kinder vergleichen einander mit Argusaugen. Wehe, das eine Kind bekommt mehr und Besseres als das andere! Das Vergleichen bestimmt auch unser Gerechtigkeitsempfinden als Erwachsene.

Aus dem, was wir haben, entwickeln wir Rechte und weitergehende Ansprüche.

Aus den Vergleichen und den Ansprüchen erwächst unser Empfinden dafür, was gerecht ist und was ungerecht ist. Für unser Miteinander in der Gesellschaft, für die sozialen Regelungen, für das Rechtswesen und die Wirtschaftsordnung ist es wichtig, sehr wichtig, dass die Dinge so geregelt sind, dass sie als gerecht empfunden werden.

Für unser Selbstwertgefühl allerdings sollten wir uns nicht zu Knechten und Mägden einer weltlichen Gerechtigkeit machen. Auch in unserer gegenseitigen Wertschätzung sollten wir uns nicht leiten lassen von Vergleichen und Ansprüchen.

Was wir sind und haben und können und leisten, ist - bei allem Eigenanteil - letztlich nicht unser Verdienst. Die Rahmenbedingungen unseres Lebens haben wir im Letzten nicht selbst erschaffen. So, wie das Leben selbst ein Geschenk ist, so leben wir von den Gaben, die als Grundlage für unser eigenes Können und Tun und Ergehen vom Schöpfer in uns hineingelegt worden sind. Das ist im Einzelnen von Mensch zu Mensch verschieden. Darüber mit dem Schöpfer zu rechten, ist nicht angemessen.

Der heutige Sonntag trägt den Namen „Dritter Sonntag vor der Passionszeit". Das lenkt unseren Blick schon voraus auf das Leiden und Sterben Jesu. Jesus Christus hat - um unseretwillen - als Unschuldiger gelitten und ist als Unschuldiger hingerichtet worden. Das ist nach unseren Maßstäben ungerecht. Die Botschaft seines Wirkens lautet: „Wir sind alle in gleicher Weise von Gott geliebte Geschöpfe." Die Liebe ist der innere Kern der göttlichen Gerechtigkeit. Wenn wir daran glauben, können wir die Maßstäbe der weltlichen Gerechtigkeit in die zweite Reihe stellen. Gott schenke uns diesen Glauben.

Ein offenes Herz für gute Worte
27. Januar 2008
Sexagesimae
(2. Sonntag vor der Passionszeit)
Apostelgeschichte 16,9-15

Es geht heute um die Kraft des Wortes. Worte können missverstanden werden. Darum zunächst vorbeugend eine kleine Erläuterung zu der Bezeichnung „Mazedonien". Wenn dieser Name in unserer Gemeinde fällt, denken einige vielleicht an unsere Mazedonen, die kleine orthodoxe Gemeinde, die in unserer Kirche regelmäßig seit etwa 16 Jahren ihre Gottesdienste hält. Unsere Mazedonen sind aber nicht die Mazedonen, von denen in unserem Text die Rede ist. Da liegt nicht nur der 2000jährige Abstand dazwischen, sondern es handelt sich um eine Bevölkerung anderer Herkunft. Unsere Mazedonen aus der 1991 unabhängig gewordenen Mazedonischen Republik auf dem Gebiet des ehemaligen Jugoslawien sind überwiegend slawischer Herkunft. Die Einwanderung slawischer Stämme in das Gebiet des Balkan vollzog sich im 6.-7. Jahrhundert, also mehr als ein halbes Jahrtausend nach den Missionsreisen des Apostels Paulus, von denen wir heute eine Szene als Predigttext vor uns haben. Bei den in der Apostelgeschichte erwähnten Mazedonen handelt es sich um eine Bevölkerung, die den griechischen Stämmen zuzurechnen ist. Der Ort Philippi liegt an der nordgriechischen Küste.

Das nur in Kürze vorweg - als kleiner Hinweis darauf, dass ein einzelnes Wort - Mazedonien - schon in die Irre führen und Missverständnisse auslösen kann. Und nicht nur Missverständnisse, sondern auch heftigen Streit und auch politische - bis hin zu gewalttätigen und kriegerischen - Auseinandersetzungen. Um die Benutzung der Bezeichnung Mazedonien haben sich die Griechen und die Mazedonen lange politisch gestritten. Man könnte sagen: „Es geht doch nur um ein Wort!" Aber ein Wort ist eben mehr als ein Wort. Hinter einem Wort steht ein Inhalt und steht eventuell eine lange Geschichte. Ein Wort kann auch mit Gefühlen verbunden sein, mit Gefühlen der Identität, der Zugehörigkeit. Ein Wort kann Besitzansprüche zum Ausdruck bringen. Ein Wort kann Erinnerungen guter und böser Art wecken und Aktivitäten auslösen, die auch von guter und böser, von konstruktiver oder zerstörerischer Art sein können.

Es geht heute um das Wort Gottes. Der kurze Episteltext aus dem Hebräerbrief sagt dazu: „Das Wort Gottes ist lebendig und wirksam und schärfer als jedes zweischneidige Schwert." Dieses Bild gilt auch für manches andere Wort. Es gibt viele Worte die wahrlich kein Spielzeug sind. Viele Worte sind mit Bedacht zu benutzen. Zu bedenken ist ihre Wirkung. Denn die Wirkung kann lebensentscheidend sein - im Positiven wie im Negativen.

Unser Predigttext liefert dafür ein Beispiel. Paulus war auf Bitten eines Mazedoniers, der ihm Traum erschienen war, mit dem Schiff nach Mazedonien gereist - in die Stadt Philippi, zu jener Zeit eine römische Kolonie. Am Sabbat geht er an einen Fluss, wo er die Gebetsstätte der kleinen jüdischen Gemeinde vermutet. Dort trifft er eine Gruppe von Frauen. Paulus setzt sich mit seinem Begleiter nieder und redet. Und dann heißt es: „Eine Frau mit Namen Lydia, eine Pupurhändlerin, hörte zu. Gott tat ihr das Herz auf, so dass sie achtgab auf das, was Paulus sagte." Sie hörte aufmerksam zu - und dann ließ sie sich taufen.

Für diese Frau haben die Worte des Paulus eine lebensverändernde Wirkung gehabt. Sie wurde Christin, die erste Christin Europas.

Wir können uns fragen: „Wie ist es dazu gekommen?" Interessant ist, dass hier eine einzelne Frau genannt wird. Es war doch eine Gruppe von Frauen, zu der Paulus geredet hatte. Aber es war diese eine, bei der die Worte des Paulus eine besondere Wirkung erzielten. Von den anderen ist nicht die Rede. Auch sie hatten wohl gehört - aber die Worte hatten in ihnen offensichtlich nichts Bemerkenswertes ausgelöst.

Über Lydia heißt es: „Gott tat ihr das Herz auf." Ja, das ist erforderlich. Denn zur Wirkung des Wortes gehört zweierlei: Das Wort selbst und der Boden, auf den es fällt, wie es im

Gleichnis von der dreifachen Saat so schön bildhaft zum Ausdruck gebracht ist. Das Wort ist wie ein Samenkorn. Es kommt nicht überall zur Wirkung. Es braucht den fruchtbaren Boden.

Zum Wort gehört zweierlei - ja, eigentlich sogar dreierlei oder noch besser gesagt viererlei.

Es ist nicht immer nur das Wort selbst, was bei dem Zuhörer oder der Zuhörerin eine Wirkung auslöst. Es spielt auch noch eine Rolle, wer das Wort sagt. Es können zwei dasselbe sagen - und das Gesagte kommt doch ganz unterschiedlich an.

Paulus war eine starke Persönlichkeit. Wenn er sprach, hatte das bestimmt eine ganz andere Wirkung, als wenn irgendjemand dasselbe sagte. Paulus war ein Mensch mit Überzeugungen, ein Überzeugungstäter. Zunächst war er ein überzeugter gesetzestreuer Jude gewesen. Als solcher hatte er die Christen anfangs verfolgt. Dann hatte er ein Bekehrungserlebnis. Der Saulus wurde zum Paulus. Daraufhin engagierte er sich mit dem Einsatz seiner ganzen Person und seines Lebens für die Verbreitung des christlichen Glaubens über die Grenzen von Israel hinaus - auf dem Gebiet der heutigen Türkei bis hin nach Griechenland und Italien.

Davon dürfen wir wohl ausgehen, dass Lydia von den Worten des Paulus in Verbindung mit Paulus als Persönlichkeit beeindruckt war. Er muss ihr glaubwürdig erschienen sein.

Es kann einer z. B. viel von der Liebe Gottes zu allen Menschen reden. Wenn der Betreffende sich selbst lieblos verhält und Lieblosigkeit ausstrahlt, dann haben es die Worte um so schwerer ernst genommen zu werden.

Die Frage bleibt, warum die anderen Frauen von Paulus und seinen Worten offenbar nicht so nachhaltig beeindruckt waren wie Lydia. Das wird in unserem Text nicht erklärt. Wir erfahren auch nicht, warum Lydia sich durch Paulus zum christlichen Glauben bekehren ließ. Es heißt lediglich: „Gott öffnete ihr das Herz." Ansonsten erfahren wir nur das Ergebnis: Sie ließ sich taufen. Und sie lud Paulus und seinen Begleiter in ihr Haus ein.

Gott öffnete ihr das Herz. Damit ist die Unverfügbarkeit des Glaubens zum Ausdruck gebracht. Sie haben vielleicht auch schon mal jemanden sagen hören: „Ich möchte ja glauben, aber ich kann nicht."

Es ist ein Geschenk, ein Gottesgeschenk, wenn wir glauben können, wenn wir Gottvertrauen in uns haben, wenn wir die Kraft zur Vergebung und zur Versöhnung in uns spüren, wenn wir in der Lage sind, uns trösten zu lassen, uns helfen zu lassen, uns Mut machen zu lassen. Es ist ein Geschenk, wenn wir die innere Bereitschaft zur Dankbarkeit haben, zur Zufriedenheit, zur Freude auch über Kleinigkeiten, wenn wir überhaupt Lebensfreude und Lebenswillen in uns tragen, auch wenn vieles schwierig ist. Es ist ein Geschenk, wenn wir in der Lage sind zu unterscheiden zwischen unseren Leistungen und dem, was wir dem Schöpfer verdanken, und wir unterscheiden können zwischen unserer Verantwortung und dem, was wir in die Hand Gottes legen dürfen. Es ist ein Geschenk, wenn wir die Großartigkeit des Menschen in Demut betrachten können und stolz sein können in aller Bescheidenheit. Es ist ein Geschenk, wenn wir uns zu Hause fühlen können in einer fremden Welt, wenn wir fremden Menschen als geliebten Schwestern und Brüdern begegnen können.

Was hat sich in Lydia abgespielt, als sie Paulus zuhörte? Gott öffnete ihr das Herz. Was aber war es im Einzelnen, was ihr das Herz öffnete? Welche Aussagen, welche Inhalte? Lydia wird sicherlich auch ihr Hirn geöffnet haben und verstandesmäßig zu überprüfen versucht haben, was Paulus erzählte. Sie war Geschäftsfrau, Purpurhändlerin. Aber der Verstand allein wird nicht ausgereicht haben, um die Worte des Paulus in rechter Weise zu erfassen. Unser Verstand hat enge Grenzen. Das Herz nimmt mehr und anderes wahr. Manchmal sagen wir: „Wir handeln aus dem Bauch heraus", womit wir meinen: Da ist noch mehr als unser Kopf. Da ist auch noch das Gefühl, eine Verstehensebene und Entscheidungsquelle anderer Art.

Das Herz von Lydia war ein fruchtbarer Boden für die Saat des Evangeliums, die Paulus mit seinen Worten ausstreute.

War es die spezielle Persönlichkeit von Lydia, waren es bestimmte Erfahrungen, die sie gemacht hatte, die sie so aufnahmebereit machten?

Sie war eine gottesfürchtige Frau, heißt es in unserem Text. Das bedeutet: Sie war keine Jüdin, aber sie war am jüdischen Glauben interessiert. Ihr waren also die religiösen Hintergründe nicht unbekannt, von denen auch Paulus herkam. Da sie als Nichtjüdin aber nicht so fest eingebunden war in die jüdische Tradition, hatte sie vielleicht eine gewisse Offenheit für Neues. So, wie es heute viele Menschen gibt, die ein distanziert interessiertes Verhältnis zum christlichen Glauben haben und hier mal schauen und da mal schauen. Diese interessierte Offenheit mag ein guter Boden gewesen sein für die Worte des Paulus.

Vielleicht kam noch hinzu, dass sie eine Frau war. Das waren die anderen auch. Vielleicht hat es sie aber besonders berührt, dass sie als Ansprechpartnerin in religiösen Dingen ernstgenommen wurde. Das war zu jener Zeit keineswegs selbstverständlich.

Wir wissen nicht, was es im Einzelnen war, das den Wunsch in Lydia auslöste sich taufen zu lassen. Wir können uns selbst auch die Frage stellen: „Warum sind wir Christen?" Wenn es nicht nur die Vorgabe durch unsere Eltern ist, die Kindtaufe, die bloße Tradition und wir uns fragen: „Gibt es Gründe, aus denen wir ganz bewusst dem christlichen Glauben zugehören wollen?", was würden wir antworten? Ist es die Friedens- und Liebesbotschaft? Der Schutz des Schwachen, die Barmherzigkeit, die Vergebung, das Ja zum Leben und zum Menschen?

Was es bei Lydia war, wissen wir nicht. Was aber feststeht, ist dies: Sie wurde die erste Christin Europas. Der christliche Glaube in Europa hat mit ihr, mit einer Frau, seinen Anfang genommen. Ihr Haus wurde die Urzelle der ersten christlichen europäischen Gemeinde.

Als Paulus und sein Begleiter Silas kurz darauf ins Gefängnis kamen und beide dann wieder entlassen wurden, fanden sie bei Lydia noch einmal Unterkunft, bevor sie schließlich weiterreisten. So fing es mit dem christlichen Abendland an: mit den Worten des Apostels Paulus und einer offenherzigen Frau.

Fasten?

3. Februar 2008
Estomihi
(Sonntag vor der Passionszeit)
Jesaja 58,1-9a

Gerade heute am letzten Sonntag vor der Passionszeit, was ja auch bedeutet „kurz vor Beginn der Fastenzeit", haben wir einen Text vor uns, der das Fasten kritisch hinterfragt. Allerdings geht es hier um ein umfassenderes Thema. Das Fasten ist nur ein Beispiel. Es geht im weiteren Sinne um die Beziehung Gott-Mensch - und dabei insbesondere um die Frage: „Was will Gott eigentlich von uns - und wie können wir seinem Willen angemessen zu entsprechen versuchen?"

Das Grundproblem für uns Menschen schlechthin, für die Menschen damals und für uns heute, ist der Tatbestand, dass das Leben so voller Fragen ist und wir die grundsätzlichsten Fragen nicht beantworten können. Was hat es mit dem Leben auf sich? Woher kommen wir, wohin gehen wir? Welchen Sinn hat unser Dasein? Wie sollen wir unser Leben gestalten? All diese Fragen, noch dazu angesichts von Rahmenbedingungen des Lebens, die wir so wenig in der Hand haben - all diese Fragen sind ein Problem, zu dem wir uns unausweichlich verhalten müssen. Unser Leben ist ein undurchschaubares und unverfügbares Geheimnis. Es gibt letztlich keinen Orientierungsrahmen und keine Handlungsanleitung.

Es wäre anders, wenn das Leben z. B. ein Theaterstück wäre und wir wären darin die Schauspieler. Dann hätten wir ein präzises Skript, wir wüssten, was wir zu sagen und zu tun haben, wir hätten einen Regisseur, der uns sagen würde: „Mach das so oder so." Wir hätten auch einen Autor, den wir ggf. noch befragen könnten. Das Ganze wäre ziemlich übersichtlich und wir müssten uns einfach nur anstrengen, um unsere Rolle bestmöglich zu spielen. Und wenn wir gut spielten, dann könnten wir auch mit Beifall rechnen.

Aber so ist das Leben nicht. Der Autor, der letztliche Urheber des Stückes „Leben" ist ein Unbekannter. Wir haben zwar einen Namen für ihn, Gott, aber damit kennen wir ihn nicht. Er ist und bleibt ein großer, sehr geheimnisvoller Unbekannter. Wir können ihn zwar im Gebet befragen, aber bezüglich der Antworten bleibt immer eine erhebliche Unsicherheit bestehen.

Wir haben auch keinen Regisseur, der uns konkrete Handlungsanweisungen erteilt. Wir haben, solange wir Kinder sind, unsere Eltern, und solange wir Schüler sind, unsere Lehrerinnen und Lehrer, die uns sagen, wie wir uns verhalten sollen. Aber sobald wir mündig und selbstständig geworden sind, sind wir auf uns selbst zurückgeworfen. Wir merken dann eindrücklich, was uns schon vorher aufgefallen war: dass Eltern und Lehrkräfte für ihre Anweisungen auch keine wirklich allgemeingültige und sichere Grundlage gehabt haben.

Wir können, wenn wir selbstständig geworden sind, die Auffassung vertreten - und uns danach verhalten, dass wir jetzt endlich tun und lassen können, was wir wollen. Das können wir probieren und uns einfach mal leiten lassen von unseren Interessen und Gefühlen und Trieben und Wünschen und Plänen.

Die Wirklichkeit des Lebens wird uns aber bald in Grenzen verweisen und uns klar machen, dass die Dinge doch anders laufen, als wir gedacht und gewollt haben: Wir bekommen vielleicht Probleme - in der Ausbildung z. B., in der Arbeit, in der Beziehung; es stellen sich vielleicht gesundheitliche Probleme ein, die politische Lage verändert sich zu unseren Ungunsten, die wirtschaftlichen Verhältnisse ebenso. Wir verlieren vielleicht wieder, was wir aufgebaut haben. Wir stellen zunehmend unsere eigenen ganz persönlichen Grenzen fest, wir scheitern, haben Misserfolge, wir verlieren geliebte Menschen ... und so weiter und so fort.

Dann stellen sich doch wieder Fragen ein - und zwar sehr grundsätzlicher Art, und der Wunsch, das Leben doch irgendwie in den Griff zu bekommen, das Unverfügbare doch irgendwie verfügbar zu machen.

An dieser Stelle beginnt das Thema unseres Textes. Das Fasten, das in unserem Text kritisiert wird, wird hier kritisiert als der untaugliche Versuch, sich den geheimnisvollen Urgrund allen Seins, wir sagen „Gott", gefügig zu machen. „Sie suchen mich täglich und begehren, meine Wege zu wissen. Sie sagen: Wir haben gefastet und du, Gott, hast es nicht gesehen. Wir haben unsere Seelen kasteit und du hast es nicht gemerkt!" Der Wunsch der Fastenden war es gewesen, für die Anstrengung des Fastens belohnt zu werden durch Wohlergehen. Sie fordern geradezu gerechte Belohnung für ihre Frömmigkeit. Aber ihre frommen Bemühungen haben nichts gebracht. Darüber beschweren sie sich.

Der Prophet Jesaja erhebt nun seine Stimme und nimmt Stellung. Er interpretiert den Willen Gottes. Er macht das, was Eltern für ihre Kinder und Lehrkräfte für ihre Schüler tun: Er verkündet Maßstäbe, er gibt Handlungsanweisungen. Er stellt klar, dass es Gott nicht auf bloße Rituale ankomme, die ihn noch dazu in die Pflicht nehmen sollen, sondern dass ihm ethisches Wohlverhalten wichtig ist, dass es ihm, Gott, auf das zwischenmenschliche Verhalten ankomme: dass Menschen menschlich miteinander umgehen, die Hungrigen speisen, Arme kleiden, dass sie Gerechtigkeit üben und Gewalt unterlassen. Er kritisiert das Fasten als bloßes Ritual, wenn es im Widerspruch zu diesen ethischen Anforderungen steht.

Der Prophet spricht hier im Namen Gottes. Ist der Prophet nun doch jemand, der den direkten Zugang zu dem Urgrund unseres Seins hat und der über den Schlüssel zum Geheimnis unseres Daseins verfügt?

Wir dürfen und müssen auch beim Propheten die menschlichen Grenzen sehen. Auch er, der Prophet, ist kein Übermensch. Aber hier redet jemand, der über die grundlegenden Dinge des Lebens nachgedacht hat, der ein besonderes Empfinden für die Größe und Tiefe des Seins hat, für die unbeantwortbaren Fragen und für die Notwendigkeit, in der Undurchschaubarkeit des Seins doch einen Weg zu finden, der auf ein Ziel zuführt, auf das wir uns freuen können, auf das hinzuleben sinnvoll erscheint und uns mit Befriedigung erfüllen kann und von dem wir annehmen können, dass es Gott wohlgefallen könnte.

Der Prophet bietet uns hier einen Orientierungsrahmen an, er gibt uns konkrete Handlungsanweisungen. Sein Angebot enthebt uns allerdings nicht von der Verantwortung, es sorgsam zu prüfen. Wir dürfen seine Kritik und seine Ratschläge nicht einfach annehmen, nur weil er sie als Prophet geäußert hat. Auch der Prophet ist - in Anführungszeichen – „nur" ein Mensch. Aber sein besonderes Amt lässt es geraten erscheinen, seine Worte mit besonderer Aufmerksamkeit und Ernsthaftigkeit zu erwägen, so, wie es für Kinder gut ist, auf die Worte der Eltern mit Sorgfalt zu hören, und für die Schüler es wichtig ist, sich die Worte ihrer Lehrkräfte zu Herzen zu nehmen.

Der Prophet macht zweierlei bedenkenswerte Aussagen. Er sagt als erstes: „Euer zweckgerichtetes Fasten, euer Fasten mit dem Ziel, sich Gott, den Unverfügbaren, gefügig zu machen, ist ein untaugliches Verhalten. Gott lässt sich nicht dazu nötigen, euch mit Wohlergehen zu belohnen, nur weil ihr euch die Unbequemlichkeiten des Fastens auferlegt."

Der Prophet sagt als zweites: „Wenn ihr wirklich etwas tun wollt, was Gott gefallen würde, dann seid gut zu euren Mitmenschen, dann helft den Armen, speist die Hungrigen, übt Gerechtigkeit, geht fair und friedlich miteinander um. Wenn ihr das tut, wenn ihr Nächstenliebe übt, dann wird Gott auch euer Fasten als Ausdruck eurer Gottesliebe anzunehmen bereit sein."

Der Prophet stellt Wohlergehen in Aussicht, wenn wir Nächstenliebe üben: „Deine Heilung wird schnell voranschreiten."

An diesem Punkt ist es vielleicht nötig, die Worte des Propheten zu hinterfragen. Es ist zwar nachvollziehbar, dass er eine Belohnung in Aussicht stellt für den Fall, dass sich die Menschen, die er damals ansprach, in ihrem Verhalten ändern würden. Mit der Ankündigung von Belohnung, wie umgekehrt auch mit der Androhung von Nachteilen und Strafe arbeiten auch Eltern und Lehrkräfte.

Aber an dieser Stelle sollten wir bezüglich des Propheten vorsichtig sein. Nächstenliebe zu üben mit der Vorstellung, dass uns dies mit Wohlergehen belohnt würde, kann sich als großer Irrtum herausstellen. Der Volksmund sagt: „Undank ist der Welt Lohn." Da ist viel Wahres dran. Aber Undank darf kein Argument gegen die Nächstenliebe sein. Die Liebe hat ihren Sinn aus sich selbst heraus. Jesus Christus wurde ans Kreuz gehängt. Er hat an der Liebe dennoch unbeirrt festgehalten.

Die Frage für uns sollte sein: „Erscheint uns das liebevolle Miteinander, die Nächstenliebe, als ein sinnvolles Lebensziel, als ein Orientierungsrahmen? Sind wir bereit, daran zu glauben, dass die Liebe unserem Leben Sinn und Tiefe gibt, auch ohne dass wir dafür mit Wohlergehen belohnt werden?" Wenn wir die Frage mit „Ja" beantworten können, dann lassen Sie uns diesen Weg gehen und uns bei Enttäuschungen immer wieder gegenseitig trösten und stützen und Mut machen. Und lassen Sie uns dabei immer wieder auf Christus schauen.

Wenn wir fasten, um seinen Leidensweg zu bedenken und mit Leib und Seele nachzuvollziehen, dann gehört zum Fasten hinzu, dass wir nicht nur uns selbst sehen, dass wir uns vielmehr auch in den Mitmenschen hineinversetzen, um dessentwillen Christus gekommen ist. Für uns alle ist er gekommen, um uns allen beizustehen in den Problemen und Fragen des Lebens. Er ist gekommen, uns zu helfen, einander anzunehmen in liebevollem Bemühen und in allem Gott die Ehre zu geben, der geheimnisvollen Quelle des Lebens und der Liebe.

Glauben - auf den Sinn vertrauen
17. Februar 2008
Reminiszere
(2. Sonntag der Passionszeit)
Hebräer 11,8-10

Abraham wird oft als der Ur-Vater des Glaubens bezeichnet. Abraham glaubte nicht an irgendwelche dogmatischen Inhalte. Es gab zu seiner Zeit ja noch nicht einmal die zehn Gebote. Sein Glaube war auch nicht der Ersatz für Nicht-Wissen.

Abrahams Glaube bestand darin, einer Stimme zu vertrauen und zu folgen, die ihm sagte: „Mach dich auf den Weg! Mach dich auf den Weg in ein Land, das ich dir zeigen werde. Dort will ich ein großes Volk aus dir machen." Für Abraham war das die Stimme Gottes, ein Auftrag von höchster Stelle. Abraham hat sich auf diesen Auftrag, auf dieses Abenteuer, eingelassen. Das war reine Vertrauenssache. Denn ob das alles gut gehen würde, konnte er ja nicht wissen. Das hätte ihm auch keiner vorhersagen können. Er vertraute der Stimme. Er glaubte an seine Mission.

Was ist das - „Glauben"? Es wird immer wieder gesagt: Glauben bedeutet "nicht wissen" - und einige meinen das etwas abfällig im Sinne von: Glauben ist eine Notlösung, weil einem das Wissen fehlt. Wenn man das Wissen hätte, bräuchte man nicht zu glauben. Der Wissenschaftler sei derjenige, so denken manche, der letztlich die Notlösung überwinden könnte, weil er das fehlende Wissen irgendwann bereitstellen würde.

Der Glaube im religiösen Sinne ist aber nicht durch Wissen ersetzbar. Denn es geht nicht darum, dass ich z. B. glaube, dass eine Spinne sechs Beine hat, und wenn ich sie untersuche, stelle ich fest, sie hat acht Beine. Also weiß ich jetzt Bescheid und brauche nicht mehr zu glauben.

Glauben im religiösen Sinne ist anders gemeint. Wenn ich z. B. sage: Ich glaube daran, „dass mein Leben einen Sinn hat", dann kann ein Wissenschaftler noch so lange forschen. Er wird das niemals beweisen können, dass mein Leben einen Sinn hat oder dass es keinen Sinn hat oder dass es ein bisschen Sinn hat.

Es geht im religiösen Sinne beim Glauben um eine Beziehung - um eine Beziehung zum Leben, um eine Beziehung zu den Mitmenschen, zu mir selbst, um eine Beziehung zum Dasein schlechthin.

Wir sind ungefragt in dieses Dasein hineingestellt worden. Uns hat keiner gefragt: „Möchtest du geboren werden?" Auch Lienhard, den wir eben getauft haben, ist nicht gefragt worden. Wie er, so sind wir alle einfach da. Und irgendwann, wenn wir bei Bewusstsein und Verstand sind, stehen wir vor der Aufgabe, zu dem uns aufgetragenen, zu dem uns geschenkten Leben ein bewusstes Verhältnis einzugehen.

Schon wenn wir sagen: „Dankeschön für das Geschenk des Lebens", ist das eine Aussage des Glaubens. Denn mit diesen Begriffen „Geschenk" und „Dankeschön" bringen wir eine Beziehung zu unserem Leben zum Ausdruck, die nichts mit Wissen und Beweisenkönnen zu tun hat.

Der Dank für das Geschenk des Lebens entspringt dem Glauben an ein Gegenüber, das wir gar nicht genau beschreiben können, an jemanden, der Ursprung und Quelle unseres Lebens ist. Wir nennen ihn Gott, den himmlischen Schöpfer.

Natürlich weiß man ein wenig darüber, wie Leben im naturwissenschaftlichen Sinne entsteht, und ein bisschen können wir auch selbst dazu beitragen, neues Leben zu erschaffen.

Aber dass ich jetzt hier bin, dass ich im Leben bin und dass Lienhard da ist und dass wir alle da sind, das ist erstens mit der Wissenschaft allein nicht zu erklären. Wir hätten ebenso nicht sein können. Und zweitens könnten wir auch ein ganz anderes als ein dankbares Verhältnis zu unserem Sein haben. Wir könnten das hier auch alles - verzeihen Sie - als ganz schrecklich, als Leid und nochmals Leid oder gar als Strafe empfinden. Das wäre dann eine andere Art von Beziehung zu unserem Leben. Das wäre dann ein anderer Glaube.

Abraham, der Ur-Vater des Glaubens, hatte eine spezielle Beziehung zu seinem Dasein. Er glaubte daran, dass er eine Mission hatte, dass ihm von Gott ein Auftrag gegeben war und dass sein Leben damit einen Sinn hatte, der weit über ihn persönlich hinausging: Aus ihm sollte ein großes Volk werden in einem anderen Land.

Wie kommt ein Mensch zu einer solchen Vorstellung? Abraham war zu dieser Vorstellung nicht gekommen, weil er etwa wissenschaftlich geforscht hätte und dabei zu dem Ergebnis gekommen wäre: „Ich habe einen Auftrag." Jemand könnte sagen: „Abraham hat sich seinen Auftrag nur eingebildet." Ja, aber vielleicht ließe sich das auch etwas angemessener formulieren, etwa so: „Abraham glaubte an seinen göttlichen Auftrag."

Betrachten wir uns einmal uns selbst: „Haben wir eine Mission? Empfinden wir einen Auftrag für unser Leben?" Ein bisschen dürfen wir wohl alle Ja sagen. Wir werden wohl kaum einen so großen Auftrag empfinden wie Abraham, aber doch vielleicht einen kleinen bescheidenen Auftrag. Der kann bei jedem ein wenig anders aussehen, z. B. eine Familie zu gründen, die Mitmenschen mit meiner Musik zu erfreuen, Häuser zu bauen, Nächstenliebe zu praktizieren, Menschen gesund zu machen, Kinder zu unterrichten, Lebensfreude zu verbreiten ...

Vielleicht haben Sie da noch gar nicht so drüber nachgedacht - ob Sie eigentlich ein spezielles Ziel in Ihrem Leben, mit Ihrem Leben, für Ihr Leben haben, einen Auftrag, einen Sinn. Wir leben ja in der Regel einfach so vor uns hin.

Mich hat vor Jahren eine junge Frau aus der Gemeinde ganz direkt gefragt: „Welchen Sinn hat mein Leben?" Ich habe ihr gesagt: „Was ich dir sagen kann, ist dies: Es ist schön, dass du da bist."

Das kann schon den ganz großen Sinn unseres Lebens ausmachen: dass wir für andere eine Bedeutung haben. Und darin könnten wir den Auftrag unseres Lebens sehen: dass wir uns für diejenigen bewahren, denen wir wichtig sind, dass wir auf uns achten, uns schützen, dass wir sorgsam mit unserem Leben umgehen und dass wir die Beziehung so gestalten, dass sie das Miteinander auch weiterhin schön macht.

Darin den Sinn des Lebens zu sehen, wäre Glaubenssache.

Abraham hat weit über sich selbst hinausgedacht - oder besser: über sich hinausgeglaubt. Er hat eine innere Stimme gehört, die ihm sagte: „Abraham, zieh in ein anderes Land, das ich dir zeigen will. Da werde ich ein großes Volk aus dir machen." Abraham ist dieser Stimme gefolgt und hat sich auf dieses Abenteuer eingelassen. Was aus dem werden würde, was er am Anfang als Stimme in sich und über sich hörte, das konnte er wirklich nicht wissen. Das hätte ihm auch kein Wissenschaftler vorhersagen können. Hätte er vorher verschiedene Leute befragt, hätte es sicherlich etliche Bedenkenträger gegeben, die ihm gesagt hätten: „Das wird nichts, lass das!"

Aber Abraham ist losgezogen, ins Unbekannte. So ist das überhaupt mit unserem Leben - ganz grundsätzlich. Tag für Tag ziehen wir weiter ins Unbekannte, selbst wenn wir in der vertrauten Umgebung bleiben. Die Zukunft bleibt für uns ein unbekanntes Land.

Die Frage ist, ob wir uns einfach nur vorwärtstreiben lassen durch die Umstände, durch die Anforderungen des Tages, durch die Bedürfnisse unseres Leibes, durch das, was andere von uns wollen, oder ob wir das Leben als Aufgabe anzunehmen bereit sind, ob wir zumindest versuchen wollen, unseren Lebensweg bewusst mitzugestalten, indem wir uns fragen: „Hat mein Leben ein Ziel, hat es einen Sinn, welchen Sinn? Habe ich einen Auftrag, habe ich in diesem Leben etwas zu bestellen?"

Solche Fragen sind Fragen des Glaubens, und die Antworten, die wir darauf eventuell finden, sind Antworten des Glaubens.

Abraham hat die Antwort für sich in einer Stimme gefunden, die er als Stimme Gottes erkannt hatte. Wenn wir über Abraham nachlesen und dann weiterlesen bis ins Neue Testament hinein und da über Jesus Christus und über den Glauben der Menschen, die ihm verbunden waren, dann kann es sein, dass aus diesen Texten auch an uns eine Stimme ergeht, die uns einen Auftrag für unser Leben gibt - und uns z. B. sagt: „Lebe dein Leben als Dank für das, was du empfangen hast, und lebe die Liebe."

Entschieden glauben - maßvoll handeln
24. Februar 2008
Okuli
(3. Sonntag der Passionszeit)
1. Könige 19,1-8(9-13a)

Manchmal im Leben müssen wir uns entscheiden. Zur Entscheidung kann gehören, dass wir uns mit Leib und Seele engagieren für das, wofür wir uns entschieden haben. Es kann dann nach einer gewissen Zeit so kommen, dass sich Zweifel in uns einstellen, ob die Entscheidung richtig war und ob sich das Engagement gelohnt hat.

Wenn wir beispielsweise eine Beziehung eingehen - wenn wir z. B. überlegen, jemanden zu heiraten, kann der Zeitpunkt kommen, an dem wir vor der Frage stehen: Ja oder Nein? Wenn wir Ja gesagt haben, dann ist damit verbunden, dass wir uns von ganzem Herzen - mit Leib und Seele - in diese Beziehung hineingeben. Und dann kann es so kommen, dass nach einer gewissen Zeit die Zweifel übermächtig werden, ob das Ja richtig war und ob sich die Hingabe gelohnt hat.

Wir haben vorhin die Evangelienlesung gehört. Jesus fragte: „Willst du mir nachfolgen? Wenn ja, dann lass alles hinter dir und kommt mit." Einige entschlossen sich dazu, ihm zu folgen. Als Jesus später gefangen genommen und schließlich am Kreuz hingerichtet wurde, kamen ihnen Zweifel, ob sie sich in ihm nicht getäuscht hätten, ob sie nicht lieber hätten zu Hause bleiben und ihrer Arbeit als Fischer und Zöllner weiter hätten nachgehen sollen. Sie hatten ihr Leben umgestellt - hatte sich das gelohnt? War das nicht eine große Fehlentscheidung gewesen?

Wir können im Nachherein sagen: Nein, das war alles gut so. Es kam noch Ostern. Es hat sich gezeigt, dass der vermeintliche Niedergang keine Niederlage war.

Es hat aber auch wirkliche Irrtümer gegeben - auch im großen Stil. Wenn wir z. B. an die Ex-DDR denken. Es wird damals viele Menschen gegeben haben, die von dem damals praktizierten ideologischen System wirklich überzeugt gewesen sind und sich aus Überzeugung engagiert haben. Sie mussten schließlich erkennen, dass sich die Lebenswirklichkeit ganz anders entwickelt hatte als gedacht und erhofft. Sie sind schließlich zu dem Ergebnis gekommen: Sie haben sich geirrt. Jahrzehnte ihres Lebens, ihres Einsatzes sind vergebens gewesen. Für viele Menschen wurde das Ende des Systems zu einer persönlichen Lebenskrise.

Wir haben im Predigttext von Elia gehört. Um ihn geht es heute im Besonderen. Elia hatte sich entschieden, er hatte sich engagiert, er war dann aber in heftigste Zweifel geraten. Er konnte und wollte nicht mehr. „Nimm mir das Leben", bat er Gott in seiner Verzweiflung.

Elia war Prophet in der Frühzeit Israels - im 8. Jahrhundert vor Christi Geburt. Bei ihm ging es um eine Glaubensentscheidung. Er hatte Ja gesagt zum Glauben an den einen Gott Jahwe, den Gott Israels. Für diesen Glauben setze er sich ein. In seinem Einsatz ging er sehr weit. Er ging so weit, dass wir das im Einzelnen gar nicht mehr billigen können - das ist auch ein Thema, das wir heute bedenken müssen. Er war in seinem Einsatz - manche würden vielleicht sagen „fanatisch".

Aber dann kam sein innerer Zusammenbruch. Er ging in die Wüste und wollte einfach nur noch sterben.

Elia hatte sich in einer Zeit für den Jahweglauben entschieden, als in seinem Land dieser Glaube nicht der einzige und nicht der herrschende war. Der König des Landes, Ahab, hatte eine Frau aus einer anderen Religion geheiratet, eine Frau kanaanäischen Glaubens. Diese Frau, Isebel, war eine starke Persönlichkeit. Sie stand zu ihrem Glauben und sorgte dafür, dass ihr Glaube in dem Land ihres Mannes auch zunehmend Raum bekommen sollte. Ahab gab dem Drängen seiner Frau nach - aus persönlichen oder politischen Gründen - wie auch immer. Jedenfalls breitete sich der Baalskult in Israel zunehmend aus.

Der Baalskult war die Religion der kanaanäischen Ur-Bevölkerung, die in dem Land schon gewohnt hatte, als die Israeliten - aus Ägypten kommend, den Jordan überschreitend - in das Land zogen. Es hatte von Anfang an Auseinandersetzungen gegeben zwischen den zugewanderten Israeliten und den ansässigen bäuerlichen Kanaanäern - wegen ihres Fruchtbarkeitskultes. Die Kanaanäer brauchten für ihre Landwirtschaft den Regen - und wie kann man auf den Regen Einfluss nehmen? Sie hatten dazu ihre religiösen Riten, ihren Fruchtbarkeitsgott Baal und ihre Fruchtbarkeitsgöttin Astarte. Es hatte von Anfang an diese Auseinandersetzungen gegeben zwischen ihrer Religion und der Religion der eher nomadischen Israeliten, die in Stämmen organisiert waren, mit ihren Herden durchs Land zogen, und ihr mobiles Heiligtum, die Lade, mit sich herumtrugen, bevor auch sie zunehmend sesshaft wurden und sich schließlich einen gemeinsamen König und feste Kultstätten zulegten.

Das ist alles eine lange Geschichte. Aber die beiden Bevölkerungsgruppen - die Israeliten und die Kanaanäer, die Nomaden und die Sesshaften - waren von ihrem Herkommen, von ihrer Art her und ihren religiösen Bedürfnissen her von vornherein einfach anders ausgerichtet gewesen. Da sie in ein und demselben Land wohnten, gab es ständig gewalttätige, teils kriegerische Auseinandersetzungen untereinander mit jeweils Verbündeten auf der einen wie auf der anderen Seite. Diese Auseinandersetzungen bezogen sich eben auch auf ihre unterschiedlichen Religionen.

Elia hatte sich für den Jahwe-Glauben entschieden, für den Glauben an den einen und einzigen Gott. Er hatte sich zum Lebensziel gesetzt, für diesen Glauben kämpferisch einzutreten. Er hatte es damit insofern nicht leicht, als zu seiner Zeit der König Ahab infolge seiner religiös anders orientierten Frau von Staats wegen die kanaanäische Religion nicht nur offiziell zuließ, sondern sie sogar aktiv im wörtlichen Sinne ausbaute und an seinem Herrschersitz in Samaria einen Altar für den Baalskult errichten ließ. Das konnte für ihn sogar insofern Sinn machen, als seine israelitischen Untertanen inzwischen auch längst Landwirtschaft betrieben, auf Regen angewiesen waren und viele von ihnen im Fruchtbarkeitskult ein mögliches Mittel für ihre Zwecke sahen.

Elia musste sich also letztlich mit dem König selbst anlegen und damit auch mit dessen Frau Isebel, dieser starken Persönlichkeit. Dass das nicht so einfach werden würde, lässt sich denken. Es kam dann auch bitter für Elia. Er hatte zwar Anfangserfolge, wurde dann aber von Isebel bedroht. Er musste fliehen, um der Verfolgung zu entgehen.

So flüchtete er in die Wüste, setzte sich unter einen Wacholderbusch und bat in tiefster Depression: „Gott, lass mich sterben!" Aber Gott ließ ihn nicht sterben.

Bevor wir uns seiner Rettung zuwenden, die Frage: „War das denn so in Ordnung, wie Elia sich für seinen Glauben eingesetzt hatte?" Ich mag Ihnen das im Einzelnen gar nicht erzählen. Lesen Sie gern einmal selbst nach im 1. Buch der Könige Kap. 18.

Elia war jemand, der sich für den Glauben an den einen Gott entschieden hatte und der sich für seinen Glauben engagiert hatte. Kann er uns ein Vorbild sein? Darauf können wir wohl nicht mit Ja antworten.

In seinem kämpferischen Einsatz war er für unsere Vorstellungen zu weit gegangen. Es reicht jetzt nicht zu sagen: Das waren damals andere Zeiten. Es ist im weiteren Verlauf der Geschichte, auch der christlichen Geschichte, leider immer wieder so gewesen, dass der Einsatz für die eigene Religion mit sehr viel Blutvergießen verbunden war. So ist es immer und immer wieder gewesen. Und auch heute noch fließt Blut in Auseinandersetzungen, die ihre Ursache in religiösen Unterschieden haben. So war es, so ist es. Aber so darf es nicht sein.

So weit darf die Entschiedenheit für den eigenen Glauben nicht gehen, dass Menschen anderer Glaubensrichtungen bis aufs Messer - und noch schlimmer - bekämpft werden.

Es mag uns manches an anderen Religionen nicht gefallen. Und wir müssen nicht alles in einem Übermaß an Toleranz stillschweigend akzeptieren und auch nicht schönzureden versuchen, schon gar nicht, wenn es um das Miteinander in unserem eigenen Land geht.

Aber es gibt keine Alternative zu einer respektvollen und

gewaltfreien Auseinandersetzung mit den religiös und überhaupt kulturell anders ausgerichteten Menschen.

Elia liefert ein Beispiel dafür, wie die Zerstörung der anderen schnell in Selbstzerstörung umschlagen kann. Der, der eben noch geradezu fanatisch für seinen Glauben gekämpft hatte, will kurz darauf angesichts der eigenen Bedrohung nicht mehr leben. Elia hat nicht mehr die Kraft, sich für den Gott einzusetzen, dessen Größe und Übermacht er eben noch anderen hatte beweisen wollen. Sein Gott soll ihm nur noch einen letzten Dienst erweisen: ihn sterben lassen.

Gott aber rettet ihn. Auf wundersame Weise lässt er ihm durch einen Engel zu essen und zu trinken zukommen. Elia kommt wieder zu Kräften - leiblich und seelisch. Gott gibt ihm einen neuen Auftrag.

Es ist gut, wenn wir für unsere Überzeugungen und für unseren Glauben beherzt und mutig und konsequent eintreten. Das gleiche Recht müssen wir allerdings auch anderen zubilligen. Nicht weit entfernt vom Glauben liegt der Zweifel. Der Zweifel hat auch etwas Gutes, denn er kann das Gespräch miteinander erleichtern. Er kann helfen, die eigene Position zu hinterfragen, und er berechtigt zu der Hoffnung, dass auch der andere seine Überzeugung einmal hinterfragen wird.

Manchmal müssen wir uns entscheiden. Wir müssen unsere eigene Entscheidung aber nicht anderen auferlegen. Wir können auf andere zugehen und ihnen anbieten, was wir für bedeutsam halten, so wie Gott uns angeboten hat, was ihm wichtig ist: Christus, seine Barmherzigkeit, seine Vergebung, seine Liebe. Er lässt uns die Freiheit, von seinem Angebot Gebrauch zu machen, zu unserem Wohl und ihm zur Ehre.

Befreit zur Umkehr
20. März 2008
Gründonnerstag
Matthäus 26,26-28

„Solches tut zu meinem Gedächtnis",
sagte Jesus zu seinen Jüngern.
Fast 2000 Jahre ist es her.
Wir schauen zurück.
Aber wir erinnern uns nicht nur.
Es geht nicht nur um ein Geschehen von damals.
Was Jesus seinen Jüngern sagte,
das sagt er auch uns.
Was er ihnen zugute tat,
das tut er auch für uns.
Wenn wir in dieser Kirche
an seinem Tisch versammelt sind,
dann ist er mitten unter uns,
dann gilt jedes seiner Worte
jedem einzelnen von uns.
So, wie die Jünger damals das Brot empfingen
als seinen Leib,
so empfangen wir heute seinen Leib
in der Gestalt der Oblate, Zeichen des Brotes.
So, wie damals seine Jünger den Wein empfingen
als Zeichen seines Blutes,
so empfangen wir sein Blut
in der Gestalt des Weines.
Was damals geschah, ist nicht Vergangenheit.
Hier und jetzt gilt sein Wort
für einen jeden von uns:
„Dies ist mein Leib, dies ist mein Blut -
für euch gegeben - zur Vergebung der Sünden."
Wenn es uns schwerfallen sollte,
diese Worte zu verstehen,
so sind wir auch darin den Jüngern von damals

über die 2000 Jahre hinweg verbunden.
Wir feiern das Abendmahl zwar im Rückblick
auf die bereits vollzogene Kreuzigung Jesu,
während die Jünger noch nicht wissen konnten,
dass es ihr letztes Abendessen mit Jesus sein würde
und dass er so kurz darauf
eines gewaltsamen Todes sterben würde.
Aber auch für sie
blieb das weitere Geschehen schwer verstehbar.
Bis heute sind wir mit den Jüngern Jesu
und mit den Christen wohl aller Jahrhunderte
darin verbunden, dass das Geheimnis geblieben ist,
das Geheimnis des Glaubens,
des Glaubens an etwas sehr Schönes.
Denn wenn das Geschehen auch schrecklich war
und in seiner Schrecklichkeit
für uns auch schwer annehmbar bleibt,
so liegt dem Ganzen doch eine wunderbare Absicht
zugrunde -
eine fast unglaubliche Absicht -
zu schön,
als dass wir sie einfach so glauben könnten:
dass einer uns für wert befunden hat,
sein Leben um unseretwillen hinzugeben.
„Das kann doch gar nicht sein,
dass jemand bereit ist zu sterben,
damit wir leben können!"
„Erschießen sie mich –
und lassen sie die anderen dafür leben",
hat einer den Schergen des Dritten Reiches gesagt.
So wie dieser eine bereit war,
sein Leben hinzugeben
für eine Gruppe zum Tode Verurteilter,
so ließ er sich damals vor 2000 Jahren
das Leben nehmen -
als Botschaft an uns alle,

als Botschaft an die Menschen aller Zeiten:
als Botschaft an alle Menschen,
die sich ihrer Schwächen und Fehler
und Verfehlungen -
ihrer Sündhaftigkeit -
bewusst sind,
die sich wohl gern ändern würden,
aber immer wieder die Erfahrung machen,
trotz guter Absicht an sich selbst zu scheitern.
Als Botschaft auch an die Menschen,
die von anderen - Selbstgerechten -
zu Sündern gemacht werden,
zu Sündenböcken.
Er ließ sich das Leben nehmen
als erlösende Botschaft der Vergebung -
für reuige Sünder
und zum Schutz der Geächteten.
Das hat Jesus zum Christus gemacht:
dass er uns erlöst hat
aus den Schlingen deprimierender Selbsterkenntnis
und dass er uns befreit hat
vom Druck gesellschaftlicher Demütigung.
Wären wir denn ohne ihn vom Tode bedroht?
Waren denn die Jünger ohne ihn vom Tode bedroht?
„Der Tod ist der Sünde Sold", wird gesagt, und:
„Gott straft den Sünder."
Jesus verkündet eine andere Botschaft
und bezeugt sie mit seinem Leben
und beglaubigt sie mit seinem eigenen Blut.
Seine Botschaft lautet:
„Gott erbarmt sich des Sünders."
Er erbarmt sich seines Geschöpfes Mensch,
der gefangen ist in seiner sündhaften Art,
der sich und andere verstrickt
in Schuld und Beschuldigung.

Gott erbarmt sich des Menschen
und bietet ihm einen Ausweg an
in barmherziger Vergebung,
in liebender Hingabe.
Er nimmt alles auf sich, Schuld und Beschuldigung,
und bringt es in sich selbst - in Christus - zu Tode
und macht uns rein und frei.
Er hat unsere Sünden auf sich genommen
ein für allemal -
die Sünde, die jeden Tag wieder neu in uns wächst.
Wir erinnern uns heute an das,
was er damals sagte und tat,
und lassen an uns geschehen -
zu unseren Gunsten,
was bis heute und für alle Zeit gilt:
dass Gott uns in Christus
erlöst und befreit
und uns den Weg zum täglichen Neubeginn
offenhält.
Gott schenke uns die Bereitschaft zur Umkehr,
und den Glauben an seine Vergebung und Liebe.

Die Liebe ist stärker als der Tod
23. März 2008
Ostersonntag
Markus 16,1-8

Jesus Christus ist auferstanden. Das Grab ist leer. Die Herzen der Jünger füllen sich, zunächst mit Erschrecken und ungläubigem Staunen, dann mit wachsender Freude, am Ende mit der Gewissheit des Glaubens, dass die Liebe stärker ist als der Tod.

„Gott ist die Liebe", heißt es bei Johannes. Und die Liebe Gottes hatte in Jesus Christus menschliche Gestalt angenommen - für eine begrenzte Zeit, die Zeit eines kurzen irdischen Lebens, kurz, aber lang genug, um unserer Welt ein Samenkorn einzupflanzen, das mit seinem Tod neues und immer wieder neues Leben hervorbringen würde. Nicht Leben des Leibes, sondern Leben in Liebe im vollen Sinne des Wortes: als dankbare und frohe Hingabe an den Menschen und Gottes ganze Schöpfung.

Traurig waren die Frauen in der Frühe dieses Morgens zum Grab gegangen. Sie hatten noch einmal den Leichnam Jesu sehen und berühren und ihm Gutes tun wollen. Sie schauten ins Grab, sie blickten ins Leere.

Ein Engel sprach zu ihnen: „Fürchtet euch nicht. Ihr sucht den Gekreuzigten. Schaut hin. Er ist nicht hier. Er ist auferstanden. Geht und sagt's seinen Jüngern."

In Furcht und Freude liefen die Frauen davon. Die biblischen Texte berichten im weiteren Verlauf von Begegnungen mit dem Auferstandenen. Wie die Frauen so waren auch die Jünger erfüllt von Furcht und Freude zugleich. Dem Blick ins Grab wird schließlich der Blick gen Himmel folgen. Der am Kreuz zu Tode Gebrachte wird ins himmlische Leben eingehen. Und seine Jünger, die Männer und die Frauen, werden mit wachsender Freude begreifen, dass er weiter lebt - in ihren Herzen, in ihrer Sehnsucht, in ihrem Glauben an all das, was er ihnen gesagt und an ihnen getan hat.

Jesus Christus lebt. Wenn er auch immer wieder gekreuzigt wird, so ersteht er doch immer wieder auf. Wir feiern an jedem Sonntag ein kleines Osterfest. Denn wir wollen es nicht hinnehmen und uns damit abfinden, dass die Liebe immer wieder zu Grabe getragen wird. Nein, sie ersteht wieder auf. Gott ist die Liebe. Er ist nicht tot. Und wäre der Stein vor des Grabes Tür auch noch so groß. Er kommt heraus und lebt und liebt und lässt allenthalben die Früchte der Liebe sprießen und wachsen und gedeihen - wie die Blumen des Frühlings, wie die Lämmer auf den Weiden, wie die Kinder der Menschen.

Wir glauben nicht an den Tod. Wir glauben an das Leben. Wir lassen uns nicht leiten von der Sorge, dass wir eines Tages sterben müssen. Unsere Lebenskraft ist die Dankbarkeit für das Geschenk des Lebens. Wir lassen uns nicht leiten von der Schlechtigkeit der Welt. Was Gott schuf, sah er an - und siehe, es war sehr gut. Das Gute in allem, das Heile, das Heilige, das Göttliche in aller Schöpfung suchen wir und machen es uns zum Ziel. Zu seinem Bilde, zum Bilde Gottes schuf er den Menschen. Das Göttliche im Menschen ist unser Glaube, unser Ziel und Auftrag.

Tot ist, wer sich den Mächten des Todes willenlos überlässt. Wir leben, auch wenn wir sterben müssen. Wir glauben an den Frieden, auch wenn seit Menschengedenken Unfrieden herrscht und Streit und Hass und Gewalt tagtäglich neu hervorbrechen. Wir halten fest an der Hoffnung, dass harte Herzen sich doch erweichen lassen und sich die Fäuste öffnen und die Hände einander ergreifen zur Versöhnung. Wir vertrauen auf die liebevolle Gegenwart Gottes, auch wenn wir uns in Not und enttäuschenden Erfahrungen wie gottverlassen fühlen. Wir lassen uns trösten, auch wenn so vieles trostlos erscheint, und lassen uns Mut zusprechen, wenn uns selbst die Kraft zum Mut verlassen hat.

Das Leben ist mehr, als wir sehen und wissen und denken und begreifen können, auch mehr, als wir zu glauben vermögen. Das Unglaubliche ist Teil der Wirklichkeit, in der wir leben.

Unser Leben entspringt dem Geheimnis, es mündet ins Geheimnis und es bleibt geheimnisvoll in den wenigen Jahrzehnten unseres irdischen Seins.

Was wir wahrnehmen, ist nur ein kleiner Teil der Wahrheit. Wir können nur sehen, was uns unsere Augen zu sehen ermöglichen. Wir können nur hören, was unsere Ohren uns hören lassen. Wir können nur denken, was unser Hirn zu denken vermag. Die Möglichkeiten all unserer Sinne sind eng begrenzt. Die technischen Hilfen haben uns Welten erschlossen, die uns mit unseren leiblichen Sinnen allein nicht zugänglich waren. Aber auch die technischen Möglichkeiten können uns nur vermitteln, was Material und Konstruktion zulassen.

Unser ganzes Seins ist ein großes Geheimnis. Das lässt uns staunen, das kann uns auch beunruhigen. „Wo ist der Halt? Wo ist der sichere Weg? Wo ist die verlässliche Wahrheit?"

„Fürchtet euch nicht!", sagt der Engel zu den Frauen.

„Habt keine Angst, ich bin bei euch. Ich bleibe bei euch. Ich werde immer bei euch sein." Der Auferstandene gibt uns Halt - wie eine Mutter, die ihr weinendes Kind in den Armen hält und mit eben diesen Worten tröstet: „Hab keine Angst, ich bin doch bei dir!"

Es sind diese Worte, es ist die liebevolle Geste, die herzliche Nähe, es ist die Liebe der Mutter, die dem Kind Geborgenheit schenkt und es beruhigen wird.

„Fürchtet euch nicht", sagt der Engel und „Fürchtet euch nicht", sagt der Auferstandene den Frauen und den Jüngern. Er wird vor seiner Himmelfahrt hinzufügen: „Ich werde bei euch bleiben bis ans Ende der Welt."

„Gott ist bei uns am Abend und am Morgen und ganz gewiss an jedem neuen Tag", so hat Dietrich Bonhoeffer es formuliert.

„Christus ist auferstanden. Er lebt!" Die bleibende menschliche, liebevolle Nähe Gottes ist unser Halt im unendlichen, unergründlichen Meer des Seins. Sie hält uns, damit wir die Insel erreichen und festen Boden unter die Füße bekommen.

Wir haben diese Erde, Gottes Schöpfung, als den festen Grund für unser Leben. Hier mit Leib und Seele wirklich Fuß zu fassen, fällt vielen von uns angesichts der zahllosen Widrigkeiten des Lebens nicht leicht.

Wir sind hier aber nicht ohne Hilfe. Gott selbst, der Schöpfer allen Seins, nahm menschliche Gestalt an, lebte dieses Leben in jenem Jesus von Nazareth, ging über die Höhen und durchschritt die Tiefen, durchlitt all unsere Not und ließ an sich das ganze Maß menschlicher Schuld geschehen. Am Ende verließ er das Grab und erschien noch einmal seinen allzu menschlichen Freunden, die ihn missverstanden, verleugnet, verraten, im Stich gelassen hatten, um sie aufzurichten und sie stark zu machen für das neue Leben.

Mit seinem Leben und Sterben und Auferstehen verkündete er die eine Botschaft: Gott ist die Liebe. Und die Liebe ist stärker als der Tod. Sie ist die Kraft des Lebens, die allem menschlichen Leben Sinn und Ziel und Halt gibt - hier in diesem irdischen Sein und in Ewigkeit.

Eine unglaubliche Geschichte
24. März 2008
Ostermontag
Familiengottesdienst
Lukas 24,1-35

Damals, vor langer, langer Zeit
saßen einige Frauen beisammen -
in einem Land,
in dem die Sonne warm vom Himmel scheint.
Palmen wachsen dort, Kakteen,
Kamele ziehen umher.
Manchmal ist es lange heiß und trocken.
Da saßen die Frauen an einem Abend beisammen -
Maria und ihre Freundin, die hieß auch Maria,
und Johanna.
Die Frauen waren traurig.
„Unser lieber Jesus", sagte die eine Maria.
„Ja, unser lieber Jesus", sagte die andere Maria.
„Er war wirklich ein lieber, ganz lieber Mensch",
sagte Johanna,
wie der liebe Gott selbst".
„Wie schön war die Zeit mit ihm!"
„Wie viele Menschen hat er froh gemacht!
Wie viele Menschen hat er gesund gemacht!
Wie viele Menschen hat er getröstet!
Und nun?
Sie haben ihn ins Grab gelegt. Warum?
Wie konnte das geschehen?
Er hatte doch nichts Böses getan!"
Die Frauen waren traurig.
Sie waren still und schwiegen.

Dann sagte die eine Maria:
„Lasst uns morgen früh zum Grab gehen,
ganz früh, gleich, wenn die Sonne aufgeht.

Lasst uns was mitnehmen zum Grab."
„Ich nehme eine kleine Flasche
mit wohlriechendem Öl mit",
sagte die andere Maria.
„Ich nehme ein Glas mit kostbarer Salbe mit",
sagte Johanna.
„Wir werden Jesus schön machen, ein letztes Mal!"
„Aber wie kommen wir denn ins Grab hinein?"
fragte die erste Maria.
Das ist doch eine Höhle
mit einem großen, schweren Stein davor.
Für einen Augenblick waren die Frauen ratlos.
Dann sagte die andere Maria:
„Wir gehen trotzdem zum Grab."
„Ja", sagte Johanna, „wir gehen einfach hin".

Am frühen Morgen,
als die ersten Sonnenstrahlen hinter den Hügeln
das Morgenrot zu malen begannen,
und die ersten Vögel ihr Morgenlied sangen,
nahmen die Frauen ihren Korb
und die kleine Flasche mit dem kostbaren Öl
und das Glas mit der wohlriechenden Salbe
und machten sich auf den Weg.

„Wer wird uns den großen Stein zur Seite wälzen?",
dachte die eine und dachte die andere
und dachte die Dritte.

So kamen sie zum Grab. Und sie sahen ...
Sie trauten ihren Augen nicht.
Was sie in ihren Herzen erhofft hatten,
war geschehen: Der Stein war zur Seite gewälzt.
Die Frauen waren erstaunt und auch erschrocken.
„Was hat das zu bedeuten?"
Sie schauten auf das offene Grab -

und langsam, ganz langsam und vorsichtig
gingen sie näher,
schauten ins Grab hinein - und ...
sahen den Leichnam Jesu nicht.

Die Frauen standen da,
sie standen einfach da,
erschrocken und verwundert.
Sie wussten nicht,
was sie denken sollten,
sie wussten nicht, was sie sagen sollten.
Sie wussten nicht, was sie glauben sollten.

Da erschienen vor ihnen zwei Männer
in glänzenden Kleidern.
„Was sucht ihr den Lebenden bei den Toten?!"
sagte der eine Engel zu ihnen.
„Jesus lebt, er ist auferstanden",
sagte der andere Engel.

Die Frauen wussten nicht,
was sie denken und sagen und glauben sollten.
Sie wichen langsam zurück, aus dem Grab hinaus
und liefen schneller und schneller ...
„Wir müssen es den anderen erzählen",
sagte die eine Maria.
Wir müssen es seinen Jüngern erzählen",
sagte die andere Maria.
„Sie werden es uns nicht glauben", sagte Johanna.

Die Frauen liefen zu den Jüngern.
Sie erzählten ihnen vom offenen Grab
und dass Jesus auferstanden sei.
„Das kann doch gar nicht stimmen",
sagten die Jünger.
Aber Petrus stand auf und sagte:

„Ich gehe sofort und schaue nach."
Petrus lief zum Grab und fand es leer,
wie es die Frauen erzählt hatten.
Petrus wunderte sich über alle Maßen.

Einen Tag später machten sich zwei der Jünger Jesu
auf den Weg.
Sie wollten in das kleine Dorf Emmaus.
Unterwegs unterhielten sich die beiden.
„Das war doch gestern unglaublich", sagte der eine.
„Ja, was die Frauen erzählt haben,
 ist doch sehr sonderbar."

Während sie so miteinander redeten,
begegnete ihnen ein anderer Mann.
Der ging eine Zeitlang neben ihnen her.
Dann fragte der Fremde:
„Worüber redet ihr eigentlich?"
„Ja, weißt du denn nicht, was geschehen ist?"
fragte ihn Kleopas - so hieß der eine Jünger.
„Jesus, der so viel Gutes getan hat
und ein so lieber Mensch gewesen ist
und von dem wir uns noch so viel gewünscht
und erhofft haben,
der ist gekreuzigt und ins Grab gelegt worden.
Und dann sind Frauen zum Grab gegangen -
und sein Leichnam war nicht mehr da.
Das Grab war leer.
Und Engel sagten den Frauen, Jesus sei auferstanden.
Und einer von uns ist gleich hingelaufen
und hat nachgeschaut.
Und auch er sah, dass das Grab leer war.
Hast du denn davon noch gar nichts gehört?"

Als Kleopas ausgeredet hatte,
sprach der fremde Mann zu den beiden Jüngern.

Er erzählte alles, was er über diese Sache dachte.
Die beiden Jünger hörten aufmerksam zu
und sie wunderten sich
über all das, was der fremde Mann zu ihnen sagte.

Es war inzwischen dunkel geworden.
Sie waren in dem kleinen Dorf Emmaus
angekommen.
Die beiden Jünger
wollten gern noch mehr von dem fremden Mann
hören.
Darum baten sie ihn:
„Bleibe doch bei uns. Denn es will Abend werden.
Und der Tag hat sich geneigt."

So betraten sie gemeinsam das Haus
und setzten sich an einen Tisch,
um das Abendessen einzunehmen.
Auf dem Tisch stand ein Korb mit Brot.
Der fremde Mann nahm eines der Brote.
Er sprach ein Dankgebet:
„Danke, Gott, für dieses Brot."
Dann brach er das Brot und gab es ihnen.
Als der fremde Mann dieses tat:
dass er das Brot nahm, dankte und es ihnen gab,
da wurden die Augen der Jünger aufgetan.
Sie erkannten: Dieser Fremde ist gar kein Fremder.
Dieser Mann ist Jesus,
ihr Jesus, der gekreuzigt
und ins Grab gelegt worden war
und der, wie die Frauen erzählt hatten,
auferstanden sei.
„Ja, er ist wirklich auferstanden!"
dachten und glaubten die beiden Jünger
in diesem Augenblick -
mit Staunen und Schrecken und Freude zugleich.

Und sie wollten gerade noch etwas sagen,
da war der Fremde, ihr Jesus, der Auferstandene,
vor ihren Augen verschwunden.

Die beiden Jünger standen sofort auf,
gingen nach Jerusalem zurück
und erzählten den anderen Jüngern,
was sie erlebt hatten.
Und die anderen Jünger sagten:
„Wie kann das sein?!
Eine unglaubliche Geschichte."

Wir sind Schafe und Hirten zugleich

6. April 2008
Misericordias Domini
(2. Sonntag nach Ostern)
Hebräer 13,20-21

Ein Wort steht im Mittelpunkt dieses Textes: „Der gute Hirte". Jesus Christus ist gemeint. Er ist der Hirte, wir sind die Schafe. Dass Jesus mit einem guten Hirten verglichen wird, ist ganz wunderbar. Dass wir mit Schafen verglichen werden, werden wir wohl als nicht besonders schmeichelhaft empfinden. Vielleicht sollten wir gleich zu Beginn feststellen, dass doch ein wesentlicher Unterschied besteht zwischen uns und den Schafen. Das ist zwar eine banale Feststellung. Aber sie ist für die Aussage des heutigen Predigttextes besonders wichtig. Denn in dem kleinen Abschnitt aus dem Hebräerbrief wird auch unsere Eigenverantwortung angesprochen. Und die ist nicht gerade ein Merkmal von Schafen.

Zu unserem Menschsein gehört eben beides: Wir sind Schafe und Hirten zugleich. Mal sind wir mehr das eine, mal mehr das andere, je nach Situation, auch je nach Tagesverfassung.

Wenn Erzieherinnen mit ihrer Kindergruppe einen Ausflug machen, steht das Hirtenamt im Vordergrund. Sie müssen den Kindern zeigen, wo es langgeht. Sie müssen aufpassen, dass keines verloren geht. Sie sollen auch das Ihre tun, damit alle Freude am Ausflug haben. Wenn Probleme auftauchen, müssen sie die Probleme irgendwie lösen, wenn es Streit gibt, den Streit schlichten usw. Das ist die Hirtenaufgabe.

Wenn die Erzieherinnen dann nach des Tages Arbeit nach Hause kommen und da vielleicht einen lieben Menschen haben, der ihnen zuhört, dann werden sie vielleicht ihr Herz ausschütten und erzählen, wie der Tag verlaufen ist, was es alles an Schönem und Schwerem gegeben hat, wie der eine Streit sie fast an den Rand der Verzweiflung gebracht hat. Sie werden vielleicht sagen: „Ich war mit meinem Latein am Ende." Und sie werden vielleicht fragen: „Was soll ich bloß mit diesem oder jenem Kind machen?" Oder werden fragen: „Was kann ich tun, damit ich das nächste Mal etwas geduldiger bin?" Da wäre die Erzieherin dann mehr in der Rolle des Schafes mit dem Wunsch, sich etwas sagen und sich beraten zu lassen, sich trösten zu lassen, sich dem anderen zu überlassen, sich zurückzulehnen, sich beim anderen anzulehnen ...

Mal sind wir stark, mal sind wir schwach. Mal müssen wir stark sein, wenn es die Aufgabe erfordert, mal dürfen wir schwach sein. Es hat beides sein Recht. Es ist auch wichtig, dass wir die Berechtigung von beidem akzeptieren.

Wenn wir meinen, wir müssten immer nur stark sein, wir müssten immer nur machen und tun, raten, entscheiden, führen, dann könnten wir uns leicht übernehmen. Es wäre eine Überschätzung unserer menschlichen Möglichkeiten. Das könnte uns krankmachen, das könnte auch das zwischenmenschliche Miteinander strapazieren und vergiften.

Wenn wir umgekehrt meinten, wir wären nun einmal schwach und könnten nicht anders, dann würden wir es uns allzu bequem machen, dann würden wir unsere Möglichkeiten unterschätzen, unseren Auftrag und unsere Verantwortung verkennen und wir würden die anderen ausnutzen, die sich dann ja um uns kümmern müssten.

Wir sollen uns weder über- noch unterschätzen. Wir sollen nicht nur reden, sondern auch hören, sollen nicht nur anderen etwas sagen, sondern uns auch etwas sagen lassen. Wir sollen nicht nur nehmen, sondern auch geben, aber auch umgekehrt nicht immer nur geben, sondern auch bereit sein, etwas anzunehmen.

Es kommt dabei schon auf das rechte Maß an, auch auf das rechte persönliche Maß. Jeder Mensch ist ein wenig anders. Der eine ist von Natur aus eher stark, der andere eher schwach. Aber bei allen Menschen ist - in unterschiedlichem Maße - beides da. Und alle Menschen müssen auch auf beides angesprochen werden. Niemandem soll die Eigenverantwortung abgesprochen werden. Und niemandem darf das Recht zur unumschränkten

Herrschaft übertragen oder auch nur zugebilligt werden.

Wenn wir uns fragen, ob nicht eine der beiden Rollen - Hirte oder Schaf - in unserem Menschsein doch im Vordergrund steht, dann könnten wir wohl sagen: Das Bild vom Schaf steht an der ersten Stelle. Denn bevor wir selbst etwas tun können, sind wir darauf angewiesen, dass etwas an uns geschieht. Wir sind zunächst einmal auf Führung angewiesen. Bevor wir selbst überhaupt denken und verstehen und bewusst entscheiden und handeln können, vergehen etliche Jahre. Bis dahin sind wir auf unsere Eltern, auf Erzieherinnen, auf Lehrkräfte und andere Menschen angewiesen, die uns für die Eigenständigkeit zurüsten.

Und noch grundsätzlicher gesprochen: Das Erste ist das Empfangen. Als erstes empfangen wir überhaupt das Leben, unsere Leiblichkeit, unsere grundsätzliche genetisch vorgegebene Art, auch die Rahmenbedingungen, unter denen wir ins Leben kommen, die Lebensbedingungen, die konkreten Eltern, den konkreten Ort, die konkrete Zeit. Das sind alles Vorgaben, auf deren Basis sich dann Schritt für Schritt das gewisse Maß an Eigenständigkeit entwickelt, die dann schließlich die Besonderheit unseres Menschseins ausmacht im Vergleich zum Tierreich und die uns zu unverwechselbaren Individuen macht.

Zu dieser Selbstständigkeit soll es dann aber auch im Rahmen der individuellen Möglichkeiten kommen. Denn die Mündigkeit und Eigenverantwortung machen die Würde unseres Menschseins aus.

Manche argwöhnen, dass das Reden von einem guten Hirten, der uns führt und uns behütet, unsere Eigenständigkeit untergräbt. Manche empfinden es als Einschränkung ihrer menschlichen Würde, wenn von dem Gott über ihnen oder von Jesus Christus als ihrem Hirten die Rede ist. Das Reden von Gott und Christus hat aber gerade den Zweck, unsere menschliche Würde zu unterstreichen und zu stärken.

Das Bekenntnis unserer eigenen Grenzen, unserer persönlichen Begrenzungen und der Grenzen, die uns durch unser

Menschsein gesetzt sind, hat etwas Befreiendes und Erhebendes. Denn es befreit uns von falschen Vorstellungen über uns selbst und entlastet uns von Anforderungen, denen wir nicht gerecht werden könnten.

Es ist ein Akt der Befreiung, die Hände falten zu können und von Herzen sprechen zu können: „Gott, ich weiß nicht weiter. Nun hilf du!"

Die menschliche Geschichte ist Beweis dafür, dass wir als Menschen Beratungsbedarf haben - dahingehend, wie wir so miteinander leben können, dass endlich allenthalben Frieden einkehre und Gerechtigkeit und es allen Menschen wohlergehe. Unser eigenes Erleben macht uns doch mehr als hinreichend deutlich, wie ratlos und überfordert wir oftmals sind, wie wir hin- und hergerissen sind von Kräften in uns, die wir einfach nicht unter unsere Kontrolle bekommen, und wie wir oftmals sagen und tun, was wir selbst gar nicht billigen, dass wir also immer wieder auf Nachsicht, auf Vergebung angewiesen sind.

Ist es von daher nicht eine wirklich befreiende, erlösende Botschaft, dass Gott, der Urgrund allen Lebens, zu uns wie ein guter Hirte ist, der uns über die Höhen und durch die Tiefen des Lebens begleitet, wie es der Beter des 23. Psalms formuliert, und dass Jesus Christus der gute Hirte ist, der uns mit seiner Barmherzigkeit und Liebe Lebenskraft und Lebensfreude, Mut und Hoffnung schenkt und uns die Tür zur Umkehr für immer offenhält?!

Ja, das ist befreiend und erlösend. Wir können dankbar sein für den göttlichen Hirten, für Gott und Jesus Christus.

Der gute Hirte geleite uns mit seinem Segen und schaffe in uns, was uns allen zum Wohle dient und ihm zur Ehre.

Für uns gegeben –
Teilen, was wir sind und glauben
26. April 2008
Samstag vor Rogate
Konfirmandenabendmahl
Lukas 22,19-20

Begrüßung: Am Vorabend eurer Konfirmation sind wir hier zum Abendmahl versammelt. Ihr habt etwas Schönes vor euch.

Als die zwölf Jünger vor 2000 Jahren mit Jesus zum Abendessen zusammenkamen, dachten sie zunächst auch, das würde wohl ein schöner Abend werden - es sollte ja ein Festmahl sein - und sie hatten auch Grund, sich auf den nächsten Tag zu freuen. Sie ahnten nicht, dass ihnen dramatische Ereignisse bevorstanden.

Es ist den Jüngern erst viel später - im Rückblick - aufgegangen, dass sie bei diesem letzten gemeinsamen Abendessen Nahrung für ihre Seelen empfangen hatten.

Was damals geschah und was Christen seitdem in der Feier des Abendmahls immer wieder nachvollziehen und auch wir heute Abend miteinander feiern, hat etwas sehr Geheimnisvolles. Das Abendmahl ist so geheimnisvoll wie die Liebe, die wir zum Leben brauchen wie das tägliche Brot.

Predigt: Als sich die Jünger damals am Abend mit Jesus an einen Tisch setzten, dachten sie, sie würden nun gemeinsam das Passahmahl halten, wie es die Juden noch heute tun zur Erinnerung an den Auszug ihrer Vorfahren aus Ägypten unter der Führung von Mose.

Es hätte ein so schönes feierliches Festessen sein können wie jedes Jahr. Aber diesmal sollte alles anders werden. Das Essen fing mit einer Äußerung Jesu an, die jede Feierlichkeit schlagartig zerstören sollte. „Einer von euch wird mich heute Nacht verraten." Das war wie ein Schlag in die Magengrube. „Wen meint er? Etwa mich? Kann doch nicht sein!"

Wir wissen, wen er meinte. Er meinte Judas, der als Verräter Jesu in die Geschichte eingegangen ist. Er saß mit am Tisch. Er war einer der Jünger. Das sollte doch eigentlich ein Kreis von erlesenen Menschen gewesen sein! Jünger Jesu - das klingt fast wie „Heiliger".

Nun könntet ihr denken: „Judas war eine Ausnahme, das schwarze Schaf in der Gruppe. Die anderen waren die Guten."

Aber so war es nicht. Und das ist für das Verständnis des Abendmahls heute ganz wichtig: Die anderen waren ganz normale Menschen - wie wir. Auch nicht besser als wir. Normale Menschen, d. h. mit Stärken und mit Schwächen, mit guten Seiten und nicht so guten Seiten, die mal stark und mutig waren und auch mal ängstlich und niedergeschlagen.

Wir wissen nicht über jeden Jünger so sehr viel. Aber über einen wissen wir eine ganze Menge, über Petrus nämlich. Der war von Beruf Fischer gewesen. Jesus hatte ihn angesprochen und ihn gefragt: Willst du mit mir durchs Land ziehen? Darauf hatte sich Petrus eingelassen. Er hatte es nämlich im Gefühl gehabt, dass dieser Jesus eine ganz besondere Persönlichkeit sein müsste, der ihm etwas geben könnte fürs Leben.

Es ging ihm, Petrus, wie euch, wie mir, wie jedem Menschen: dass er immer wieder Fragen an das Leben hatte: Was hat es auf sich mit Geburt und Tod, mit dem, was dazwischen ist, was davor war und was danach kommen könnte? Was ist der Mensch - schön und genial zum einen, erschreckend manchmal zum anderen? Warum gibt es Krankheit, Not und Elend, Unfrieden? Ginge es nicht auch anders? Wie sollen wir leben? Nach welchen Maßstäben?

Petrus war, wie wir wohl alle, von Wünschen und Hoffnungen erfüllt nach Antworten und nach einem schönen und friedvollen und sinnvollen Leben für sich und sein Volk.

Und da hatte ihn nun einer angesprochen, der so ganz anders zu sein schien, als käme er aus einer anderen Welt. Ein Mensch ungewöhnlicher Art, der etwas Überirdisches ausstrahlte und der einen glauben lassen konnte, dass er derjenige wäre, der geben könnte, wonach er, Petrus, sich in der Tiefe seines Herzens sehnte.

So war Petrus also mit Jesus durchs Land gezogen, hatte viel Erstaunliches und Wunderbares mit ihm erlebt. Nun saß er da mit den anderen, den engsten Vertrauten Jesu, freute sich auf ein schönes Abendessen, und dann kommt diese schockierende Aussage: „Einer von euch wird mich verraten."

„Das ist doch irgendwie gemein", dachte Petrus, „eine solche Unterstellung!" Er wusste: „Ich bin es nicht." Trotzdem fühlte er sich innerlich getroffen. Er hatte das Gefühl, sich rechtfertigen zu müssen, obwohl er doch gar nicht gemeint sein konnte. „So etwas würde ich niemals machen!", war seine innere Reaktion.

Er sollte aber bald erleben, wie sehr er sich über sich selbst getäuscht hatte. Nachdem Jesus noch in derselben Nacht gefangengenommen worden war, und Petrus von einer Frau gefragt wurde: „Bist du nicht auch einer von den Freunden Jesu?", antwortete Petrus: „Nein, den kenne ich gar nicht."

Petrus wurde dreimal gefragt, und dreimal antwortete er: „Jesus, den kenne ich gar nicht." Dreimal hat Petrus Jesus verleugnet. Das ist zwar nicht so schlimm wie der Verrat durch Judas. Aber ziemlich schlimm ist das doch.

Es ist wichtig, dass wir uns dies jetzt vor Augen führen: So jemand wie Petrus saß mit am Tisch Jesu zum Abendessen.

Es ist wichtig, dies im Kopf zu haben, denn während des Abendessens, als Jesus Brot und Wein verteilte und beides auf seine eigene Person bezog, sagte er - als er den Kelch mit dem Wein ausgab: „Dies ist mein Blut, das für euch vergossen wird zur Vergebung der Sünden."

„Für euch zur Vergebung der Sünden." „Welche Sünden?", mögen sich Petrus und die anderen Jünger betroffen und vielleicht verärgert gefragt haben. Wer lässt sich gern den Sündern zuordnen?!

Der Verrat Jesu durch Judas war eine Sünde. Die Verleugnung Jesu durch Petrus war eine Sünde. Beides geschah aber erst nach dem gemeinsamen Abendessen. Dies sind zwei Beispiele. Von den anderen Jüngern ließe sich weiteres Unerfreuliche berichten.

Sollte das aber der Sinn jenes - in Anführungszeichen – „Festmahls" gewesen sein: dass Jesus die Jünger als Sünder überführte?

Nein, das sollte nicht der Sinn dieses letzten Abendessens Jesu mit seinen Jüngern gewesen sein. Aber dieses letzte gemeinsame Mahl sollte zu einer Stunde der Wahrheit werden - mit einer zugleich erschreckenden und erlösenden Botschaft.

Die Jünger haben das erst viel später begriffen, was an jenem Abend am Tisch Jesu vor sich gegangen war.

Petrus waren später die Augen aufgegangen, als er dem Auferstandenen am See Genezareth gegenübersaß. Wir können uns vielleicht vorstellen, dass das für Petrus zunächst eine äußerst unangenehme Situation gewesen sein muss: Jesus war wieder auferstanden und saß ihm nun gegenüber - ihm, Petrus, der kürzlich dreimal behauptet hatte: „Jesus, den kenne ich gar nicht."

Jesus schaut Petrus in die Augen und fragt ihn: „Petrus, hast du mich lieb?" Petrus schämt sich. „Ja, ich habe dich lieb." Jesus fragt ihn noch einmal: „Petrus, hast du mich lieb?" Petrus fühlt sich durch die Nachfrage doppelt beschämt: „Ich habe dich lieb, das weißt du doch." Dann fragt ihn Jesus ein drittes Mal: „Petrus, hast du mich lieb?" Petrus schlägt die Augen nieder, denn er ist sich sicher: Jesus fragt ihn dreimal, weil er ihn dreimal verleugnet hat.

„Ja, ich habe dich lieb!", sagt Petrus leise - und er wartet nun darauf, dass Jesus ihn auf seine Verleugnung ansprechen und ihn zur Rede stellen wird.

Aber Jesus sagt: „Weide meine Lämmer. Geh zu den Menschen, predige ihnen, taufe sie und tu ihnen Gutes - in meinem Namen."

Das war das erlösende Wort. Jesus hatte Petrus verziehen. Petrus mag sich in jenem Augenblick an das letzte gemeinsame Abendessen erinnert haben, als Jesus Brot und Wein ausgeteilt und dann gesagt hatte: „Für euch gegeben zur Vergebung der

Sünden."

Petrus konnte sich wieder aufrichten und Jesus anschauen. Jesus hatte ihn durchschaut, hatte ihm verziehen und hatte ihn mit einer großen, ehrenvollen Aufgabe betraut.

Im Nachherein tat sich ihm auf, dass Jesus beim Abendessen die Vergebung schon vorweggenommen hatte, bevor er überhaupt verraten worden war und bevor er von ihm, Petrus, verleugnet worden war und bevor er gekreuzigt worden war.

Jesus hatte beim Abendessen schon angedeutet, was ihm kurz darauf an Schlimmem angetan werden würde - und hatte seinem bevorstehenden Leid schon im Vorwege einen Sinn gegeben und hatte ihnen, den Jüngern, schon im Vorwege den Sinn seines Leidens und Sterbens beim Essen zeichenhaft deutlich gemacht. Als er ihnen das Brot gab, hatte er gesagt: „Dies ist mein Leib - für euch gegeben." Als er ihnen den Kelch mit dem Wein reichte, hatte er ihnen gesagt: „Dies ist mein Blut für euch gegeben - zur Vergebung der Sünden."

Sein Sterben sollte nicht den Sinn haben, die Bösartigkeit von Menschen ein weiteres Mal zu offenbaren. Mit seinem Leben, Leiden und Sterben - und Auferstehen - wollte Jesus deutlich machen: „Ihr seid zwar Sünder, aber geliebte Sünder." Die Liebe ist die Botschaft, die unzerstörbare Liebe Gottes zu seinem Geschöpf Mensch.

„Solches tut zu meinem Gedächtnis", fügte Jesus hinzu, als er Brot und Wein austeilte. Das tun wir auch heute Abend.

Es ist nur eine dünne Oblate mit ein wenig Traubensaft. Es ist kein Mahl zur Sättigung. Es ist geistige Nahrung, Speise für die Seele, die wir brauchen wie das tägliche Brot: Wahrhaftigkeit, Vergebung, Liebe.

Die Grundfragen sind geblieben
1. Mai 2008
Himmelfahrt
Goldene Konfirmation
Psalm 103,2

50 Jahre - was hat sich in dieser Zeit alles verändert! Wir sind älter geworden. Ganz persönlich betrachtet: Wenn wir damals in den Spiegel schauten - 1958 - und wenn wir heute in den Spiegel schauen ...

50 Jahre, das ist wahrscheinlich deutlich mehr als die Hälfte unseres Lebens. Wie schnell ist rückblickend die Zeit vergangen! Das Leben ist so gesehen doch recht kurz. Und die Zeit scheint Tag für Tag immer schneller zu vergehen.

Und anhalten können wir die Zeit nicht. Vielleicht gab es Momente in Ihrem Leben, Momente höchsten Glücks, in denen Sie sich gewünscht haben: „So müsste es auf ewig weitergehen." Aber die Zeit lässt sich nicht anhalten, das Glück lässt sich nicht festhalten.

Was wir tun können, ist einfach nur dies: Jeden Augenblick des Lebens neu empfangen als einzigartige Gabe. Jeden Tag, jede Stunde wertschätzen, in Dankbarkeit, so, wie es im 103. Psalm, Vers 2 heißt, den ich für Sie für diesen Tag ausgewählt habe: „Lobe den Herrn, meine Seele, und vergiss nicht, was er dir Gutes getan hat."

Wir sind nicht in jedem Augenblick mit Dankbarkeit erfüllt. Es gibt Momente, die würden wir lieber nicht durchleben. Es wird in Ihrem Leben wohl manche Situation gegeben haben, auf die Sie gern verzichtet hätten. Aber das Leben geht seinen eigenen Weg - über Höhen und auch durch Tiefen.

In den Tiefen können wir sehr irritiert sein und nach dem Sinn des Ganzen fragen. Auf den Höhen sind wir einfach nur glücklich. Wenn es geradeaus geht auf ebener Bahn - im täglich gleichen Ablauf des Alltags, dann neigen wir dazu, das Leben hinzunehmen, als wäre es das Selbstverständlichste auf der Welt.

Das ist es aber nicht. Dass Sie heute hier sind - zu Ihrem Konfirmationsjubiläum, hat ja seinen Grund insbesondere darin, dass wir gemeinsam Dank sagen wollen für 50 Jahre Leben und für die Lebensjahre davor, dass wir zurückschauen und bedenken und wertschätzen wollen, was uns bis hierher zuteilgeworden ist. Und wir wollen vorausschauen und den Segen Gottes für den weiteren Weg erbitten.

Vielleicht haben Sie in diesen Tagen Fotoalben durchgeblättert. Was haben Sie alles erlebt und durchlebt, wie vielen Menschen sind Sie begegnet! Mit manchem wären Sie den Weg vielleicht gern weitergegangen.

Und wieviel hat sich verändert! Wie anders war die Welt damals! Was hatten Sie damals zur Konfirmation geschenkt bekommen? Bestimmt kein Handy wie einige der Jugendlichen, die in diesen Wochen in St. Markus konfirmiert worden sind.

Welche unglaubliche Entwicklung steckt in diesem technischen Wandel, der sich in den letzten 50 Jahren vollzogen hat! Wenn Ihnen jemand damals, als Sie konfirmiert wurden, gesagt hätte, dass Sie eines Tages mit diesem kleinen Teil in der Hand von jedem Ort der Welt in jeden Ort der Welt würden telefonieren können, ja mehr noch, dass Sie am Strand liegend Bilder würden verschicken können, um den Lieben zu Haus zu zeigen, wie gut es Ihnen gerade geht - und dass, wenn Sie mit dem kleinen Teil nicht würden umgehen können, es aber die Halbwüchsigen um Sie herum tun würden - wenn ihn das jemand vor 50 Jahren gesagt hätte, was hätten Sie dem wohl geantwortet?

Es gibt viel Unglaubliches im Leben. Das Leben selbst ist etwas so Unbegreifliches, Geheimnisvolles. Aus fast nichts entstehen wir - und welche Wunderwerke sind aus uns geworden! Wenn junge Eltern ein Neugeborenes in den Händen halten, erleben sie das Wunder der Schöpfung oft ganz intensiv. Nicht wenige haben dann den Wunsch, da hinzugehen, wo von dem geheimnisvollen Urgrund allen Seins gesprochen wird. Nicht wenige kommen mit ihrem Kind zur Kirche und lassen es taufen. Wir reichen zwar bei weitem nicht an die Zahlen von damals heran. Aber es ist doch zu spüren, dass viele Menschen -

und zunehmend mehr - wieder wertzuschätzen wissen, dass es einen Ort gibt, an dem das Geheimnis des Seins bedacht und gefeiert wird.

Kirche ist wichtig. Es ist wirklich ein Jammer, dass hier und dort Kirchen geschlossen, umgenutzt, abgerissen werden. Beispiele dafür gibt es allein in Hamburg reichlich. Dabei ist es weiterhin so wichtig, dass Kirche vor Ort - als Gemeinde - den Menschen ganz nahe ist.

Wie es damals - vor 50 Jahren - in St. Markus war, darüber hat Lieselotte Hildegard Iwan einiges geschrieben. Sie war von 1948-1962 als Gemeindehelferin in St. Markus tätig. Sie werden sich vielleicht an sie erinnern. Vor einem Jahr ist sie in Österreich verstorben. Sie schrieb von der Aufbauarbeit nach dem Krieg und von dem lebendigen Gemeindeleben, von den Ausfahrten auf die Heideburg z. B., von den Bibelarbeiten und der menschlichen Gemeinschaft.

Es hat sich seitdem manches geändert. Die Mitgliederzahlen haben sich erheblich verringert. Allein in den 28 Jahren, in denen ich selbst hier in St. Markus bin, ist die Zahl der Gemeindeglieder von 10.000 auf 5.000 zurückgegangen. Entsprechend hat sich das Aufkommen an Kirchensteuer gemindert. Die Kirchenzugehörigkeit in unserer Gemeinde beträgt heute ca. 31 %.

Aber die Grundfragen und Grundprobleme des Menschen sind geblieben - und damit auch die Wichtigkeit der christlichen Botschaft. Die Bibel ist eine Schatzkiste voller guter Worte und Geschichten. Es ist vor allem das liebevolle Ja Gottes zum Leben und zum Menschen, das sich durch alle Texte der Bibel hindurchzieht und seinen besonderen menschlichen Ausdruck in Jesus Christus findet, in seinem Leben, Leiden, Sterben und Auferstehen.

Wenn wir zu einem schönen Anlass wie heute - oder auch in einer Situation der Krise - einmal ganz grundsätzlich über das Leben nachdenken und über den Menschen schlechthin, dann werden wir im christlichen Glauben Antworten und Hilfe, Trost und Kraft und Wegweisung finden.

Es ist allerdings nicht leicht, die Bibel zu lesen und zu verstehen. Es ist auch nicht leicht, die Sprache der Kirche mit ihren Traditionen und Ritualen und Gottesdiensten zu verstehen. Bei vielen Menschen fehlen heute die Voraussetzungen, die Vorbildung und die Übung. Und manches geschah und geschieht im Raum der Kirche, was nicht gerade sehr werbewirksam war und ist.

1958, in Ihrem Konfirmationsjahr, haben z. B. die beiden großen Kirchen davor gewarnt, konfessionsgemischte Ehen einzugehen. „Die Mischehe sei für die Begegnung der Konfessionen kein guter Boden und bedeute im allgemeinen ein furchtbares Unglück."

Zum Glück machen es die Kirchen Menschen unterschiedlicher Konfession inzwischen leichter, sich kirchlich trauen zu lassen.

Kirche hatte in der Vergangenheit einen Hang zum obrigkeitlichen Umgang mit ihren Mitgliedern und den Nichtmitgliedern. Inzwischen hat sich die Einsicht verbreitet, dass das Bemühen um eine Kommunikation wichtig ist, die vom interessierten Mitmenschen ausgeht und seine Fragen und Zweifeln und Erwartungen ernst nimmt.

Für Sie war es damals vielleicht noch selbstverständlich, zum Konfirmandenunterricht zu gehen. Das ist es schon lange nicht mehr. In der Ex-DDR standen dem sogar viele Hindernisse entgegen.

Es gibt inzwischen ein ganz frisches, neues Interesse an den Inhalten des christlichen Glaubens. Aus meiner eigenen Erfahrung kann ich sagen, dass für nachdenkliche Menschen der christliche Glaube eine starke Überzeugungskraft hat.

Es gab in St. Markus eine Zeit - kurz nachdem Sie konfirmiert worden waren, da meinte man, diese Kirche wäre zu klein und sie müsste abgerissen und in größerer Gestalt neu gebaut werden. Dafür gab es sogar Bauzeichnungen. Könnten solche Zeiten wiederkommen, in denen wir hier die Konfirmandenzahlen und die Zahl der Taufen, Trauungen, Trauerfeiern wieder erreichen wie vor 50 Jahren? Das erscheint undenkbar. Aber manchmal wird das Undenkbare wahr. In den zurückliegenden 50 Jahren haben wir in Südafrika z. B. die Abschaffung der Apartheit und in unserem eigenen Land den Fall der Mauer erlebt.

Im Vaterunser beten wir „Dein Reich komme". „Das Himmelreich ist nahe herbeigekommen", predigten damals Johannes und dann Jesus. So recht hat sich das Himmelreich auf der Erde noch nicht ausgebreitet. Auf die Frage, wo denn der Himmel sei, antworten nicht nur Kinder mit dem Blick nach oben. Und am heutigen Himmelfahrtstag handeln die biblischen Geschichten von dem Aufstieg Jesu in den Himmel da oben.

Die Himmelfahrt ist aber noch nicht das Ende der Geschichte. Jesus wird wiederkommen, sagen die biblischen Texte und legen uns damit ans Herz, in der Zwischenzeit auf die Vollendung des Reiches Gottes hinzuleben - und hier auf Erden in der Nachfolge Jesu ein wenig von dem zu verwirklichen, was er gepredigt und vorgelebt hat.

Vermutlich haben Sie, liebe Jubilare, in den zurückliegenden 50 Jahren als Zielperspektive Ihrer Lebensgestaltung nicht gerade das Reich Gottes vor Augen gehabt. Aber die Frage ist: „Von welchen Zielen haben Sie sich leiten lassen?" Als 14jährige Jugendliche hatten Sie damals vielleicht ein Berufsziel vor Augen, vielleicht den Wunsch, ordentlich Geld zu verdienen im Zuge des wirtschaftlichen Aufschwungs oder eine Familie zu gründen oder einfach zu einem zufriedenen und glücklichen Leben zu finden. Oder hatten Sie vielleicht Höheres im Sinn? Wollten Sie vielleicht gar die Welt verbessern?

Sie können nun zurückschauen auf sechseinhalb Lebensjahrzehnte und Wünsche und Wirklichkeit vergleichen.

Manches wird nicht in Erfüllung gegangen sein. Vielleicht können Sie dennoch ganz persönlich sagen: „Ich bin reich beschenkt worden."

Heute sagen wir Gott, unserem Schöpfer, Dank und bitten ihn um seinen Segen für den weiteren Weg.

„Der Geist hilft unserer Schwachheit auf"
4. Mai 2008
Exaudi
(6. Sonntag nach Ostern)
Römer 8,26-30

Himmelfahrt liegt hinter uns und Pfingsten liegt vor uns. Jesus ist nicht mehr da - weder leibhaftig noch als der Auferstandene. Er ist gen Himmel gefahren, sagen die neutestamentlichen Texte. Die Jünger bleiben allein zurück. Noch ist für sie nicht klar, wie es weitergehen kann und soll.

Als die Jünger am Himmelfahrtstag zu Jesus aufschauen, wie er da oben auf dem Ölberg bei Jerusalem steht und zu ihnen spricht, schauen sie wenige Augenblicke später ins Leere. Denn er ist vor ihren Augen entschwunden.

Auch in ihren Herzen mag sich in dem Augenblick eine große Leere aufgetan haben.

Sie waren bis dahin ihrem Herrn und Meister gefolgt, hatten auf ihn geschaut und gehört. Es hatte sie schon fast ins Bodenlose gestürzt, dass er gekreuzigt und ins Grab gelegt worden war. Dann war er ihnen wieder erschienen als Auferstandener. Das war zwar in höchstem Maße sonderbar. Aber es schien irgendwie weiterzugehen. Er war immer noch irgendwie da.

Aber nach Himmelfahrt waren sie gänzlich allein. Zwei Engel sprechen den Jüngern Trost zu: „Was schaut ihr nach oben? Er wird wiederkommen."

Er wird wiederkommen, aber wann? Und was sollten sie bis dahin machen? Wie sollten sie die Zeit bis dahin ausfüllen?

Jesus selbst hatte ihnen noch ein Wort genannt, bevor er vor ihren Augen entschwunden war, ein Wort, das auch Paulus in unserem heutigen Predigtabschnitt nennt. Jesus sagte zu ihnen: „Ihr werdet die Kraft des heiligen Geistes empfangen."

Der Geist, der heilige Geist. „Der Geist hilft unserer Schwachheit auf", sagt Paulus.

Kann denn der Geist eine Hilfe sein? Was ist denn der Geist?

Ist der Geist nicht eigentlich nichts?

Im Vergleich zur Leibhaftigkeit eines Menschen kann der Geist in der Tat erscheinen wie - nichts. Wenn es - wie bei den Jüngern - um den Abschied von jemandem geht, der ihnen eine intensive Zeit lang leibhaftig nahe gewesen war, den sie hatten anschauen und anhören und anfassen können, der mit seiner leibhaftigen Nähe für sie Sicherheit, Geborgenheit und Wegweisung bedeutet hatte, dann erscheint der Hinweis auf den Geist in der Tat als schwacher Trost.

Aber dennoch, wir sollten die Kraft und Bedeutung des Geistes nicht unterschätzen.

Wir können z. B. feststellen, dass wir heute hier versammelt sind, um zu bedenken, was vor 2000 Jahren geschehen ist. Wir befassen uns heute mit dem, was der, der vor 2000 Jahren gen Himmel entschwunden ist, gesagt und getan hat. Wir befassen uns nicht nur mit ihm, wir lassen uns auch in vielfacher Hinsicht von ihm leiten, richten unser Leben in mancher Hinsicht nach ihm aus, sind vielleicht bereit, Nachteile auf uns zu nehmen, und sind unter gewissen Voraussetzungen vielleicht sogar bereit, unser Leben aufs Spiel zu setzen. Das alles, obwohl er nicht mehr leibhaftig unter uns ist und seine leibhaftige Gegenwart schon zwei Jahrtausende zurückliegt. Die Kraft, die über die zweitausend Jahre hinweg wirkt, nennen wir Geist.

Mit ihm sollte sich die innere Leere in den Jüngern bald füllen. Darüber hören wir am kommenden Sonntag in der wundersamen Pfingstgeschichte von der Ausgießung des heiligen Geistes.

Es ist übrigens nicht nur die Art der Pfingsterzählung wundersam. Der Geist selbst ist etwas sehr Wundersames. Wir können nur seine Wirkung beschreiben: die Tatsache eben z. B., dass wir nach 2000 Jahren hier im Namen Jesu versammelt sind. Aber was der Geist nun eigentlich ist, das ist so ähnlich wundersam wie die Anziehungskraft der Erde. Wir beobachten, dass Gegenstände nach unten fallen, dafür gibt es eine Formel und eine Bezeichnung. Aber worin diese Kraft eigentlich besteht, das ist sehr geheimnisvoll.

Auch dass der Mond um die Erde und die Erde um die Sonne kreist, lässt sich mit Begriffen und Formeln beschreiben. Aber worin die Kraft besteht, die für die immer gleichen Bahnen sorgt, obwohl dazwischen ja eigentlich nur Leere ist, bleibt geheimnisvoll. Und wie im Großen der Kosmos, so bestehen auch die kleinsten Teile unserer Materie, die Atome vor allem aus leerem Raum - und dennoch sorgen Kräfte dafür, dass alles in geordneten Bahnen verläuft. Das ist schon sehr sonderbar und wundersam.

Verzeihen Sie diese Hinweise. Sie sollen nur deutlich machen, dass unser materielles und leibhaftiges Sein von Kräften durchwaltet ist, die wir nur an ihren Wirkungen erkennen.

Die Wirkung des Geistes, um die es uns heute geht, die Wirkung des Geistes Jesu, ist enorm.

Es ist nicht einfach nur so, dass wir hier nach 2000 Jahren in seinem Namen versammelt sind. Es ist eine weltweite Kirche aus der Kraft dieses Geistes entstanden. Und die Kraft des Geistes Jesu hat endlos viele Menschen in ihren Herzen und Köpfen bewegt. Der Geist Jesu hat die Kraft gehabt - und hat sie bis in diese Stunde hinein, Menschen zu trösten, Geborgenheit zu schenken, Mut zu machen und Vertrauen und Hoffnung zu stärken und Perspektiven für ein erfülltes, zufriedenes, sinnvolles Leben aufzuzeigen.

Die Jünger haben z. B. mit der Enttäuschung fertig werden müssen, dass sie ihren Jesus nur für so kurze Zeit gehabt haben, dass sie dann so unvermittelt auf eigenen Beinen stehen und eigenständig formulieren und vertreten mussten, was er ihnen gesagt und bedeutet hatte. Das ist ihnen gelungen. Sie haben die Kraft empfangen, die geistige Kraft, die ihre Herzen gestärkt hat - und ihre Hirne - und die es ihnen möglich gemacht hat, trotz eigener Unsicherheiten und Zweifel und auch trotz unterschiedlicher Auffassungen im Jüngerkreis und auch gegen Widerstände und Bedrohungen von außen weiterzugeben, was sie von Jesus empfangen hatten.

Die geistige Kraft Jesu beeinflusst auch hier und jetzt unsere Befindlichkeiten und Entscheidungen, bei dem einen mehr, bei dem anderen weniger. Wie wir uns fühlen, hängt nicht zuletzt davon ab, wie wir uns innerlich anrühren lassen.

Und wie wir uns entscheiden und verhalten, hängt nicht zuletzt davon ab, wie weit wir das berücksichtigen, was er gesagt und getan und geraten hat.

Ob wir uns z. B. bei jemandem, der uns etwas Gemeines angetan hat, mit einer ähnlichen Gemeinheit rächen oder uns von dem biblischen Wort leiten lassen „Vergelte Böses mit Gutem", das hängt davon ab, wie weit wir den Geist Jesu in unsere Entscheidung einfließen lassen.

Viele Menschen - und zunehmend mehr - sind bereit, sich auf die Vorgaben Jesu einzulassen. Wenn wir in die Zeitungen schauen und auf den Bildschirm zu Hause, dürfte uns ganz schnell deutlich werden, wie viel davon abhängt, in welchem Geist wir unser Leben gestalten.

Die Jünger Jesu waren zwischen Himmelfahrt und Pfingsten vielleicht noch etwas unsicher, ob sie sich von den Enttäuschungen und von ihrer Traurigkeit und von der Übermacht der Mächtigen oder von der äußerlich so schwach erscheinenden friedvollen und liebevollen Art Jesu leiten lassen sollten. Sie haben sich schließlich von dem Letzten leiten lassen. Pfingsten markiert dafür den Beginn.

Hinter der äußerlichen Schwachheit Jesu haben sie die innere Kraft entdeckt, die von Jesus ausgegangen ist, die Kraft seines Geistes. Es ist der Geist der Liebe und des Friedens, der Vergebung, der Versöhnung, der Hoffnung.

Dieser Geist hat sie stark gemacht und hat sie beflügelt, in die Welt hinauszutragen, was sie von Jesus, dem Christus, empfangen hatten.

Und so sind auch wir heute hier - nach 2000 Jahren - im Geiste Jesu versammelt. Ihm sei Dank und Ehre in Ewigkeit.

Sprache der Liebe
11. Mai 2008
Pfingstsonntag
Johannes 4,19-26

Ohne Begeisterung wäre aus der Sache Jesu wohl nichts geworden, ohne die Begeisterung der Jünger damals. Wenn die Jünger nicht wirklich Feuer und Flamme gewesen wären, dann hätte von ihnen der Funke nicht überspringen können auf andere, dann hätten sie die Herzen der anderen nicht anzünden können, und dann würden wir wahrscheinlich hier heute auch gar nicht miteinander versammelt sein. Dann gäbe es Kirche gar nicht.

Es waren durchweg einfache Menschen, die Jünger damals. Sie waren mit Jesus durchs Land gezogen, hatten mit ihm ihre Erfahrungen gemacht, sie hatten ihn reden hören, hatten ihn beobachten können. Seine Art hatte sie beeindruckt. Dann waren sie erschrocken, dass er hingerichtet wurde, und noch einmal waren sie erschrocken, als er als der Auferstandene wieder vor ihnen stand. Am Ende waren sie überzeugt: Er lebt. Er wird immer unter uns lebendig bleiben.

Die ihn zu Tode gebracht hatten, haben nicht auch seiner Sache den Todesstoß geben können. Nein, er würde weiterwirken in ihnen und durch sie. Sie waren erfüllt von ihm, von dem, was sie mit ihm erlebt hatten, was er ihnen an Worten und Taten, an Eindrücken, an Aufträgen, an Hoffnungen hinterlassen hatte. Sie waren einfach begeistert, von seinem Geist erfüllt. Das gab ihnen eine enorme Kraft, das drängte sie auch, von dem weiterzugeben, was ihr Herz überquellen ließ.

Pfingsten ist das Fest der Begeisterung. Aus der Begeisterung der Jünger heraus ist die Kirche entstanden, die weltweite Kirche. Die Sprache der Liebe ist international. Sie ist es, die die Jünger in ihrer Begeisterung sprachen, die verstanden wurde - von den Menschen aus allen Kulturen.

Die Apostelgeschichte schildert den Vorgang der Begeisterung - der Ausstattung mit dem Geist - in der bildhaften Sprache der Bibel: In Feuerzungen und mit einem starkem Wind kam der Geist vom Himmel und erfüllte die Jünger und die Menschen in Jerusalem. Die Durchreisenden aus aller Herren Länder verstanden, was ihnen die Jünger sagten.

Die Apostelgeschichte schildert diese Pfingstgeschichte als das Pfingstwunder. Ja, es ist ein wahres Wunder, dass aus so einfachen Menschen, dass aus so einem kleinen Haufen von Fischern und Zöllnern und Arbeitslosen eine weltweite Bewegung werden konnte. Und es ist ein Wunder, dass unter den damaligen Bedingungen der Gewalt und Unterdrückung und Verfolgung eine geistige Bewegung obsiegen konnte.

Vielleicht war aber auch gerade die Anhäufung leidvoller Erfahrungen, die Erfahrung von Krieg und Bürgerkrieg, die Kette von Gewalt und Gegengewalt, der Nährboden, aus dem heraus die Botschaft des Friedens, der Nächsten- und Feindesliebe, der Vergebung geradezu erwachsen musste.

Geht es Ihnen nicht auch so, wenn Sie allabendlich die Bilder von Gewalt in aller Welt sehen, dass es so ganz offensichtlich wird, dass Vergeltung keine Lösung ist, dass kein Frieden entstehen kann, wo eine Gewalttat mit der nächsten Gewalttat beantwortet wird?! Und sagt Ihnen nicht eine innere Stimme: „So kann es doch nicht auf immer weitergehen!?"

„Lieber mal auch noch die andere Wange hinhalten, als immer gleich zurückschlagen", so hat es Jesus in der Bergpredigt empfohlen. Eine solche Zurückhaltung ist zwar nicht leicht, sie erscheint schwach und schwächlich. Aber ein solcher einseitiger Verzicht auf Gewalt verbunden mit deutlichen Zeichen der Versöhnungsbereitschaft kann sich als wahre Stärke erweisen und der letztlich einzige Weg zum Frieden sein.

Der Vergebungsgedanke hatte in den Jüngern Jesu damals jedenfalls gezündet. Der Geist des Friedens hatte sie begeistert. Denn ihnen war gerade selbst Vergebung zuteil geworden. Sie hatten gerade selbst ganz persönlich erfahren, was das heißt: Vergebung. Jesus, der Auferstandene, hatte ihnen verziehen.

Jesus hätte Grund gehabt, Vergeltung zu üben - an denen, die ihn ans Kreuz gebracht hatten, aber auch an denen, die ihm eigentlich nahegestanden hatten, an seinen Jüngern, die ihn verraten, verleugnet und im Stich gelassen hatten. Das hatte ja einen Teil ihres Erschreckens ausgemacht, als Jesus, den sie tot geglaubt hatten, nun plötzlich wieder vor ihnen stand. Was würde er nun zu ihnen sagen? Würde er sie zur Rechenschaft ziehen? „Petrus, warum hast du dreimal behauptet, mich nicht zu kennen?"

Jesus übt keine Vergeltung. Stattdessen gibt er seinen Jüngern und aller Welt die Zusage dauerhafter liebevoller Gegenwart: „Ich bleibe bei euch allezeit."

Im ersten Augenblick werden die Jünger etwas verwirrt gewesen sein, weil ihr Denken ganz anderes gewohnt war. Aber dann hatte es in ihnen gezündet, der Funke war auf sie übergesprungen und sein Geist hatte sie erfasst: Ja, es geht letztlich nur im gegenseitigen Verzeihen. Es geht im Guten nur weiter mit Vergebung. Davon leben wir alle. Von der Vergebung lebt jede Beziehung, die Beziehung zwischen Mann und Frau, die Beziehung zwischen Eltern und Kindern, die Beziehung überhaupt von Mensch zu Mensch und auch von Volk zu Volk.

Pfingsten ist das Fest der Begeisterung, der Begeisterung für die Sache Jesu, das Fest der Ausrüstung mit dem Geist des Friedens, der Versöhnung, der Vergebung, der Nächstenliebe.

Die Apostelgeschichte schildert den Geist als etwas von außen Kommendes, was in den Menschen hineinkommt und ihn dann von innen her bewegt.

Wenn wir ohne den Geist sind, haben wir Probleme. Wir kennen alle das biblische Wort: „Der Geist ist willig, aber das Fleisch ist schwach." Wenn nur unsere leiblichen Triebkräfte da sind, dann kann es sein, dass wir morgens nicht aus dem Bett kommen und dass wir uns auch ansonsten nicht aufraffen können zu tun, was wichtig und gut ist.

Geistlos nur dem eigenen Leib ausgesetzt zu sein, das wäre nicht menschenwürdig, das wäre ein Rückfall in das instinktgeleitete Verhalten der Tiere. So etwas könnten wir nur gerade noch bei einem Kleinstkind hinnehmen.

Wir befinden uns auf einer anderen Entwicklungsstufe. Zu

unserem Menschsein gehört die geistige Dimension.

Der Geist ist das, was den Verstand, die Vernunft, den Glauben, das Herz bildet und bewegt, was wie eine übergeordnete Instanz die leiblichen Triebe ggf. korrigiert und in die gewünschte Richtung lenkt.

Im Kopf und im Herzen - da ist der Geist zugange. Im Körper regieren andere Kräfte, die Hormone zum Beispiel. Da kann es heftige Auseinandersetzungen geben zwischen Körper und Geist. Schön ist es, wenn sich beide Kräfte versöhnen, wenn beide in dieselbe Richtung wirken, wenn der Geist ins Fleisch übergegangen ist, wenn wir das geistige Konzept verinnerlicht haben, wenn es uns in Fleisch und Blut übergegangen ist, wenn - biblisch gesprochen - der Geist Fleisch geworden ist.

Jesus Christus ist dafür, verzeihen Sie, der vollkommene Prototyp. Der Evangelist Johannes sagt: „Gott ist Geist", und er sagt auch: „Gott ist Mensch geworden."

Das Wort Gottes, die geistige Dimension Gottes, hat in Jesus Christus leibliche Gestalt angenommen. Und die Worte Jesu - die geistige Dimension Jesu - die Worte Jesu haben in den Jüngern leibliche Gestalt angenommen. Und ihre Worte wiederum haben andere Menschen geprägt. So ist die Kette weitergegangen - in alle Gegenden der Welt bis hierher nach Hamburg, bis in den heutigen Morgen hinein.

Die Sache Jesu wirkt weiter. Jesus Christus ist als geistige Kraft weiter gegenwärtig. Wo er in uns eindringt, da prägt er unsere Vorstellungen, unsere Ziele, unser konkretes Verhalten. So verwandelt sich der Geist dann in sichtbare Gestalt, in Kirchen aus Stein, in Organisationen der Hilfe, in fürsorgliches Miteinander und liebevollen Umgang, in konkrete Zeichen und Maßnahmen der Vergebung, der Versöhnung, des Friedens, des Trostes, der Hoffnung.

In ihnen können wir dann wieder auf den Geist zurückschließen, aus dem sie entstanden sind. Jesus fragt seine Jünger: „Wer sagen die Leute, dass ich sei?" Petrus antwortet: „Du bist Christus, des lebendigen Gottes Sohn."

Wie schön wäre es, wenn Menschen - auf unsere Gemeinde

blickend - auch einen solchen Rückschluss ziehen und sagen würden: „Da weht der Geist Gottes, da weht der Geist Jesu Christi." Wenn also an dem, was hier unter uns konkret geschieht, etwas von dem ablesbar, abspürbar wäre, was damals vor 2000 Jahren an Segensreichem in die Welt gekommen ist. Wir können uns in dieser Richtung nur bemühen. Machbar ist das sicherlich nicht. „Der Geist weht, wo er will." Aber bemühen können und sollen wir uns wohl.

Möge täglich Pfingsten sein, dass täglich neu der Geist Gottes mit Macht auf uns komme und uns erfülle und stärke, dass all unser Reden und Tun von ihm geleitet sei und Christus lebendig und erfahrbar werde jetzt und allezeit.

Verschieden und verbunden
1. Juni 2008
2. Sonntag nach Trinitatis
Gäste aus Uyole, Tansania
Epheser 4,5

Wir haben aus Anlass des 20jährigen Jubiläums der Partnerschaft eine kleine Plakette aus Messing herstellen lassen. Wir haben sie hier vorn auf dem Altar aufgestellt. Ein zweites Exemplar nehmen unsere Gäste mit nach Uyole.

Die Messingtafel enthält ein Bibelwort, das wir auch in die Glocke hatten eingravieren lassen, die wir auf Wunsch der Gemeinde Uyole 1991 an unsere Partnergemeinde geschickt haben, weil dort bis dahin mit einer Autofelge zum Gottesdienst eingeladen worden war.

Das Bibelwort ist dem Brief des Apostels Paulus an die Epheser, Kap. 4, Vers 5 entnommen und lautet:

„Ein Herr, ein Glaube, eine Taufe".

Dreimal kommt hier das Wörtchen „ein" vor. Es drückt das Verbindende aus. Und darauf kam es uns an: Wir sind zwei Gemeinden - Uyole und St. Markus, wir sind zwei sehr unterschiedliche Gemeinden. Aber es gibt etwas Verbindendes. Und das ist hier in drei Begriffen bezeichnet: der gemeinsame Herr, Gott und Jesus Christus, der gemeinsame Glaube und die gemeinsame Taufe.

Es fragte mich vor wenigen Tagen jemand: „Warum macht ihr das überhaupt mit der Partnerschaft?" Ja, warum? Weil wir mit der Partnerschaft ein Zeichen setzen möchten dafür, dass wir zusammengehören, dass wir über tausende von Kilometern, über die Grenzen der Kultur, der Sprache, der Hautfarbe hinweg zusammengehören.

Wir sind alle Geschöpfe des einen gemeinsamen göttlichen Schöpfers. Das ist das eine, was uns verbindet. Und wir sind alle seine geliebten Geschöpfe, von denen er möchte, dass sie in Frieden miteinander leben, dass es allen wohlergehe, dass einer auf den anderen achte in liebevoller Fürsorge, dass einer den anderen achte und ertrage in Geduld und mit Nachsicht.

Alle Menschen sind Gottes geliebte Geschöpfe - das ist unser Glaube. In diesem Sinne sind wir als menschliche Gemeinschaft eine weltweite Familie. Das auch erfahrbar, anschaubar, erlebbar zu machen, gehört wesentlich zum Sinn unserer Partnerschaft mit Uyole. Im Augenblick wird die menschliche Nähe auch leibhaftig erfahrbar durch unsere tansanischen Gäste.

Wir sind mit den Menschen in Uyole im Besonderen auch durch den Glauben an Jesus Christus verbunden. Er ist vor 2000 Jahren für einige Menschen derjenige geworden, in dem sich die barmherzige und vergebende Liebe Gottes zu seinem Geschöpf in menschlicher Gestalt verkörperte. Was jene Menschen damals über Jesus Christus weitererzählten, hat viele andere überzeugt. Es ist eine weltweite Glaubensgemeinschaft daraus geworden. Für diese weltweite Glaubensgemeinschaft soll auch unsere Partnerschaft ein lebendiges Zeichen sein.

Wenn sich jemand persönlich zu diesem Glauben an die in Jesus Christus verkörperte Liebe Gottes zu seinem Geschöpf Mensch bekennen möchte, kann er sich taufen lassen, wie heute in diesem Gottesdienst geschehen. Oder er kann für sein Kind durch die Taufe die Liebe Gottes zeichenhaft annehmen.

In Uyole sind in den letzten zwölf Monaten viele Menschen getauft worden, Kinder und Erwachsene. In St. Markus waren es deutlich weniger, für Hamburger Verhältnisse aber immer noch eine ganze Menge.

Die Gemeinde Uyole wächst. Vor zwölf Jahren wurde die alte Kirche durch eine neue größere ersetzt, weil die alte zu klein geworden war. Gegenwärtig hält Pastor Mwakasege jeden Sonntag zwei Gottesdienste mit zusammen ca. 1100 Gottesdienstbesuchern. Und es kommen immer mehr dazu.

Wir haben als Evangelienlesung von einem Mann gehört, der zu einem großen Festmahl einlud. Das war der Text, über den Bischof Mwakagali 1988 bei der Gründung der Partnerschaft hier in St. Markus gepredigt hatte.

Der Text erzählt von den vielen Eingeladenen, die die Einladung nicht annahmen. Der Gastgeber wurde darüber sehr zornig. Er lud statt dessen Arme und Behinderte von der Straße ein. Enttäuschung und Zorn des Gastgebers sind verständlich. Aber wenn wir diesen Bibeltext jetzt als bildhafte Geschichte für die Einladung zum christlichen Glauben verstehen, dann sollten wir uns durch dieses Gleichnis nicht dazu hinreißen lassen, über diejenigen zornig zu werden, die nicht zur Kirche kommen und die mit dem christlichen Glauben nichts anzufangen wissen.

Der christliche Glaube ist ein Angebot, ein sehr schönes Angebot. Wir laden dazu ein, es anzunehmen.

Es braucht aber manchmal viel Zeit, bis jemand den Wert des christlichen Glaubens für sich entdeckt und innerlich bereit ist, sich auf das einzulassen, was der christliche Glaube anzubieten hat. Dafür sind manchmal bestimmte Lebenserfahrungen, menschliche Begegnungen und etliche Gespräche erforderlich. Es kann aber auch eine kindliche Offenheit für die Liebe Gottes zu dem Wunsch führen, sich mit dem christlichen Glauben und der Kirche zu verbinden.

In Uyole wenden sich viele Menschen ganz neu der Kirche zu. Bei uns geschieht das hin und wieder.

Wir sollten uns einfach freuen - und das tun wir auch, uns freuen über jeden, der den Schatz des Glaubens für sich entdeckt hat und sich damit reich beschenken lässt.

Die Partnerschaft mit Uyole gibt uns viele Anregungen zum Nachdenken. Sie lässt uns erfahren, dass der christliche Glaube unter den Bedingungen sehr verschiedener Kulturen seinen Segen entfalten kann.

Wir leben als Menschen alle unter den gemeinsamen Grundbedingungen des Seins: Geburt und Tod, Freud und Leid, Erfüllung und Enttäuschung, in der Sehnsucht nach Wohlergehen, Geborgenheit, Frieden, Liebe.

Der christliche Glaube ist ein wunderbares Angebot, eine Hilfe zum Leben, ein Geschenk Gottes an alle Menschen auf unserer Erde. Ihm sei Dank und Ehre in Ewigkeit.

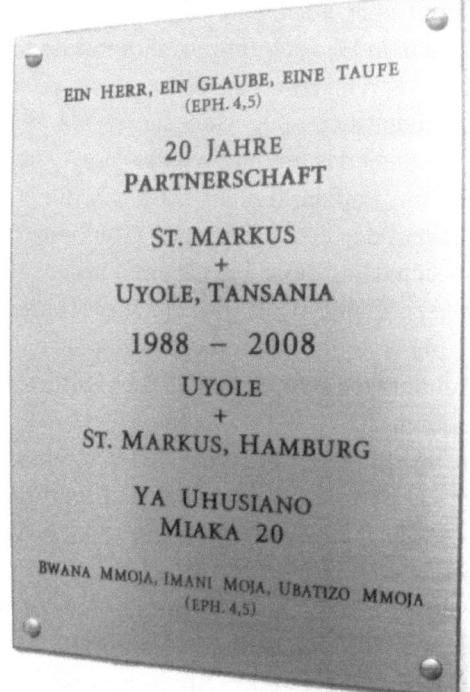

20 Jahre Uyole – St. Markus
15. Juni 2008
4. Sonntag nach Trinitatis
Gäste aus Uyole
Epheser 4,5

Das gemeindliche Leben in unserer tansanischen Partnergemeinde Uyole verläuft in vielfacher Hinsicht anders als bei uns. Wenn wir jetzt auf einem Bildschirm verfolgen könnten, was sich im Augenblick in Uyole abspielt, dann wäre das sehr augenfällig: Die Kirche dort ist in diesem Moment bis zum Bersten gefüllt - mit 600 Menschen. Und es ist bereits der zweite Gottesdienst an diesem Morgen. Denn der erste begann um 7.30 Uhr, dauerte bis gegen 10 Uhr und war von ebenso vielen Menschen besucht. Aber nicht nur das. Parallel zum Gottesdienst in der Kirche sind in diesem Augenblick mehrere hundert Kinder in der Veranstaltungshalle neben der Kirche in etlichen Gruppen versammelt und erleben dort ihren Kindergottesdienst.

Es werden in den Gottesdiensten heute Vormittag in Uyole fast alle Gemeindeglieder versammelt sein. Überhaupt, so haben wir gerade gelernt, zählen als Gemeindeglieder nur diejenigen, die regelmäßig - und das heißt jede Woche - am Gottesdienst teilnehmen. Der Gottesdienstbesuch ist der Nachweis der Gemeindezugehörigkeit. Bei uns ist es die formelle Kirchenmitgliedschaft in Gestalt einer Registrierung im kirchlichen Meldeamt, die dann auch zur Abführung der Kirchensteuer führt.

Eine Kirchensteuer gibt es in Uyole nicht. Die Einnahmen, die die Gemeinde dort für ihre Arbeit erzielt, bestehen im Wesentlichen aus den Gaben, die die Gemeindeglieder zum Gottesdienst mitbringen - in Form von Bargeld oder auch in Form von Naturalien, die dann im Anschluss an den Gottesdienst versteigert werden.

Über den Gottesdienstbesuch und die abgelieferten Kollekten wird übrigens sorgfältig Buch geführt. Jedes Gemeindeglied hat bei seinem Eintritt in die Gemeinde einen festen Briefumschlag bekommen - mit einer personenbezogenen Nummer. Diesen Briefumschlag liefert das Gemeindeglied mit der Kollekte im Gottesdienst ab. Hinterher wird gezählt. Die Beträge werden in ein großes Buch eingetragen, in dem jedes Gemeindeglied namentlich aufgeführt ist.

Für diese festen Kollektenumschläge mit der Nummer drauf gibt es im Gottesdienstraum Fächer, in denen sie aufbewahrt werden und aus denen das einzelne Gemeindeglied zu Beginn des Gottesdienstes seinen Umschlag herausnehmen kann.

Wenn ein Gemeindeglied unter der Woche den Pastor wegen irgendeines Problems aufsucht, könnte der Pastor in das große Buch schauen und feststellen, wann der Betreffende im Gottesdienst war und wieviel er jeweils in die Kollekte gegeben hat.

Das ist also doch alles etwas anders als bei uns.

Anders ist übrigens auch eine Regelung, die mit dem kirchenjahreszeitlichen Thema unseres Gottesdienstes heute zu tun hat. In der Epistel- und der Evangelienlesung ging es um das persönliche Verhalten des Einzelnen und die Frage, wieweit einem das Recht zusteht, das Verhalten anderer zu kritisieren, über andere zu richten - und inwieweit wir uns an die, wie der Volksmund sagt, die eigene Nase fassen und das Urteil über andere Gott selbst überlassen sollten.

Über dieses Thema habe ich mit dem Pastor aus Uyole in Vorbereitung auf diesen Gottesdienst ausführlich gesprochen. Es ist in Uyole so: Wenn sich jemand ungebührlich verhalten hat oder sich etwas hat zuschulden kommen lassen und dies nicht öffentlich bekannt ist, kann er zum Pastor gehen, beichten, sein Fehlverhalten bereuen und sich die Sündenvergebung - unbeobachtet von der Außenwelt - zusprechen lassen.

Wird sein Fehlverhalten bekannt, kann er aus der Gemeinde auf Beschluss des Kirchenvorstands ausgeschlossen werden. Oder der Pastor erwirkt im Einvernehmen mit dem Kirchenvorstand die öffentliche Lossprechung von den Sünden im Gottesdienst. In dem Fall würden die betreffenden Personen beim

Gottesdienst in der ersten Reihe sitzen. An der entsprechenden Stelle im Gottesdienst würden sie nach vorn treten, der Pastor würde ihnen durch Handauflegung die Sündenvergebung zusprechen und die Gemeinde würde durch dreimaliges - trinitarisches - Klatschen der Vergebung zustimmen und die reuigen Sünder wieder in ihre Reihen aufnehmen.

Das ist ein durchaus biblisches Verfahren. Es wirkt auf uns vielleicht etwas moralistisch und scheint auch im Widerspruch zu den biblischen Texten des heutigen Gottesdienstes zu stehen, die ja davon warnen, über den anderen zu richten - im Sinne von: Du bist doch auch nicht besser.

In unseren Gottesdiensten unterlassen wir es, irgend jemanden persönlich wegen seiner Verfehlungen vorzuführen. Für den Rechtsbruch haben wir die Gerichte. Und alles, was unterhalb des Rechtsbruchs liegt, verweisen wir in den privaten Bereich.

Wir haben wohl alle den biblischen Satz im Ohr: „Wer unter euch ohne Sünde ist, werfe den ersten Stein." Auch ein Satz aus den heutigen Lesungen hält uns von allzu schnellen öffentlichen Verurteilungen ab, der Satz: „Was siehst den Splitter in deines Bruders Auge und ziehst nicht den Balken aus deinem eigenen Auge heraus?!"

Wir sind uns dessen allzu sehr bewusst, dass wir selbst nicht die moralischen Qualitäten besitzen, um uns über andere zu erheben, wenn es sicherlich unter uns graduelle Unterschiede geben wird, aber eben graduelle, nicht so sehr grundsätzliche Unterschiede. Wir können fast von einer Gnade sprechen, wenn wir bisher durchs Leben gegangen sein sollten, ohne uns größerer Vergehen schuldig gemacht zu haben.

Es muss aber auch das andere hinzugefügt werden: dass wir nämlich eine Verantwortung zur Kritik und zur Verurteilung von Fehlverhalten haben, auch wenn wir uns selbst nicht immer einwandfrei verhalten. Gerichte sind notwendig, Erziehung ist notwendig und Predigten sind notwendig - und auch ansonsten ist es notwendig, dass wir die Werte hochhalten, auch wenn wir selbst immer wieder an ihnen versagen.

Das Vorgehen der Gemeinde in Uyole hat von daher seine Berechtigung. Es ist letztlich eine Stilfrage oder eine Frage der Tradition oder der kulturellen Eigenheit, wie der Umgang mit Schuld gehandhabt wird. Wichtig ist, dass die Selbstkritik immer dabei ist - und dass wir bei aller Verurteilung von Fehlverhalten die Achtung vor der Würde des Menschen nicht verlieren. Für das letzte Urteil haben wir alle noch einen höheren Richter über uns.

Um auf Uyole zurückzukommen: Die Gemeinde Uyole ist noch sehr jung. Als wir die Partnerschaft vor 20 Jahren begannen, war die Gemeinde gerade wenige Jahre zuvor gegründet worden. Die Gemeinde ist seitdem gewachsen. Die Kirche von 1988, die Sie auf dem Papier mit dem Ablauf des Gottesdienstes links sehen, musste abgerissen und durch die größere - rechts unten - ersetzt werden.

Ich habe Pastor Mwakasege gefragt: Wie kommt es, dass die Gemeinde wächst? Und ich habe festgestellt, dass sich die Gemeinde Uyole nicht nur auf das Wirken das heiligen Geistes verlässt. Die Gemeinde bemüht sich aktiv um gute, attraktive Gemeindearbeit. Dazu gehört nicht unwesentlich die musikalische Arbeit in Uyole. „Wir brauchen gute Musik im Gottesdienst, dann kommen die Menschen gern." Mit guter Musik meinte der Pastor gute Chöre und gute instrumentale Begleitung. Eine Orgel gibt es in der Kirche von Uyole nicht. Es gibt Gitarren, elektrisch verstärkt, und es gibt Trommeln. Es gibt Chöre der verschiedenen Altersstufen. In jedem Gottesdienst treten von den vier Chören in Uyole zwei Chöre auf.

Damit ist jeder Gottesdienst musikalisch attraktiv ausgestattet und eine gute Besucherzahl gewährleistet. Die Musik trägt allerdings auch zur Verlängerung der Gottesdienste auf zwei bis zweieinhalb Stunden bei.

Wir in St. Markus wissen auch, wie wichtig die musikalische Arbeit ist. Wir haben allerdings die Gepflogenheit, neben den Gottesdiensten in der Kirche gesondert Konzerte anzubieten, wie wir das ja auch heute tun. Das hat den Vorteil, dass sich jeder Einzelne überlegen kann, ob er das eine oder das andere oder beides besuchen will. Die Gemeinde Uyole mutet dem Musikinteressierten zu, sich neben dem musikalischen Angebot gleichzeitig dem gottesdienstlichen auszusetzen.

Es tragen aber noch andere Aspekte zum guten Gottesdienstbesuch - und damit ja auch zur Gemeindezugehörigkeit - bei. Der Pastor hat mir dargelegt, wie wichtig für viele die Gemeinde als erweiterter Familienverband ist.

Die Großfamilie mit allen Generationen, mit den Geschwistern, Onkel und Tanten ... dient u. a. der sozialen Absicherung - in Ermangelung eines ausgebauten staatlichen Sozialwesens. Wer als Zugereister, aus beruflichen Gründen z. B., in Uyole allein ist, findet in der Gemeinde den sozialen Rückhalt. Oder wer z. B. infolge von Krankheit, infolge von Aids beispielsweise, seine Familie verloren hat, findet menschlichen und sozialen Beistand in der Kirchengemeinde. Die Kirchengemeinde Uyole kümmert sich z. B. - ganz im biblischen Sinne - um Witwen und Waisen. Eva Nyato, die gerade hier war, ist Leiterin der Frauengruppe in Uyole, die sich der Witwen annimmt. Zu den Hilfsmaßnahmen gehört u. a. ein Schweineprojekt. Über die Frauengruppe erhalten Witwen Jungtiere, durch deren Aufzucht und Verkauf sie zusätzliche Einnahmen für ihren Lebensunterhalt erzielen können.

Auch der Pastor übrigens bessert sein mageres Gehalt durch Tierhaltung auf. Zwischen Kirche und Pastorenwohnung hält er zwei Kühe, durch deren täglichen Milchverkauf er die Schulbildung seiner Kinder finanziert.

Sie sehen, in Uyole ist manches anders. Es ist eine aktive Gemeinde, die sich dreht und wendet, um das zu erreichen, wozu sie da ist: die christliche Botschaft von der Liebe Gottes zu verkünden und den Menschen in den vielfältigen Nöten des Lebens beizustehen.

Neben den Gottesdiensten führt die Gemeinde auch Evangelisationsveranstaltungen auf öffentlichen Plätzen durch, um auf ihr Anliegen aufmerksam zu machen und Menschen für den christlichen Glauben und die Gemeinde Uyole zu werben. Und sie denkt sich immer wieder neue Projekte aus, um über die

Kollekten hinaus die finanziellen Einnahmen zu erzielen, die erforderlich sind, um die Gemeinde mit ihren vielfältigen Aufgaben zu finanzieren. Ein aktuelles Projekt ist eine Reisschälmaschine, zu der auch St. Markus schon einiges beigetragen hat.

Es ist sehr schön, dass wir gerade Uyole als Partnergemeinde haben. Uyole passt zu uns, obwohl die Gemeinde in vielfacher Hinsicht so ganz anders ist. In tiefster Hinsicht sind wir mit Uyole über die Grenzen der Kultur hinweg durch das verbunden, was auf der kleinen Messingplatte eingraviert ist, die draußen im Schaukasten hängt und von der wir auch ein Exemplar mit nach Uyole geschickt haben. Ein Bibelwort aus Epheser 4,5 bringt das Verbindende zum Ausdruck: „Ein Herr, ein Glaube, eine Taufe."

Wir danken Gott für 20 Jahre guter Partnerschaft und bitten ihn um seinen Segen für die Zukunft.

Stärkung auf dem mühsamen Weg
6. Juli 2008
7. Sonntag nach Trinitatis
2. Mose 16,2-3.11-18

Die Wüstenwanderung der Israeliten ist geradezu zum Sinnbild für bestimmte Phasen in unserem Leben geworden, für die Zeiten, in denen wir Mangel leiden - in der einen oder anderen Weise, für die mancherlei Durststrecken unseres Lebens. In der Geschichte heute geht es allerdings nicht um Durst, sondern um Hunger.

40 Jahre dauerte die Wanderung der Israeliten durch die Wüste auf dem Weg von Ägypten in das Land, das wir heute Israel und Palästina nennen. Es war der Weg aus der Knechtschaft in Ägypten in die Freiheit des gelobten Landes, wo „Milch und Honig" fließen.

Wenn wir bedenken, wie es dann weitergegangen ist nach der Wüstenwanderung, nach dem Übergang über den Jordan hinein in das Land, mit dem sich so viele Hoffnungen verbunden hatten, dann sehen wir, dass das Leben der Israeliten auch im Land der Freiheit nicht gerade einfacher geworden war und ist.

Schon während der Wüstenwanderung beschlichen die Israeliten Zweifel, wie sinnvoll es gewesen war, Ägypten zu verlassen. Es kamen ihnen die Zweifel, als sie die Entbehrungen der Wüstenwanderung durchlitten: „Wären wir doch bloß da geblieben!", stöhnten sie, „bei den Fleischtöpfen Ägyptens - da hatten wir wenigstens zu essen!"

Das war eine menschliche, allzu menschliche Reaktion auf die Schwierigkeiten, über die sie sich vorher vielleicht keine großen Gedanken gemacht hatten: Sie hatten die Befreiung aus der Knechtschaft gewollt, sie hatten bessere Lebensbedingungen gewollt. Sie hatten sich auf die hastige Flucht eingelassen - mit dem Nötigsten an Hab und Gut. Als sich dann erhebliche Probleme einstellten, fingen sie an, sich zu beschweren, zu murren, wie der Bibeltext es in der Luthersprache formuliert. Sie fingen an zu klagen und denjenigen anzuklagen, Mose insbesondere, der sich um die Verwirklichung ihrer Wünsche und Hoffnungen bemüht hatte und bemühte. Für Mose und für seinen Bruder Aaron war das bitter zu erleben, wie wenig in dieser Situation der Not all ihre bisherigen Bemühungen honoriert wurden. Solange alles gut läuft, ist alles o.k. Aber wehe, es gibt Probleme, dann müssen Sündenböcke her!

Es kann einem zum einen das Volk leidtun. Die Menschen hungern, und Hunger tut weh. Und der Schmerz des Leids macht ungerecht. Sie wissen selbst keine Lösung. Aber es muss ihnen doch jemand helfen! Da ist doch einer, der ihnen bis hierher geholfen hat! Und jetzt versagt er. Die Stimme des Volkes hält Mose sein Versagen mit bitteren Worten vor.

Es könnte einem Mose leidtun. Er hatte sich des Anliegens seines Volkes angenommen. In Ägypten hatten sie über die Maßen hart arbeiten müssen. Es war Schikane gewesen, mit der der Pharao versucht hatte, ein weiteres Anwachsen des fremden Volkes zu verhindern.

Mose hatte sich beim Pharao um Freiheit für sein Volk bemüht, war immer wieder beim widerspenstigen Pharao vorstellig geworden. Er hatte schließlich die Flucht vorbereitet und angeleitet. Dank seines Einsatzes und mit Gottes Hilfe war die Flucht gelungen. Es war doch vorauszusehen gewesen, dass der Weg ins Land der Hoffnung nicht leicht werden würde. Und nun der Undank. Als wäre es seine Absicht gewesen, das Volk in der Wüste verhungern zu lassen!

Woher soll er denn in der Wüste das Essen für das Volk nehmen? Ist er denn der Allmächtige? Nein, der ist er nicht.

Der Allmächtige könnte einem leidtun. Wie oft ist ihm seine Allmacht vorgehalten worden?! „Wenn es denn einen allmächtigen Gott gibt, warum verhindert er nicht Not und Elend seiner Geschöpfe und warum bereitet er dem Leid nicht ein Ende?"

Was sollte Gott, der Allmächtige, dazu sagen? Er hat das Universum geschaffen - mit allem Großen und Kleinen, was darinnen ist. Zurecht nennen ihn die Menschen darum den Allmächtigen.

Aber hat er die Menschen nicht zu eigenständigen Teilhabern seiner Schöpfung berufen? Hat er sie nicht zur Mitverantwortung berufen für das Leben auf der Erde, für ihr Leben miteinander, für ihr eigenes Leben?

Er hat den Menschen viel geschenkt und er beschenkt sie täglich reichlich neu. Das vergessen sie manchmal. Aber in der Not ist er ihre letzte Zuflucht.

In unserer heutigen Geschichte aus der Wüstenwanderung des Volkes Israel nimmt sich Gott der Kritik des Volkes an und nimmt damit Mose und Aaron in Schutz. Er stellt Abhilfe in Aussicht.

Als würde sich Gott verständnisvoll sagen: „Sie haben recht. Sie haben Hunger und sie brauchen zu essen. Mit den Strapazen der Wüstenwanderung sind sie überfordert. Sie haben sich zwar die Freiheit gewünscht. Und sie haben sich auch darauf eingelassen, bei Nacht und in Eile unter Lebensgefahr die Flucht anzutreten. Aber sie haben in ihrer Sehnsucht nach Freiheit die Risiken und Belastungen des Weges unterschätzt. Das sei ihnen nachgesehen. Ich werde ihnen helfen."

Der Allmächtige ergreift die Initiative. Und das Volk macht die Erfahrung, dass noch Zeichen und Wunder geschehen. Am Abend kommen Wachteln ins Lager. Und am nächsten Morgen kommen mit dem Tau kleine runde Teilchen, von denen die Israeliten nicht wussten, was sie waren. „Man hu?" „Was ist das?", fragten sie. „Es ist Brot vom Himmel", erklärte ihnen Mose. Mose sagte ihnen auch, was sie damit tun sollten: „Sammelt so viel, wie jeder für seine Familie für den Tag braucht." Und er fügte hinzu: „Bewahrt nichts auf für den nächsten Tag."

In der Tat reichte das Gesammelte für alle Familien. Einige bewahrten aber doch einiges auf für den nächsten Tag. Das wurde voller Würmer und fing an zu stinken.

Die Wüstenwanderung des Volkes Israel ist, wie gesagt, zu einem Sinnbild für die schwierigen Phasen des Lebens geworden. Wenn wir die Geschichten lesen, dann sehen wir: Es geht um die Hoffnung auf ein Leben in Freiheit und Wohlergehen, es geht um Führung auf dem Weg, es geht um immer neue Hindernisse und um Schuldzuweisungen, und es geht um immer neue wundersame Rettung.

Es geht immer wieder weiter, obwohl sich das wandernde Volk oftmals schon ans Ende gekommen sah.

Im Rückblick sieht das Volk Grund zum Feiern. Es feiert den letztlich erfolgreichen Auszug aus Ägypten bis auf den heutigen Tag mit dem Passahfest. Denn es hat den Weg in die Freiheit als Geschenk seines barmherzigen, geduldigen, treuen, immer wieder vergebenden und helfenden Gottes begriffen.

Jesus Christus hat mit seinen Worten und Taten den Glauben an einen barmherzigen, vergebenden, liebenden Gott gestärkt. Bei seinem letzten Abendessen mit seinen Jüngern knüpft er an die Tradition des Passahfestes an und verkündet eine neue Freiheit: die Befreiung aus unseren inneren Verstrickungen in Sünde und Schuld und Sorgen und Ich-Bezogenheit und die Freiheit zum Glauben an die Kraft der Liebe Gottes zu einem jeden Menschen. Auf dem schwierigen Weg in diese Freiheit ist er selbst das himmlische Manna, die wundersame und wunderbare Speise in der Gestalt von Brot und Wein, Zeichen seines Lebens, Sterbens und Auferstehens zu unser aller Wohl und Heil.

In diesem Sinne feiern wir das Abendmahl. Brot und Wein sind Wegzehrung auf dem Weg über die Höhen und durch die Tiefen - und für die Hunger- und Durststrecken unseres Lebens.

Möge uns das himmlische Mahl mit Kraft und Vertrauen in den Beistand Gottes stärken.

Vorher - nachher
13. Juli 2008
8. Sonntag nach Trinitatis
Römer 6,19-23

Sie kennen vielleicht die Anzeigen in der Zeitschrift, die einem zwei Fotos präsentieren - und darunter steht: „Vorher - nachher". Oft ist es die füllige Figur vorher und die schlanke Figur nachher. Für ein paar Euro können wir das angezeigte Mittel kaufen. Dann brauchen wir nur noch das Mittel einzunehmen und die Anweisungen zu befolgen und es vollzieht sich an uns der ersehnte Wandel, sofern die Anzeige hält, was sie verspricht.

Es wäre einfach zu schön, wenn das in unserem Leben so funktionieren würde. Wünsche nach Veränderung hätten wir wohl jede Menge. Handlungsbedarf besteht reichlich. Nur haben wir die Erfahrung gemacht: So einfach geht das nicht.

Bei vielem haben wir darum aufgegeben, zu wünschen und zu hoffen und etwas zu unternehmen. Wir haben uns abgefunden mit uns selbst, wir bleiben, wie wir sind. Wir hoffen vielleicht noch auf ein Wunder. Das Letzte wäre auch gar nicht verkehrt. An uns arbeiten sollten wir trotzdem.

Der Predigttext heute handelt vom Vorher und Nachher - mit sehr kräftigen Worten: Finsternis vorher - Licht nachher, Tod vorher - ewiges Leben nachher, Ungerechtigkeit vorher - Gerechtigkeit nachher, Sünde vorher - Heiligkeit nachher, Knechtschaft vorher - Freiheit nachher.

Es geht um unser Leben, um unser Wesen, um unser Verhalten und um eine grundlegende Veränderung. Dies alles im Zusammenhang mit der Hinwendung zum Glauben an Christus. „Damals", heißt es hier, „was hattet ihr damals für Frucht? Solche, derer ihr euch jetzt schämt." Und nun? „Nun aber habt ihr eure Frucht darin, dass ihr heilig werdet."

Paulus schreibt hier an Menschen in Rom. Wir haben einen Abschnitt aus seinem Brief an die Römer vor uns. Er schreibt von dem Wandel, den der christliche Glaube in ihrem Leben bewirken kann.

Wir können uns für einen Augenblick fragen: Hat es in unserem Leben einmal einen so tiefgreifenden Wandel gegeben, dass wir dazu sagen würden: „Wie ich vorher gelebt habe, dessen schäme ich mich heute. Und wie ich heute lebe, da fühle ich mich geläutert."?

Manche Menschen könnten das wohl von sich sagen: dass es bei ihnen einen solchen deutlichen, nachhaltigen Wandel gegeben hat. Es war jemand vielleicht drogensüchtig und ist davon freigeworden. Oder jemand war zum Alkoholiker geworden, hat dann Entzug gemacht und lebt nun trocken, rührt keinen Tropfen mehr an. Oder jemand ist immer wieder straffällig geworden und ist nun fest entschlossen, sich an Recht und Gesetz zu halten. Oder jemand hat heimlich in mehreren Beziehungen gleichzeitig gelebt und hat sich nun zu einem Leben in Treue bekehrt. Oder jemand hat in religiöser Hinsicht ein Bekehrungserlebnis gehabt und fühlt sich nun wie neu geboren.

Alle diese Beispiele treffen vielleicht auf niemanden unter uns hier zu. Aber es sind reale Beispiele.

Was Paulus in seinem Brief an die Römer meint, ist, wie gesagt, der Wandel zum Glauben an Jesus Christus.

Bei Paulus selbst - in seiner eigenen Biographie - hatte es einen tiefgreifenden Wandel gegeben. Er war vom Saulus zum Paulus geworden. Er hatte sich vom Verfolger der Christen zum Missionar des christlichen Glaubens gewandelt. Er hatte sein Bekehrungserlebnis auf dem Weg nach Damaskus gehabt.

Bei Paulus, in seinen Briefen, können wir nachlesen, was dieser Wandel für ihn bedeutete. Er bedeutete eine Veränderung seines Glaubens, eine Veränderung seines Denkens, eine neue Sicht des Lebens, des menschlichen Wesens, ein neues Verständnis dessen, wer Gott ist, was Gott uns gibt und was Gott von uns will. Es war für ihn ein grundlegender Wandel in Herz und Kopf und in seiner konkreten Lebensgestaltung.

Ich weiß nicht, ob es unter uns den einen oder anderen gibt, bei dem sich in Glaubensdingen ein solcher deutlicher Wandel bewusst und willentlich vollzogen hat. Wenn kleine Kinder getauft werden, gerät das Kind in den christlichen Glauben ohne eigenes Wollen und Denken und Zutun hinein. So sind die meisten von uns zum christlichen Glauben gekommen. Wenn sich jemand als Erwachsener taufen lässt oder wieder in die Kirche eintritt, kann dies Ausdruck eines inneren Wandels sein. Es können persönliche Erfahrungen sein, es können auch gesellschaftliche Veränderungen sein, die zu einer inneren Umkehr führen.

Als z. B. das Dritte Reich mit seiner nationalsozialistischen Ideologie zusammenbrach, wird mancher innerlich zur Besinnung gekommen sein und sich verändert haben und im Rückblick sagen: „So, wie ich damals gedacht und geglaubt und gehandelt habe, dessen schäme ich mich heute." Auch der Zusammenbruch des politischen Systems der damaligen DDR mit seinen antichristlichen Positionen wird bei dem einen oder anderen ein Nachdenken ausgelöst haben: ob der christliche Glaube wirklich nur Opium fürs Volk ist oder doch etwas Ernsthaftes und Wichtiges zu geben hat.

Zu Paulus' Zeiten ging es um solche fundamentalen Veränderungen. Es ging um den Wandel vom Judentum - oder von der griechischen und der römischen Religion - zum Christentum.

Paulus wandte sich in seinem Brief an Menschen in Rom, an eine Gemeinde dort, die er nicht selbst gegründet hatte, die aus Menschen jüdischer und auch nichtjüdischer Herkunft bestand. Paulus stellte sich dieser Gemeinde mit sehr grundsätzlichen theologischen Überlegungen darüber vor, was er für die grundlegende Bedeutung des christlichen Glaubens hielt.

In Rom regierte der Kaiser und von dort aus regierte er über das ganze römische Reich, der Kaiser, der göttliche Verehrung beanspruchte. Wer ihm diese verweigerte, riskierte sein Leben. Wer sich zum christlichen Glauben bekehrte - und damit zu dem einen und einzigen Gott, der riskierte sein Leben, der bekam zu spüren, mit welchen leibhaftigen Auswirkungen die Hinwendung zum neuen Glauben verbunden war. Das, was wir glauben, hat seine Wirkung nicht nur für uns ganz persönlich. Der Glaube des Einzelnen ist auch von gesellschaftlicher und politischer Bedeutung und von daher auch für die Regierenden nicht unerheblich - im Positiven wie im Negativen.

Um dieses Thema, um den Glauben an den einen Gott und den damit verbundenen Loyalitätskonflikt geht es Paulus in unserem heutigen Text nicht. Was er uns heute sagen will, nimmt mehr Bezug auf Eigenarten des jüdischen Religionsverständnisses, von dem Paulus selbst sich nach seinem eigenen Bekehrungserlebnis gelöst hatte. Der Begriff Gerechtigkeit spielt für ihn dabei eine wesentliche Rolle. In diesem Begriff ist für ihn alles enthalten, was den Sinn und das Ziel des Lebens ausmacht.

Was er meint, können wir vielleicht ein wenig nachvollziehen, wenn wir an einen Satz denken, der vielleicht auch schon über unsere eigenen Lippen gekommen ist, als es uns einmal schlecht ging, als wir vielleicht ein Unglück oder einen Misserfolg erlitten hatten, der Satz: „Womit habe ich das verdient?"

Wenn wir einen solchen Satz sagen, bringen wir das tief in uns sitzende Empfinden dafür zum Ausdruck, dass es im Leben gerecht zugehen müsste, dass es Maßstäbe und einen Werterahmen für das Leben geben müsste und dass, wenn wir uns dem einfügen, uns dann auch ein Leben in Wohlergehen zuteil werden müsste. Dass wir uns unser Wohlergehen also quasi verdienen können müssten.

Wir wissen zwar und erleben es immer wieder, dass es im Leben nicht so zugeht, wie wir es gern hätten, dass das Leben nicht dem Schema folgt: Die Guten werden belohnt, die Bösen werden bestraft. Aber wir hätten doch gern ein geordnetes, verlässliches und handhabbares, gerechtes System.

Die Religion, in der Paulus groß geworden war, hatte - und hat - ein umfangreiches System von Geboten, die als Gebote Gottes verstanden werden, viel mehr als die zehn, die uns geläufig sind. Darin ist nach jüdischem Verständnis enthalten, was für ein sinnvolles, erfülltes, gottwohlgefälliges Leben in

Wohlergehen erforderlich ist. Diese Vorstellung ist schon in alttestamentlicher Zeit immer wieder hinterfragt worden. Aber gleichwohl haben die Gebote und religiösen Vorschriften im jüdischen Glauben ihre grundlegende Bedeutung für den Lebenssinn und die Lebensgestaltung behalten.

Paulus hat die Wichtigkeit von Geboten nicht in Frage gestellt. Aber er hat aufgezeigt, was sich in den Geboten spiegelt - und was eigentlich für den Menschen beschämend ist: dass die Gebote nämlich nötig sind, weil der Mensch Sünder ist. Das Gesetz macht den Menschen nicht wirklich besser. Es hält den Menschen vielmehr in Schach. Das Wesen des Menschen bleibt wie es ist. Und damit bleibt auch die Frage: Was ist denn von dem Menschen zu halten, der die Gebote und Gesetze nötig hat?

Das sind nämlich zwei verschiedene Fragen. Die eine Frage ist die, wie wir das Leben konkret gestalten. Dazu sind Gebote und Gesetze erforderlich, um das Chaos zu verhindern und die niederen Triebe des Menschen zu zügeln. Die andere Frage ist die, wie sich der Mensch nun eigentlich verstehen soll und darf angesichts seiner sündhaften Art.

Da sagt Paulus - mit Blick auf Christus: Du darfst dich, du sündhafter Mensch, du darfst dich als geliebtes Kind Gottes verstehen. Du darfst dich als geliebter Sünder verstehen.

Du brauchst dich nicht der Illusion hinzugeben, dass du sündenfrei sein könntest. Die eigendynamische Macht des Leibes ist - trotz besten Willens, auch trotz aller Eindämmungsmaßnahmen - immer wieder überwältigend. Und die kleinen - und manchmal auch größeren - Teufelchen in dir erweisen sich mit ihren verführerischen Künsten immer wieder als die Stärkeren. Wir sind in dieser Hinsicht wie Knechte fremder Herren in uns, wie Gefangene unserer eigenen Art.

Dennoch sind wir nicht verloren. Wir dürfen uns immer wieder besinnen auf das, was wir doch eigentlich an Gutem wollen. Und wenn wir uns ernsthaft zum Guten bekehren, dann dürfen wir auch darauf vertrauen, dass uns die Tür zum Neubeginn offensteht. Die vergebende Liebe Gottes ist für uns immer da.

Wir brauchen uns nichts vorzumachen. Wir brauchen auch

keine Opfer zu bringen. Dem Opferkult hat Christus ein Ende bereitet, indem er sich selbst ein für allemal als letztes Opfer dargebracht hat.

Was Paulus uns zu tun anrät, ist dies: dass wir uns durchringen zu einem wahrhaftigen Bekenntnis unserer Schuld, unserer sündhaften Art, und dass wir uns ernsthaft zur Besserung entschließen. Dann fällt uns die Gnade Gottes als Geschenk zu.

Wenn wir in diesem Sinne daran glauben, dass wir geliebte Sünder sind - und nicht nur wir, sondern ein jeder Mensch, dann vollzieht sich der grundlegende Wandel in unserem Leben, den Paulus meint, ein Leben aus der Gnade Gottes heraus, ein Leben in Dankbarkeit für seine Liebe, ein Leben zu unserem Wohl, zum Wohle unserer menschlichen Gemeinschaft und zur Ehre Gottes.

Unser Glaube - unser Leben
10. August 2008
12. Sonntag nach Trinitatis
1. Korinther 3,9-15

Es geht um den Glauben. Paulus macht hier auf die Bedeutung des Glaubens aufmerksam - auf die Bedeutung des Glaubens an Jesus Christus. Er spricht unsere Mitverantwortung für die Weitergabe des Glaubens an. Er, Paulus, der größte christliche Missionar aller Zeiten, spricht uns als seine Mitarbeiter an. Wir tragen eine Mitverantwortung für den Bau der Gemeinde. Ein Text, der fast schon ein wenig hinzielt auf die Kirchenwahl am Ende dieses Jahres.

Es geht um den Glauben. Es ist nicht egal, was wir glauben. Der Glaube hat seine Auswirkungen. Der Glaube ist der innere Leitfaden unseres Lebens. Er bildet sich im Herzen und im Kopf - aus unseren eigenen Lebenserfahrungen und dem, was andere uns sagen, Menschen um uns herum und auch Menschen der Vergangenheit, die uns ihren Glauben überliefert haben. Zu den Menschen der Vergangenheit zählen für uns, die wir hier sitzen, insbesondere die biblischen Generationen. Besonders hervorgehoben sei heute der Apostel Paulus.

Es geht um den Glauben. Es geht um etwas in uns - in Herz und Verstand, was Leben schaffen und Leben zerstören kann, was unser persönliches Leben, unser Zusammenleben mit anderen Menschen und unser weltweites Miteinander im Guten wie im Bösen bestimmen kann. Es ist wirklich nicht egal, was wir glauben.

Wir hören z. B. fast täglich von Menschen, die sich selbst zersprengen, um andere Menschen mit in den Tod zu reißen. Was glauben diese sog. Selbstmordattentäter? Die Antwort kann nicht und sollte jetzt nicht sein: Sie glauben an das, was im Koran steht. Im Koran steht eine ganze Menge. Selbst wenn diese Menschen sich auf Inhalte des Korans berufen sollten, so haben sie doch ihre ganz eigene Auswahl und Interpretation der

Texte vorgenommen in Verbindung mit ihren Lebenserfahrungen, was dann zu dem zerstörerischen Ergebnis führt, das uns jeden Tag wieder neu mit Entsetzen erfüllt.

Der Umgang mit biblischen Texten kann zu gleichermaßen schrecklichen Ergebnissen führen. Die Geschichte des Christentums liefert dafür jede Menge Beispiele. Wie viele Menschen sind unter Berufung auf Worte der Bibel in den Tod geschickt worden?!

Es sind nicht die biblischen Worte selbst oder die Worte des Korans selbst, die den Glauben formen. Der Glaube bildet sich aus dem, was wir aus diesen Worten machen - in Verbindung mit unseren Lebenserfahrungen. Und es sind - umgekehrt formuliert - auch nicht die Lebenserfahrungen selbst, die unseren Glauben bestimmen. Es ist die Verbindung von Lebenserfahrungen und Worten, aus denen unser Glaube entsteht.

Mir hat sich ein Mann ins Gedächtnis eingegraben, dem ich vor Jahrzehnten begegnet bin. Er kümmerte sich nur noch um seine Tauben. „Von den Menschen will ich nichts mehr wissen", sagte er, „ich bin zu oft enttäuscht worden."

Es tut einem weh, wenn jemand so etwas sagt. Wir können wohl nachvollziehen, was der Mann erlebt hat und wie er zu seiner Einstellung gekommen ist. Aber ist das nicht schade?! Er hatte seinen Glauben an die Menschen offensichtlich verloren, den Glauben an das Gute im Menschen.

Woran glaubte er noch? An seine Tiere? An das Gute in seinen Tieren? Sie bereiteten ihm offenbar Freude. Sie taten ihm nichts Böses. Sein Glaube hatte sich reduziert auf seine Tauben.

Hatte sich das Leben dieses Mannes damit nicht enorm verengt? Verschloss ihm sein enger Glaube nicht den Blick für die Größe und Schönheit des Lebens und auch für die Größe und Schönheit des Menschen?

Er war von den Menschen enttäuscht. Das können wir wohl nachvollziehen. Enttäuschende Erfahrungen macht jeder von uns jede Menge. Aber wollen wir durch sie unsere Lebenseinstellung bestimmt sein lassen?

Was wird aus unser aller Leben, wenn wir die Enttäuschungen unseres Lebens kombinieren mit den entsprechenden Worten - z. B. aus dem Volksmund: „Undank ist der Welt Lohn" oder „Das Hemd ist mir näher als die Jacke" oder „Wie du mir, so ich dir"?!

Wenn wir aus dieser Kombination von Erfahrungen und Worten unseren Glauben formen, was wird das für ein Leben? Schrecklich könnte das werden. Es wäre noch harmlos, wenn sich einer dann enttäuscht seinen Tauben zuwenden würde. Es könnten sich in jemandem auch Aggressionen bilden. In seiner Enttäuschung könnte jemand auch rücksichtslos und gemein und brutal werden und zur Gewalt greifen.

Resignation, Zynismus, Aggression - das könnten die Merkmale eines Glaubens sein, der negative Lebenserfahrungen mit den entsprechenden Worten verbindet. Das wäre für uns alle entsetzlich.

Wir haben - zum Glück - Worte, die uns zu einem ganz anderen Glauben verhelfen können, biblische Worte. Sie helfen uns, Negativerfahrungen so zu verarbeiten, dass daraus am Ende wieder etwas Gutes wird. Ein Wort wie z. B. „Vergebung" oder „Barmherzigkeit" oder „Hoffnung". Diese Worte sind in der Bibel nicht nur bloße Worte. Sie sind Geschichten. Sie erzählen von Lebenserfahrungen, von den Glaubenserfahrungen vieler Generationen. Das Wort mit der nachhaltigsten Aussage und Auswirkung ist das in Jesus Christus Mensch gewordene Wort. In ihm ist die Liebe Mensch geworden, die Liebe Gottes zu seinem Geschöpf Mensch.

Welch wunderbare Botschaft ergeht an uns von diesem Jesus Christus! „Liebe deinen Nächsten wie dich selbst!" Das ist doch etwas ganz Anderes als „Das Hemd ist mir näher als die Jacke". Oder „Liebt eure Feinde!". Das ist doch etwas ganz Anderes als „Wie du mir, so ich dir". Oder „Vergib ihnen, denn sie wissen nicht, was sie tun!" - das ist doch etwas ganz Anderes als das enttäuschte „Undank ist der Welt Lohn".

Enttäuschungen hat Jesus Christus in seinem Leben jede Menge erlebt. Undank hat er jede Menge erlebt. Aber er hat sich am Ende dann eben nicht enttäuscht von den Menschen abgewandt und sich den Tauben zugewandt.

Er hat gesagt: „Ich bleibe bei euch bis an der Welt Ende." Er hat die Menschen nicht aufgegeben.

Wenn wir die biblischen Texte lesen, die Texte über Jesus Christus insbesondere, dann sehen wir, wie sich in diesem ganz besonderen, außergewöhnlichen Menschen die negativen Lebenserfahrungen in Gutes verwandeln.

Jesus Christus hat das Dennoch gelebt. Er hat den niederdrückenden Negativerfahrungen standgehalten. Er ist zwar hingerichtet und ins Grab gebracht worden. Aber er ist auferstanden und mit ihm das liebevolle Ja zum Menschen, zum gefallenen, sündhaften Menschen, den Gott in Liebe erschaffen hat und an dem er in Liebe festhält.

Wir stehen täglich vor der Frage, wie wir mit unseren Lebenserfahrungen umgehen. Wir machen gute Erfahrungen und wir machen schlechte Erfahrungen. Wovon wollen wir uns leiten lassen?

Wenn wir die Bibel aufschlagen und zu lesen anfangen, dann stellen wir fest: Es kommt schon am Anfang einiges an Negativem zusammen: Kain erschlägt seinen Bruder Abel. Und so ist es dann weitergegangen - durch die ganze menschliche Geschichte hindurch. Wenn wir heute die Zeitung aufschlagen, das Radio einschalten, auf den Bildschirm schauen, erleben wir, wie Menschen andere Menschen zu Tausenden umbringen. Es ist zum Verzweifeln. Aber Verzweiflung ist keine Lösung.

Es ist auch keine Lösung, dass wir enttäuscht und zornig ob der Unverbesserlichkeit des Menschen innerlich Abschied nehmen vom Menschen und von der Welt. Das wäre keine Lösung. Wir würden damit dem Leben, dem Menschen, der Welt als großartigen Gaben des Schöpfers nicht gerecht.

Wenn ich das so sage, drückt sich hierin ein Glaube aus, ein bestimmter, biblisch geprägter Glaube: dass dies alles um uns herum, das ganze Sein, die Welt, das Leben, der Mensch - dass dies alles die gute Gabe eines guten Schöpfers ist, der möchte, dass alles gut verlaufe und es allen wohlergehe.

Man kann das natürlich alles auch anders sehen. Aber wenn wir uns die biblischen Worte und Bilder zu Herzen nehmen, können sie dann nicht unsere Lebenskraft und Lebensfreude stärken und dazu beitragen, dass sich die vielen guten Kräfte, die ja auch allenthalben vorhanden sind, entfalten?!

Hinter uns liegt das Paradies, vor uns liegt das Reich Gottes, und wir befinden uns mitten auf dem Weg, von dem einen zum anderen, auf dem Weg über die Höhen und durch die Tiefen des Lebens - begleitet von jemandem, der gesagt und bezeugt hat: „Ich bin bei euch alle Tage", der in seiner Person überzeugend erfahrbar gemacht hat, dass es die Liebe wahrhaftig gibt, dass es Barmherzigkeit, Vergebung wirklich gibt, dass wir in gewisser Weise zwar unverbesserlich sind, wir aber dennoch zur täglichen Umkehr berufen sind, dass wir also nicht als hoffnungslose Fälle abgeschrieben werden, dass uns also einer in Liebe - trotz allem - noch Gutes zutraut.

Wenn wir unser Leben auf Jesus Christus aufbauen, wenn wir uns von ihm leiten lassen, seine Worte und Taten als inneren Leitfaden unseres Lebens nehmen, wenn wir - kurz gesagt - an ihn glauben, wenn wir an die in ihm Mensch gewordene Liebe Gottes zu uns allen glauben, dann wird es in unserer Welt anders zugehen. Wenn wir an Christus glauben und uns von seinem Gottes- und Menschenbild leiten lassen, dann empfangen wir eine innere Kraft, die uns vor Resignation, Zynismus und Aggression bewahren kann und die uns helfen kann, in geduldiger, wohlwollender, friedvoller, liebevoller Weise auf andere Menschen zuzugehen.

Es ist nicht egal, was wir glauben. Der Glaube kann zu einer Frage von Leben und Tod werden. So krass muss es für uns persönlich nicht kommen. Aber schon für unser tägliches Leben spielt der Glaube eine wesentliche Rolle: für den Umgang mit unseren täglichen Erfahrungen, für unser Selbstverständnis und für den Umgang mit unseren Mitmenschen - in der Familie, in der Gemeinde, auf der Straße, am Arbeitsplatz.

Gott schenke und bewahre in uns den Glauben an die Kraft der Liebe.

Wort und Tat

17. August 2008
13. Sonntag nach Trinitatis
Apostelgeschichte 6,1-7

Dieser Text lenkt unseren Blick 2000 Jahre zurück. Er gibt uns einen kleinen Einblick in die erste christliche Gemeinde in Jerusalem. Die Gemeinde war noch ganz am Anfang. Die ersten Christen waren noch dabei, sich überhaupt als Gemeinde zu organisieren. Wie ging das? Wer waren diese Menschen? Vor welchen Aufgaben standen sie? Mit welchen Problemen hatten sie tun, mit welchen Konflikten? Wie gingen sie damit um? Im heutigen Text kommt da einiges an Interessantem zusammen.

Die erste christliche Gemeinde war in Jerusalem entstanden. Jesus war, so schildert es die Apostelgeschichte, auf dem Ölberg bei Jerusalem gen Himmel gefahren, hatte ihnen als Letztes noch einen Auftrag mit auf den Weg gegeben: „Geht hin in alle Welt, lehrt alle Völker und tauft sie ..." Dann waren die Jünger traurig, aber auch guten Mutes hinabgegangen in die Stadt, hatten sich versammelten in einem Haus - gemeinsam mit den Frauen, die Jesus verbunden gewesen waren, hatten geredet, geplant, gebetet und waren schließlich nach draußen an die Öffentlichkeit gegangen.

Dann kam das Pfingstereignis. Von da an fühlten sich die Jünger mit innerer Kraft ausgestattet.

Sie trafen sich immer wieder. Es kamen neue Menschen hinzu. So bildete sich die erste Gemeinde.

Jerusalem war schon damals eine große Stadt mit Menschen aus vielen verschiedenen Ländern und Kulturen. Auch in der ersten christlichen Gemeinde kamen Menschen unterschiedlicher Herkunft zusammen. Unser heutiger Text spricht von griechischen und hebräischen Juden.

Vielleicht ist der eine oder andere von Ihnen darüber erstaunt, dass hier von Juden die Rede ist. Aber so war es: Die ersten Christen waren Juden, sie waren jüdischer Herkunft. Jesus selbst war ja Jude gewesen. Seine ersten Anhänger waren Juden gewesen und hatten sich als solche auch noch lange verstanden. Sie wurden aber von der Mehrheit der Juden als Sekte angesehen und behandelt. Aus dieser anfänglichen - in Anführungszeichen – „jüdischen Sekte" wurde über die Jahre eine neue eigenständige Religionsgemeinschaft, eben die Christen.

Nun erfahren wir also aus unserem Text, dass die ersten Christen nicht nur Juden waren, sondern dass es sich bei diesen jüdischen Christen um zwei verschiedene Gruppen handelte: um die griechischen Juden und um die hebräischen Juden. Die einen sprachen Hebräisch - oder besser gesagt Aramäisch, das „Hebräisch zur Zeit Jesu", die anderen sprachen Griechisch.

Die Aramäischsprachigen waren in Israel aufgewachsen. Die Griechischsprachigen waren aus dem Ausland zugereist. Sie hatten als Juden vielleicht in Griechenland gelebt oder im Gebiet der heutigen Türkei, waren nach Jerusalem gekommen, aus welchen Gründen auch immer, beruflichen, familiären oder anderen, hatten dort Kontakt zu den ersten, in Jerusalem ansässigen, hebräischen Christen bekommen, hatten sich taufen lassen und sich der Gemeinde angeschlossen.

So waren dann also aus dem Ausland zugewanderte griechischsprachige zum einen und einheimische aramäischsprachige Christen zum anderen, beide jüdischer Herkunft, also Judenchristen, in einer Gemeinde zusammen. Das ging offenbar nicht ganz ohne Probleme. Unser Text berichtet: „Es erhob sich ein Murren unter den griechischen Judenchristen gegen die hebräischen Judenchristen." Ein Murren. Da war also Unzufriedenheit. Was war das Problem? Hier im Text steht: „Die griechischen Christen murrten, weil ihre Witwen übersehen wurden bei der täglichen Versorgung."

Die griechischsprachigen Witwen wurden übersehen.

Die griechischsprachigen Christen bildeten eine Minderheitengruppe unter den aramäischsprachigen. Da konnte es wohl sein, dass die wenigen aus dem Ausland Zugereisten übersehen wurden. Vielleicht war es auch nicht nur die geringe Zahl der griechischsprachigen Christen, sondern außerdem ihre kulturelle Andersartigkeit. Sich mit Menschen anderer Sprache und Kultur zu beschäftigen, empfinden manche als anstrengend. Vielleicht hat es darum an ausreichendem Kontakt gefehlt - mit dem Ergebnis eben, dass die griechischen Witwen übersehen wurden bei der täglichen Versorgung.

Bei der täglichen Versorgung? Die Witwen brauchten die Unterstützung der Gemeinschaft. Es gab ja noch kein Sozialwesen im heutigen Sinne. Die unmittelbare menschliche Gemeinschaft musste sich kümmern. Die hebräischen Witwen wurden in der Gemeinde gut versorgt, die griechischen Witwen wurden übersehen. Da murrten die griechischen Christen.

Wie wurde dieses Problem gelöst? Es traten die zwölf Jünger, die die Gemeinde gegründet hatten, zur Beratung zusammen. Zwölf übrigens, weil für Judas, der sich selbst das Leben genommen hatte, einer nachgewählt worden war.

Die zwölf Jünger diskutierten nun das Problem und stießen dabei auf ein Grundproblem gemeindlicher Organisation. Sie stellten fest, dass sie ein Zeitproblem hatten. Sie hatten ein Problem mit der Arbeitszeit. „Es darf nicht dazu kommen", sagten sie, „dass wir uns jetzt auch noch um die Mahlzeiten für die griechischen Witwen kümmern und dann nicht mehr genug Zeit haben, um uns sorgfältig um die Verkündigung zu kümmern."

Das Wort Gottes verkündigen und praktische Hilfe leisten, das waren zwei Aufgaben, die beide Zeit in Anspruch nahmen. Die zwölf Jünger hielten beide Aufgaben für wichtig. Und da es nun an der praktischen Hilfe mangelte, kamen sie zu dem Schluss: Wir brauchen noch ein paar Menschen, die sich um diese praktischen Dinge kümmern. Wer sollte sich dieser Aufgabe annehmen?

Sie selbst - die zwölf Jünger bzw. Apostel, wie sie nach der Beauftragung durch Jesus genannt wurden, fühlten sich vor allem für die Wortverkündigung zuständig und wollten sich auch weiter auf diese Aufgabe konzentrieren. Wer also sollte die praktischen Aufgaben übernehmen?

Sie machten Folgendes: Sie wandten sich an die griechischsprachigen Christen, die die Kritik vorgebracht hatten, und baten sie: „Sucht euch sieben Männer aus eurer Mitte aus, die einen guten Ruf haben, die voll des heiligen Geistes und voller Weisheit sind, die wollen wir dann zur Wahrnehmung der praktischen Aufgaben, der Versorgung der Witwen eben, berufen."

Mit dieser Lösung stießen die zwölf Apostel auf Zustimmung. Die griechischen Christen wählten sieben Männer. Es hätten auch Frauen sein können, es waren aber nur Männer. Diese wurden unter Handauflegung von den Aposteln in ihr Amt eingeführt. Damit war das Problem gelöst und die Gemeinde wurde größer und größer.

Das war damals die Geburtsstunde der Diakonie.

Es ist von Anfang an ein Thema gewesen: die Verkündigung des Wortes und der praktische Dienst. Beides sind Aufgaben von Kirche, beides gehört untrennbar zusammen. Es sind zwei Weisen weiterzugeben, was uns Jesus aufgetragen hat, mit unterschiedlichem Schwerpunkt. Sie gehören aber zusammen wie die beiden Punkte einer Ellipse. Mit der heutigen Epistel haben wir einen schönen Text über die Liebe. „Gott ist die Liebe", heißt es da. Das heutige Evangelium vom barmherzigen Samariter legt uns die Liebe anschaulich als praktischen Auftrag, als tätige Nächstenliebe, ans Herz.

Die Ellipse mit den zwei Schwerpunkten ist der Gesamtauftrag. Wenn sie so zusammengestaucht wird, das nur noch ein Punkt als Mittelpunkt da ist, dann ist es keine Ellipse mehr, dann ist der Gesamtauftrag dahin, dann haben wir entweder nur noch Gerede, das Wort ohne die Tat, oder wir haben nur noch Aktionismus, geistlose Diakonie. Wort und Tat dürfen nicht auseinandergerissen werden. Das bedeutet aber nicht, dass - arbeitstechnisch und gemeindeorganisatorisch betrachtet - nicht arbeitsteilig die einen in der Gemeinde sich mehr um die Wortverkündigung und die anderen mehr um die praktischen Aufgaben kümmern könnten und sollten.

Das will alles gut organisiert sein. Das ist nicht so einfach.

Da wird es immer mal Murren geben. Probleme, Konflikte, Unzufriedenheit. Wie schön, wenn dann eine Lösung gefunden wird, der alle zustimmen können, wie in unserem heutigen Text geschildert.

Für unsere Gemeinde können wir uns das nur wünschen - und unseren Teil dazu beitragen, dass dies gelingen möge, mit Gottes Hilfe: dass wir die frohe Botschaft, das Evangelium überzeugend weitergeben - in Wort und Tat.

Markus, Christus, Johannes
24. August 2008
14. Sonntag nach Trinitatis
Kirchenfenster

Heute also die zweite Predigt über unsere Kirchenfenster.

Als ich vor fast 30 Jahren auf der Suche nach einer neuen Pfarrstelle diese Kirche St. Markus erstmals betrat, war für mich schlagartig klar - und meiner Frau ging es ebenso: „Dies könnte unsere neue Gemeinde werden."

Dieser Kirchraum nahm uns beide für sich ein. Es waren das dunkle Holz, die weißen Wände und der Blick auf die schönen bunten Fenster im Altarraum. Es war der Gesamteindruck, der Wärme und Geborgenheit vermittelte. Dieser Raum hatte für uns etwas Menschliches. Er strahlte eine gewisse Bescheidenheit auf uns aus, ließ uns aber gleichzeitig spüren, dass wir hier ein Kleinod vor uns hatten. Der Blick durch den schlichten Raum auf die bunten Fenster erhob unser Gemüt. Als wir näher an den Altarraum herantraten und die Fenster von Nahem betrachteten, stellten wir fest: Diese Bilder haben etwas Kindlich-Direktes, die Farben und Formen sind klar. Wenn wir in die Gesichter der Gestalten schauen, die hier abgebildet sind, können wir fast das Gefühl bekommen: Das sind Menschen wie wir.

Wir sehen diese Bilder in der Regel von weitem. Aber schauen Sie sich die Bilder einmal von Nahem an oder im Internet auf unserer Website - da sind einige Details abgebildet, dann werden Sie das vielleicht auch so empfinden: Diese Gestalten begegnen uns wie echte, einfache Menschen.

Ich habe Ihnen zwei Details ausgedruckt - aus der Szene von der Hochzeit zu Kana, vier der Jünger rechts, dann links ein Jünger vor Jesus und daneben Maria. Und schauen Sie sich Jesus an - sehen Sie ihm ins Gesicht. Wirkt er nicht klar und menschlich und schön? Das Rot gibt seiner menschlichen Ausstrahlung die göttliche Würde. Vor Jahren schenkte mir ein Kollege ein Buch mit dem Titel:

Kirchenfenster in St. Markus, Hamburg-Hoheluft
von Hilde Ferber

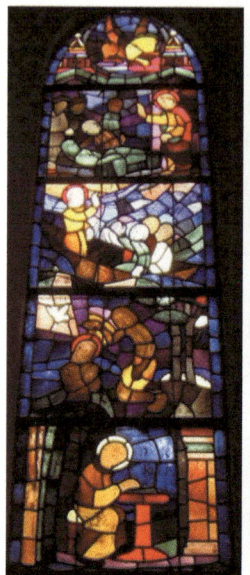
Markusfenster

Christusfenster

Johannesfenster

Hochzeit zu Kana

„Wenn Gott menschlich wäre!" Ja, Gott ist menschlich - in dem Sinne, dass er uns in Jesus Christus menschlich ganz nahe ist, menschlich im besten Sinne des Wortes, anteilnehmend an dem, was uns erfreut, was uns ängstigt, woran wir leiden, worauf wir hoffen - und helfend und heilend. Gott ist menschlich.

Aber er ist auch Gott, er ist auch über uns. Sie sehen im mittleren Fenster ganz oben den erhöhten Christus, unter ihm die Jünger, die im Moment der Himmelfahrt Christi nach oben blicken.

Die Künstlerin Hilde Ferber hatte sich bei der Gestaltung dieser Fenster einiges überlegt - und einiges hatten ihr der Kirchenvorstand und vor allem der Architekt Gerhard Langmaack als Vorgabe mit auf den Weg gegeben, als sie die Künstlerin 1949 mit den Fenstern beauftragten.

Es sind drei Fenster. Das linke ist das Markusfenster, das rechte ist das Johannesfenster und das mittlere ist das Christusfenster.

Was hat es mit dem Johannesfenster rechts auf sich? Das Johannesfenster erinnert an die Mutterkirche von St. Markus, nämlich an St. Johannis, Eppendorf, bekannt auch als Hochzeitskirche. St. Johannis, Eppendorf, ist weit über 700 Jahre alt. Es ist eine alte Bauernkirche. Von dort aus wurde eine große Region pastoral versorgt, auch die Region, in der wir hier leben.

Als im 19. Jahrhundert im Zuge der Industrialisierung die Bevölkerung Hamburgs rapide zunahm und immer mehr Außenbezirke Hamburgs - dazu gehörte damals auch Hoheluft - bebaut wurden, konnte die pastorale Betreuung der wachsenden Bevölkerung von St. Johannis aus nicht mehr ausreichend wahrgenommen werden. Der Hilfsprediger Heinrich Voß von St. Johannis wurde für den Bezirk Hoheluft abgestellt, um hier eine neue Gemeinde zu gründen und eine Kirche zu bauen. In der Turnhalle der Grundschule in der Wrangelstraße hielt er seine ersten Gottesdienste. Die neue Kirche St. Markus konnte schließlich 1899 eingeweiht werden.

Auch die Kirche von 1899 hatte Kirchenfenster. Sie sind aber mit zerstört worden, als St. Markus im Juli 1943 in der

Aktion Gomorrha zerbombt wurde. St. Markus wurde nach Plänen von Architekt Professor Otto Bartning als Notkirche mit dieser Holzkonstruktion wieder aufgebaut und 1949 wieder eingeweiht. Während der ersten Gottesdienste waren die leeren Fensterhöhlen noch mit Holz verkleidet. Es dauerte noch ein paar Jahre, bis schließlich die Fenster in der heutigen Form fertig waren und eingesetzt waren und eingeweiht werden konnten.

Das rechte Fenster also erinnert uns an den Ursprung der Gemeinde, an St. Johannis, Eppendorf. Die einzelnen Elemente des rechten Fensters stellen Szenen aus dem Johannesevangelium dar. Ganz unten ist der Evangelist Johannes abgebildet, ganz oben sehen wir sein Symbol, den Adler.

Das linke Fenster ist das Markusfenster. Unten sehen Sie den Evangelisten Markus beim Schreiben seines Evangeliums - ein Kollege meinte einmal: „Da sitzt Markus an seinem Laptop." Und ganz oben sehen wir das Symbol von Markus, den geflügelten Löwen.

Den geflügelten Löwen finden Sie in allen Markuskirchen überall in der Welt. Am bekanntesten ist wohl der geflügelte Löwe von San Marco in Venedig.

Jeder der vier Evangelisten hat sein eigenes Symbol. Johannes den Adler, Markus den geflügelten Löwen, Lukas den Stier und Matthäus den Menschen. Diese Symbole finden wir im Alten Testament beim Propheten Hesekiel, dann noch einmal im Neuen Testament in den Offenbarungen des Johannes. Über die Zuordnung dieser Symbole zu den vier Evangelisten hat Pastor Otfried Reinke, der jahrelang Pastor von St. Markus war, in unserer Festschrift zum 100jährigen Jubiläum der Einweihung unserer Kirche einiges geschrieben. Lesen Sie das gern mal nach.

Markus hat das Symbol des Löwen bekommen, so schreibt Pastor Reinke, weil er zu Beginn seines Evangeliums von Johannes, dem Täufer, schreibt, der in der Wüste kraftvoll gepredigt hat, so kraftvoll eben, wie ein Löwe kraftvoll brüllt.

Dem Evangelisten Johannes ist der Adler als Symbol zugeteilt worden, weil Johannes in seinen Gedanken höher fliegt als die anderen Evangelisten. Wenn wir sein Evangelium lesen, drängt sich der Eindruck auf, dass seine Gedanken und Formulierungen manchmal wirklich - bildhaft gesprochen - sehr abgehoben sind.

Johannes war der letzte der vier Evangelisten. Er hat sein Evangelium vermutlich gegen Ende des 1. Jahrhunderts geschrieben. Markus hat sein Evangelium als erster verfasst, vielleicht um ca. 70 nach Christi Geburt herum.

Da unten im linken Fenster also sitzt er und schreibt. Darüber sehen wir einige Szenen aus dem Markusevangelium: die Taufe Jesu durch Johannes, darüber die Szene, wie Jesus auf dem See wandelt und darüber die Heilung des Gichtbrüchigen, die wir für heute als Evangelienlesung ausgewählt haben.

Markus war nicht so abgehoben wie Johannes. Es wäre einmal interessant, diese beiden Evangelisten zu vergleichen. Das können wir jetzt nicht tun. Es sei für den Augenblick nur gesagt, dass jeder der vier Evangelisten, Markus, Matthäus, Lukas und Johannes, seine je eigene Art hat, das Wirken Jesu darzustellen.

Sie sind alle vier keine Augenzeugen gewesen. Sie haben gesammelt, was sie von anderen gehört haben, und was andere vor ihnen schon aufgeschrieben hatten. Daraus haben sie sich dann selbst ein Bild gemacht. Diese Bilder vom Leben, Sterben und Auferstehen Jesu - ihre Evangelien also - sind durchaus sehr unterschiedlich. Wenn wir das alles lesen, dann stehen wir selbst vor der Aufgabe, den roten Faden zu erarbeiten, der sich durch die vier Evangelien und die anderen Texte des Neuen Testaments hindurchzieht.

Neben allen Unterschieden gibt es das Verbindende, um dessen Verständnis sich die Evangelisten auf ihre je eigene Art bemüht haben. Das Verbindende ist Christus. Die Künstlerin hat darum auf Anregung des Architekten das mittlere Fenster zum Christusfenster gemacht. Es stellt Geschichten vom Auferstandenen dar.

Hilde Ferber, die Künstlerin war eine fromme Frau. Sie stand der Berneuchener Bewegung nahe, die nach dem ersten Weltkrieg aus der Jugendbewegung heraus entstanden war mit dem Bestreben, die Kirche und die Gottesdienste von innen heraus zu erneuern und neu mit Leben zu erfüllen.

Hilde Ferber tat das Ihre mit den Mitteln Ihrer Kunst und als Studienrätin mit dem Fach Religion. Eine sehr ausführliche Biographie über Hilde Ferber haben wir bisher noch nicht auffinden können. Da ist noch Forschungsbedarf. Im Zuge der Materialsuche für unsere Festschrift zum 100. Jubiläum unseres Kirchbaus ließ uns eine Bekannte von Hilde Ferber, Frau Rose Matz aus Marburg, einige Informationen zukommen. Sie sind in der Festschrift veröffentlicht. Sie sagte über Hilde Ferber: „Sie war getragen von einer Kraft, die nicht von dieser Welt war."

„Nicht von dieser Welt" - in diesen Fenstern kommt beides zusammen: Sie vermitteln menschliche Nähe und sie lassen das Licht hindurch, das von jenseits unserer Welt kommt. Wenn wir schon ganz früh morgens hier in der Kirche sind - wie z. B. gegen Ende der Osternacht - und miterleben, wie morgens im Osten die Sonne aufgeht, dann mögen wir das wohl so empfinden: dass unsere Welt umfangen ist von einer unendlichen göttlichen Schöpfermacht. So, wie das Licht am Morgen aus der Unendlichkeit des Weltalls durch die Fenster hindurch in unsere Kirche scheint, so erscheint uns Gott, der unfassbare Große, der Allmächtige, in den bunten Farben dieser Fenster, in den Gesichtern dieser einfachen Menschen, im Antlitz des gütigen, barmherzigen, menschlichen Jesus Christus, in den biblischen Geschichten, die hier abgebildet sind.

Göttliches und Menschliches vereinen sich. Das ist die schlichte und zugleich großartige Botschaft dieser Fenster.

Gott sei's gedankt, dass wir mit diesen schönen Fenstern beschenkt sind.

Schöpfer und Geschöpf
31. August 2008
15. Sonntag nach Trinitatis
1. Mose 2,4b-9.15

Wer hat sich das ausgedacht: „Gott machte den Menschen aus einem Erdenkloß."? Vielleicht jemand, der vom Ende her gedacht hat. Was bleibt von uns am Ende? Erde. „Erde zu Erde, Asche zu Asche, Staub zum Staube." Mit diesen Worten legen wir den Leichnam ins Grab. Die Erde ist die Substanz aller vergangenen Leben. Erde - das sind die organischen Stoffe, aus denen Leben entsteht. Im Frühjahr erleben wir, wie aus der Erde neues Leben erwächst - Pflanzen. Der Mensch entsteht anders - heute. Aber ganz am Anfang? Waren es da nicht auch einfach nur organische Stoffe, die sich dann zu immer komplizierteren Gebilden zusammengetan haben, bis schließlich das daraus wurde, was wir heute kennen - der Mensch? Der da geschrieben hat, vom Erdenkloß, der hat diese ganze Entwicklung übersprungen. Den Anfang hat er aber genial einfach und nachvollziehbar beschrieben: Erde.

Er spricht hier nicht von organischen Substanzen. Er spricht nicht von biologischen und chemischen Vorgängen. Dazu fehlte ihm die wissenschaftliche Erkenntnis und das entsprechende Vokabular. Zum Glück! Denn sonst hätten wir vielleicht seine schöne Geschichte nicht. Der hier geschrieben hat, gibt dem Menschen einen sehr persönlichen, menschlichen Anfang. Da ist ein Schöpfer, einer wie ein Mensch, quasi der Urmensch, Gott, und formt daraus eine Gestalt - nach seinem Bilde.

Ist das nicht eine schöne Vorstellung? Der Mensch ist nicht bloß das Ergebnis der Entwicklung organischen Materials. Der Mensch ist die Ausführung eines göttlichen Gedankens, eines göttlichen Wunsches. Hier oben im Hirn - oder hier im Herzen - war der Mensch schon vorhanden, dann machte sich der Schöpfer ans Werk. So, wie Mann und Frau in ihrer Liebe zueinander sagen: „Wir möchten ein Kind." In ihren Köpfen und in ihren Herzen ist ihr Kind bereits vorhanden, bevor es überhaupt geboren ist. Dann machen sie sich ans Werk. Und dann, so Gott will, entspringt ihrer Liebe ein Kind, ein Wesen von ihrer eigenen Art.

Ist es nicht eine wunderbare Vorstellung, dass wir als Menschen so entstanden sind - der Mensch, ein Wunschkind. Ein Kind der Liebe, entsprungen dem Hirn und Herzen Gottes?!

Die wissenschaftlichen Erkenntnisse haben den einen und anderen ein wenig verdorben und überheblich gemacht in der Vorstellung, wir wüssten, wie der Mensch entstanden ist, und blind gemacht für das Wunder der Schöpfung. Was wissen wir denn schon trotz aller wissenschaftlichen Erkenntnis?! Mit jeder Antwort tauchen neue Fragen auf.

Was nützen uns die wissenschaftlichen Erkenntnisse für unser Verhältnis zueinander? Für unser Verhältnis zu unserem Sein? Für die Frage nach dem Sinn unseres Lebens?

Der Mensch nur als Materie betrachtet - das kann ein böses Ende nehmen. So lange ist es noch nicht her, dass Menschen wie Material verheizt wurden.

Wie schön ist doch der biblische Schöpfungsbericht! Und wie sympathisch hat Jürgen Werth daraus ein Lied gemacht: „Du bist du." „Du bist ein Gedanke Gottes, ein genialer noch dazu."

Der Autor unseres heutigen Schöpfungsberichtes bringt noch eine Beobachtung genial einfach auf den Punkt. Auch da hat er vielleicht vom Ende her gedacht - vom Leichnam. Der kalte Leichnam hat etwas erschreckend Materielles. Der tote Körper fühlt sich an wie ein Gegenstand. Aber der Mensch ist kein Gegenstand. Was macht den Körper zum Menschen? Antwort: das Leben. Aber was ist das Leben? Was war da so anders, wenige Augenblicke zuvor, als der Leib noch warm war? Wir sagen: Das Herz schlug, der Kreislauf funktionierte, die Lunge pumpte. Da war noch eine Energie. Mit einem Stromstoß kann das Herz in Gang gehalten werden - befristet.

Was ist die Energie des Lebens? Der biblische Autor hat dafür ein Wort: Es ist der Atem Gottes, der alles Leben in Gang gesetzt hat. Das ist keine wissenschaftliche Erklärung. Aber das ist ein schönes menschliches Bild für die geheimnisvolle Quelle allen Lebens. Es ist nicht der Stromstoß, es ist der warme Hauch des göttlichen Schöpfers, der uns das Leben schenkt.

Es ist nicht egal, wie wir unser Leben verstehen. Das wird auch an der nächsten Aussage deutlich: „Gott pflanzte einen Garten in Eden und ließe aufwachsen allerlei Bäume." Diese Welt ist nicht unser Eigentum. Sie ist Gottes Eigentum, seine Schöpfung. Die Bäume sind nicht unsre Bäume, sie sind Gottes Bäume. Auch wenn unser Grundstück ins Grundbuch eingetragen ist, bleibt das Stück Land Gottes Land, und alles, was darauf wächst, bleibt Eigentum Gottes, des Schöpfers, der die Natur geschaffen hat und immer wieder Neues wachsen lässt. So betrachtet, sind wir in unserem Umgang mit allem, was in der Welt geschaffen ist, zur Verantwortung berufen. Dem Schöpfer allen Seins sind wir für einen sorgsamen Umgang mit allem verantwortlich.

Man kann das natürlich auch ganz anders sehen und den Standpunkt vertreten: „Was nach menschlichem Gesetz und Recht meins ist, das ist meins und nur meins. Und wie ich damit umgehe, dafür bin ich niemandem gegenüber Rechenschaft schuldig." Die Folgen einer solchen Sichtweise können für die menschliche Gemeinschaft schlimm sein.

Noch eins sagt uns der Autor des Schöpfungsberichtes: Gott hat den Menschen nicht als Knecht in seine Schöpfung eingesetzt. „Gott nahm den Menschen und setzte ihn in den Garten Eden, dass er ihn bebaute und bewahrte." Wir könnten zur Verdeutlichung hinzufügen: „... mit einem gewissen Maß an Eigenverantwortung für sein eigenes Wohl."

Der Autor unseres Textes weiß, dass die Eigenverantwortung ein zweischneidig Ding ist. Die „Selbstbestimmung des Menschen" - das klingt zum einen gut und erhebend. Für manche ist sie überhaupt das Größte. Selbst entscheiden zu müssen, kann aber auch eine enorme Last sein.

Wie hat es mit diesem ambivalenten Wesensmerkmal des Menschen angefangen, das ihn so grundlegend unterscheidet vom Tier? Auch dafür hat der Autor des Schöpfungsberichtes ein schönes Bild gefunden, den Baum der Erkenntnis von Gut und Böse, den Baum des Bewusstseins.

Wir erfahren in der nächsten Geschichte, was es mit diesem Baum auf sich hat. Wer von diesem Baum isst, wird sich seiner selbst bewusst werden, der wird sich seiner Existenz bewusst werden, seiner Umwelt, seiner Begabungen. Der wird sich dessen bewusst werden, dass er etwas tun kann und etwas unterlassen kann und dass sein Verhalten Folgen hat - im Guten wie im Bösen. Wer von dem Baum isst, wird sich dessen bewusst werden, dass er sich selbst entscheiden kann, und weil er sich entscheiden kann, sich auch entscheiden muss. Das Können wird ihm eine Freude sein, das Müssen eine Last. Die paradiesische Unschuld wird dahin sein. Sie ist dahin.

Der Mensch ist zum Partner Gottes geworden. Gott schuf die Natur, der Mensch schuf die Kultur. Gott schuf die Welt, der Mensch schuf die Zivilisation mit all ihren technischen Finessen. Der Mensch hat viel geleistet und könnte noch ein Vielfaches mehr leisten. Seine Erkenntnisse und technischen Möglichkeiten könnten es ihm ermöglichen, den Hunger in der Welt zu beenden. Aber der Mensch hat bisher nicht verwirklicht, was er von seinen Möglichkeiten her könnte. Das Können aber bedeutet Verantwortung. Die Verantwortung ist ins Unermessliche gewachsen. Der Mensch könnte mit seinen Erkenntnissen und seinen technischen Möglichkeiten den Erdball zerstören. Er hat es - noch nicht - getan. Die Verantwortung hat ein Übermaß angenommen.

Gott pflanzte den Baum der Erkenntnis in die Mitte des Gartens. So schreibt es der Autor unseres biblischen Schöpfungsberichts. Er hat es wohl damals schon so empfunden: Das menschliche Bewusstsein ist eine Sache von Leben und Tod, von Sein und von Nichtsein.

Wir tun gut daran, immer wieder zur Bescheidenheit und zur Demut zurückzukehren, wenn wir angesichts menschlicher Großleistungen zum Übermut hingerissen werden.

Der Mensch ist ein ganz wunderbares Geschöpf Gottes.

Aber wir sind und bleiben seine Geschöpfe. Wir sind nicht Gott selbst.

Möge uns Gott helfen, unsere Freiheit recht zu gebrauchen und unsere Verantwortung in seinem Geist zu tragen.

Christ sein und Christ werden
14. September 2008
17. Sonntag nach Trinitatis
Epheser 4,1-6

Ein Satz aus diesem Abschnitt ist in die Glocke eingraviert, die wir 1992 in unsere Partnergemeinde Uyole in Tansania geschickt haben: „Ein Herr, ein Glaube, eine Taufe". Der Satz ist ebenfalls eingraviert in die Messingplatte, die wir in diesem Jahr aus Anlass des 20jährigen Jubiläums unserer Partnerschaft mit Uyole in zweifacher Ausführung - eine für uns, eine für die Partnergemeinde - in Deutsch und Kisuaheli erstellt haben.

In siebenfacher Weise ist in unserem Predigtabschnitt von der Einheit die Rede: Ein Leib, ein Geist, eine Hoffnung, ein Herr, ein Glaube, eine Taufe, ein Gott. Paulus geht es um die Einheit der Christen.

Es wäre einfach zu schön, einerseits, wenn wir uns alle immer einig wären - als Christen, als Kirche, als Gemeinde und auch politisch und gesellschaftlich und menschlich - und überhaupt. Das würde uns manchen Stress ersparen. Aber das geht ja gar nicht. Verzeihen Sie, wenn ich das so platt sage. Und es wäre andererseits auch ein Verlust. Gerade die Unterschiede machen das Leben aus: dass wir Mann und Frau sind, dass wir Kinder und Erwachsene sind, dass wir unterschiedliche Sprachen sprechen, dass wir so unterschiedliche Ideen und Begabungen haben.

Wo versucht worden ist, zwangsweise eine Einheitlichkeit herzustellen, in sozialistischen Systemen z. B., da ist auch viel an Kreativität, an Lebendigkeit erstorben.

Es ist beides nötig: ein gewisses Maß an Einheit und ein gewisses Maß an Verschiedenheit. Mal ist es nötig, mehr das eine, mal ist es nötig, mehr das andere anzumahnen.

Paulus hatte zu seiner Zeit, als das Christentum noch im Werden war, Grund, das Thema Einheit anzusprechen. Denn die Christen lebten damals im großen römischen Reich weit verstreut in kleinen Gemeinden, in Israel, in Syrien, in Griechenland, in der heutigen Türkei. Und innerhalb der Gemeinden lebten Christen unterschiedlicher Herkunft, mit jüdischem und nicht-jüdischem Hintergrund, und Menschen aus verschiedenen Ländern.

Diese Menschen hatten unterschiedliche Meinungen darüber, was der Glaube an Christus bedeutete und wie eine Lebensführung im Sinne Jesu Christi auszusehen habe.

In dieser Hinsicht gehen die Auffassung zwar auch heute noch teilweise weit auseinander. Aber die unterschiedlichen Positionen sind über die Jahrhunderte weitgehend durchdiskutiert und definiert worden.

Zur Zeit des Paulus, in den ersten Jahrzehnten nach dem Auftreten Jesu, war bezüglich der Ausformung des Glaubens und einer daraus folgenden Lebensweise und bezüglich der Bildung von Gemeinden noch alles sehr offen und unbestimmt und unorganisiert.

Die Vielfalt und Unterschiedlichkeit also, die Gespaltenheit und Uneinigkeit unter den ersten Christen waren für Paulus Anlass, das Verbindende aufzuzeigen und anzumahnen.

Mit seinen Worten macht er deutlich, dass Einheit zweierlei bedeutet: Einheit ist zum einen etwas feststellbar Vorhandenes, sie ist zum anderen eine ständig wahrzunehmende Aufgabe, ein Ziel. „Ihr seid zur Einheit berufen", sagt er.

Die vorhandene Einheit der Christen besteht darin, dass sie sich in ihrem Glauben und in ihren Hoffnungen alle auf den einen Gott und den einen Herrn Jesus Christus beziehen. In seinem Geist bilden sie einen Leib. In der Taufe werden sie zu diesem einen Leib verbunden.

Diese vorhandene Einheit bleibt formal und abstrakt, wenn sie nicht auch als Aufgabe begriffen wird und wenn sie nicht gelebt wird und Ausdruck findet in konkreten zwischenmenschlichen Verhaltensweisen: „Ertragt den anderen in der Liebe", mahnt Paulus, „seid demütig, sanftmütig, geduldig", also: „Erhebt euch nicht übereinander, unterdrückt euch nicht gegenseitig, geht nicht rau und unbarmherzig miteinander um und überfordert einander nicht. Lasst vielmehr einander gelten - jeden in seiner je besonderen Art, nehmt aufeinander Rücksicht, dient den anderen mit euren Stärken, seid nachsichtig mit den Schwächen der anderen, verzeiht einander und gebt einander nicht auf."

Das ist keine Zustandsbeschreibung. Das sind, wenn wir die Wirklichkeit unseres zwischenmenschlichen Umgangs einmal in aller Offenheit betrachten, hohe, sehr hohe Ziele. Aber als Ziele, die unserem Leben Richtung geben, sind sie gut und sinnvoll und nötig. Wir sind immer auf dem Weg, das zu werden, wozu wir berufen sind. Und wir sollten uns auch ganz bewusst auf den Weg machen.

Eine Ehe z. B. ist noch nicht allein dadurch eine Ehe, dass sie auf dem Standesamt geschlossen und ggf. noch in der Kirche besiegelt wird. Die Ehe verwirklicht sich darin, dass die Eheleute ihr gemeinsames Leben in Liebe und gegenseitigem Respekt miteinander führen.

Christen sind wir nicht allein dadurch, dass wir getauft sind. Hinzukommen muss das Bemühen, im Geiste Jesu Christi zu leben. Deutsche sind wir nicht nur dadurch, dass wir einen deutschen Pass besitzen, sondern indem wir die uns obliegenden gemeinschaftlichen Aufgaben in unserem Land und gegenüber den Nachbarn und den Ländern der Welt wahrnehmen. Und Europäer sind wir nicht schon dadurch, dass entsprechende Verträge geschlossen werden. Es gehört auch eine entsprechende innere Einstellung der Menschen dazu und ein entsprechendes Engagement.

Und Menschen sind wir nicht allein dadurch, dass wir Kopf und Bauch, Hände und Füße besitzen, aufrechten Ganges gehen und die Fähigkeit zum Denken haben. Menschsein ist nicht nur ein körperlich-formaler Zustand, sondern auch eine Berufung, nämlich sich menschenwürdig zu verhalten in Achtung vor sich selbst und den Mitgeschöpfen.

Wenn Paulus von der Einheit der Christen handelt, dann stellt er also zum einen die vorhandene Einheit fest, zum anderen mahnt er an, die Einheit als Ziel und Aufgabe zu begreifen und das Verhalten darauf auszurichten.

Dies ist nun allerdings eine Mahnung an jeden einzelnen von uns. Und jeder einzelne muss sich dieser Mahnung in eigener Verantwortung stellen. Einheit heißt nicht Konformität, und auch der Weg zur Einheit ist nicht ein einzig möglicher. Dies gilt für die Einheit der Christen ebenso wie für die Einheit der Deutschen und der Europäer und für die Einheit der Völkergemeinschaft.

Die Einheit kann nicht von oben her erzwungen werden. Es kann gemahnt werden, es können gestalterische und organisatorische und rechtliche Vorgaben gemacht werden. Vor allem aber bedarf die Einheit der inneren Zustimmung, wenn sie denn nachhaltig Bestand haben soll. Eine erzwungene Einheit birgt den Keim der Selbstzerstörung in sich - das gilt im gesellschaftlichen und politischen Bereich ebenso wie im kirchlichen und gemeindlichen Bereich und im Zwischenmenschlichen.

Zwar kann der Mensch zu manchem gezwungen werden - und das ist manchmal auch nötig. Aber die Einheit, die Paulus meint, braucht die innere Bereitschaft, das aufrichtige Bemühen. Zur Einsicht des Neuen Testaments gehört, dass der gute Sinn gesetzlichen Zwangs seine Grenzen hat. Wo es um das Wesen des Menschen geht, um seinen Lebensentwurf, um seinen Glauben, da bedarf es der liebevollen Hilfe zur freien Entscheidung.

Unsere ganze menschliche Lebensordnung besteht aus viel mehr als aus dem, was gesetzlich geregelt und überhaupt regelbar ist.

Die innere Bereitschaft anzusprechen, ist insbesondere eine Aufgabe der Kirche, die Werte anzusprechen, die noch über dem geschriebenen Gesetz gelten, die Wahrnehmung der Verantwortung anzumahnen, die jeder einzelne auch über das vom Gesetz Geforderte hinaus für die menschliche Gemeinschaft insgesamt trägt.

Paulus mahnt insbesondere die Einheit der Christen an. Aber wir dürfen und sollten seine Mahnung auch weitergehend auslegen: als Christen sind wir auch Staatsbürger und Weltbürger und Menschen schlechthin. In vielfacher Weise gehören wir zusammen und tragen wir eine Verantwortung füreinander.

Wir sind dabei stets auf dem Weg: Christen sind wir und Christen müssen wir noch werden. Deutsche sind wir und Deutsche müssen wir noch werden. Europäer sind wir und Europäer müssen wir noch werden. Weltbürger sind wir und müssen wir noch werden. Menschen sind wir und Menschen müssen wir noch werden.

Gott schenke uns dafür den guten Willen, die Phantasie, die Geduld und die Kraft.

Dank dem Geheimnis des Seins
5. Oktober 2008
Erntedank
Hebräer 13,15-16

Das Leben ist ein Geheimnis. Dass wir geboren sind, ist ein Geheimnis. Dass wir aus fast nichts zu diesen wunderbaren komplexen Gestalten geworden sind, ist ein Geheimnis. Dass es Milliarden von Menschen gibt, die zum einen so gleich, zum anderen so verschieden sind, ist sehr geheimnisvoll. Wir haben alle unsere je eigene Art, wir haben unsere Begabungen - und von uns können wir sagen: „Wir haben zu essen und zu trinken, wir haben ein Dach über dem Kopf, wir haben ein Lebensumfeld, in dem wir einigermaßen behütet unser Leben führen können." Das ist alles insofern sehr geheimnisvoll, weil der menschliche Anteil daran, dass alles so ist, wie es ist, ziemlich gering ist. Das Unverfügbare macht den weit überwiegenden Teil unseres Seins aus.

Und wenn, wie am heutigen Tag besonders, wir uns all dessen vergegenwärtigen, was wir an Gutem haben, und uns danach zumute ist, einmal Dankeschön zu sagen, dann ist ja die Frage: An wen richten wir den Dank für all das, was wir uns nicht selbst beschert haben? Für uns, die wir hier sitzen, ist dies eigentlich nicht wirklich eine Frage, denn wir haben uns daran gewöhnt, mit den Worten der biblischen Tradition das Geheimnis des Seins als ein persönliches Gegenüber anzunehmen und es mit einem Namen anzureden, im Deutschen mit den vier Buchstaben, die sich zusammmenfügen zum Namen „Gott". An ihn, Gott, richten wir unseren Dank. Er ist für uns die Quelle allen Seins, die Quelle unseres Lebens und all der Gaben, die wir zum Leben brauchen.

Uns ist wohl klar, dass nicht alle Menschen zu essen und zu trinken haben, dass im Gegenteil täglich viele Tausend Menschen verhungern und verdursten. Und dass viele kein festes Zuhause haben, keine Möglichkeit, sich ihren Lebensunterhalt durch ihrer eigenen Hände Arbeit zu sichern, dass viele ohne medizinische Betreuung sind und überhaupt auch ohne menschlichen Beistand. Dass also vielen Menschen gar nicht zum Danken zumute ist.

Es ist für uns schmerzlich zu wissen, dass viele Menschen all das entbehren müssen, wofür wir heute danken. Nicht wenige von uns fragen sich: Wie passt das zusammen, wenn doch alle der einen und selben Quelle des Lebens entsprungen sind, der wir uns so persönlich verbunden fühlen?! Hier tauchen Fragen auf, die wir nicht beantworten können. Wir müssen eingestehen, dass das Geheimnis des Seins ein Geheimnis bleibt, ein schönes und in mancher Hinsicht schreckliches zugleich.

Uns hilft die biblische Tradition, auch damit umzugehen, dass wir das Schöne und das Schlimme nicht zusammenkriegen. All das, was wir an Ungereimtheiten erleben, an Ungerechtigkeit, an Not und Elend, all das, was wir weder verstehen noch mit unseren eigenen Kräften zum Guten verändern können, all das legen wir in die Hand desjenigen, der der Urgrund allen Seins ist und bitten ihn um seinen Beistand: dass er es möglich machen möge, dass alle Menschen zu essen haben und in Wohlergehen und in Frieden leben mögen.

Das Geheimnis des Seins bleibt ein Geheimnis. Wir werden es nicht lüften. Aber wir müssen damit leben. Die biblische Tradition hilft uns, damit in einer guten Weise zu leben, die uns Menschen angesichts unserer menschlichen Begrenzungen angemessen ist.

Ein Tag wie heute ist ein Tag, an dem wir unsere menschlichen Begrenzungen zum Ausdruck bringen, indem wir danken - demjenigen, der unendlich viel mehr ist als wir, der unendlich viel größer ist als wir, der unbegreiflich ist und unbegreiflich bleiben wird.

Es ist auch gut, dass wir nicht alles wissen und nicht alles zu erkennen vermögen. Die Grenzen unseres Wahrnehmungsvermögens sind in mancher Hinsicht ein wahrer Segen. Zu viel Wissen kann beunruhigen und verstören. Wenn wir z. B. einmal ins Trinkwasser schauen, das für unser Leben und Überleben so fundamental wichtig ist und dessen Reinheit so grundlegend wichtig ist, wenn wir da einmal mit dem Mikroskop hineinschauen und feststellen, was da alles für Tierchen drin herumschwimmen - verzeihen Sie wenn ich das so banal sage, wie es ist, dann würden wir uns vielleicht wünschen, wir hätte lieber nicht so genau hineingeschaut.

Oder wenn wir irgendein kleines Tierchen nehmen, eine gewöhnliche Stubenfliege, und betrachten auch diese unter einem Mikroskop, dann tun sich da Formen auf, die uns fremdartig und bedrohlich erscheinen mögen und uns vielleicht erschrecken können.

Wir nehmen mit unseren Sinnesorganen nur einen kleinen Teil der Wirklichkeit wahr - und das ist auch gut so. Der Blick in den Mikrokosmos und der Blick in den Makrokosmos können uns erschaudern lassen.

Es hat etwas geradezu Lebenerhaltendes, dass wir nicht alles sehen, nicht alles wissen, dass wir z. B. nicht wirklich in die Zukunft schauen können, dass wir vielmehr in unserer kleinen gegenwärtigen überschaubaren Welt leben, in der wir uns ganz gemütlich eingerichtet haben, in der die Fragen ihre Antworten haben - und in der wir für die unbeantwortbaren Fragen auch eine Weise haben, so damit umzugehen, dass sie uns nicht dauerhaft belästigen.

Dies sage ich alles an einem Tag wie dem heutigen, an dem wir unserer Dankbarkeit Ausdruck geben wollen, unserer Dankbarkeit demjenigen gegenüber, der der Inbegriff dieses ganzen geheimnisvollen Seins ist.

Mit unserem eigenen Leben geht es ja auch auf und nieder. Und manche von Ihnen haben Zeiten erlebt, in denen Sie selbst Hunger gelitten haben, in denen Sie nicht wussten, wie Sie den nächsten Tag würden überstehen können. Da waren Sie vielleicht - aus dieser ganz persönlichen Betroffenheit heraus - irritiert von dem, zu dem Sie als den „lieben" Gott zu beten gelernt hatten.

Auch da wird Ihnen vielleicht geholfen haben, was die biblische Tradition uns nahelegt: dass wir das Geheimnis Gottes Geheimnis sein lassen, dass wir nicht den Anspruch stellen, die

Ungereimtheiten des Seins auflösen zu können.

Wir kommen nur zurecht, wenn wir Gott Gott sein lassen - und wenn wir als Menschen, als seine Geschöpfe, ihm mit unseren menschlichen Begrenzungen Dank sagen für das, was wir von ihm an Segensreichem empfangen - und wenn wir in seine Hand legen, was unsere eigenen Möglichkeiten übersteigt.

Das muss alles nicht ohne Emotionen geschehen. Unseren Dank können wir in überschwenglicher Freude vorbringen. In unserer Not können wir heftig klagen. Wir können unseren Schmerz hinausschreien und gar den Schöpfer anklagen. Wir können zornig sein über Ungerechtigkeiten und zutiefst traurig über unser Leid und das Leiden unserer Mitmenschen.

In allem bleiben wir die Geschöpfe des geheimnisvollen Schöpfers. Wir bleiben ihm vertrauensvoll verbunden und kehren immer wieder zu ihm zurück, wenn wir uns denn einmal von ihm entfernt haben. Wohin sollten wir sonst gehen?

Es ist Christus mit seiner lebensbejahenden, liebevollen Art, der uns besonders nachdrücklich hilft, dem Unvollkommenen, dem Schwierigen, dem Unbegreiflichen, dem Irritierenden, auch dem Gemeinen und Hässlichen und Brutalen so zu begegnen, dass es sich nicht vermehrt und vergrößert und verstärkt.

Christus hat in allem noch das Gute und Liebenswerte und Dankenswerte gefunden - und sich davon leiten lassen.

Auch nach einer schlechten Ernte wird es noch einiges geben, wofür zu danken sich lohnt. Auch in der Krankheit wird es noch einiges geben, was des Dankes wert ist - die medizinische Hilfe, der menschliche Beistand. Auch an einem Menschen, der uns gemein behandelt, wird sich noch etwas Gutes finden lassen, und sei es, dass auch er als Ebenbild Gottes in die Welt hineinkam. Auch das Scheitern einer Beziehung kann die Tage des Glücks nicht zunichtemachen. Selbst wenn ein Leben ein frühes Ende nimmt, bleibt jeder Tag des gelebten Lebens ein dankenswertes Geschenk.

So sind wir also heute hier, um unseren Dank zu sagen dem geheimnisvollen Urgrund allen Seins, der Quelle allen Lebens, dem Erschaffer der Natur, der Pflanzen und Tiere, dem Schöpfer, der auch uns Menschen erschaffen hat. Ihm sagen wir Dank, dass er uns das Leben geschenkt hat und es erhalten hat bis auf den heutigen Tag. In seine Hand legen wir all das, was wir nicht verstehen können, was wir gern zum Besseren verändert hätten: dass er Hilfe schaffe, dass er zum Guten wende, was nicht gut ist, und dass er helfe, das Unvollkommene anzunehmen und das Schwere zu tragen.

Wenn wir uns an Gott, den Schöpfer, mit unserem Dank und unserer Bitte wenden, dann wissen wir, dass wir zur Mitverantwortung berufen sind. Was wir selbst tun können, das sollen wir tun - in der Nachfolge seines Sohnes und mit Blick auf die Verheißung, die uns allen gegeben ist.

Gott helfe uns, dass unser ganzes Leben ein Dank sei für seine Güte.

Herz und Hirn
31. Oktober 2008
Reformationstag
Römer 3,21-28

Der Mensch besteht aus Kopf und Herz, aus Verstand und Seele, aus Denken und Empfinden - oder wie immer man die beiden Bereiche des menschlichen Wesens bezeichnen möchte, die auf so unterschiedliche Weise die Lebenswirklichkeit wahrnehmen und verarbeiten.

Luther war ein großer analytischer und systematischer Denker. Er war aber auch ein Gefühlsmensch, der noch viel mehr und anderes wahrnahm, als was sein Verstand ihm zu geben und aufzubereiten vermochte.

Wenn Luther z. B. den Teufel an der Wand sah und mit dem Tintenfass nach ihm warf, wie erzählt wird, dann war das weniger das Ergebnis seines Denkens, sondern mehr seines gefühlsmäßigen Erlebens.

Auch dass er anfangs meinte, als unverbesserlicher Sünder vor Gott keinen Bestand zu haben, war nicht eine gedankliche Schlussfolgerung seines Hirns. Die Einsicht in seine Sündhaftigkeit steckte vielmehr in seiner ganzen Gefühlswelt, die sich gebildet hatte durch das, was ihm seine Eltern, sein Umfeld, die Kirche und die allgemeine gesellschaftliche Gemütslage vermittelt hatten.

Luther war zwischen Kopf und Herz hin- und hergerissen. In dieses Chaos von Gedanken und Gefühlen versuchte er Ordnung zu bringen.

Am Ende kam dabei heraus, dass er dem Verstand, und zwar dem eigenständigen Denken, mehr Recht einräumte, als es bis dahin im Bereich der Kirche üblich gewesen war. Es ist darum bis auf den heutigen Tag so, dass in einem lutherischen Gottesdienst z. B. der Predigt eine größere Bedeutung zukommt als dem rituellen Anteil des Gottesdienstes.

Wenn wir in einen katholischen Gottesdienst gehen, fällt auf, dass sich da einiges mehr von dem vollzieht, was sich mehr an das Gefühl als an den Verstand richtet. Das fängt schon bei den Kerzen an, die im katholischen Gottesdienst eine umfänglichere Rolle spielen. Weihwasser gibt es, es wird Weihrauch benutzt und es klingelt mal hier und da. Oder denken wir an die Ausstattung der Kirche, die Heiligenbilder, die Marienbilder, die Reliquien ...

Luther war das etwas zu viel. Er hat auf eine Konzentration auf das Wort hingewirkt. Das Wort ist mehr etwas für das Hirn. Es wird dem lutherischen Gottesdienst oftmals vorgehalten, dass er zu kopflastig sei. Da ist etwas dran.

Mit Wort meinte Luther die Bibel. Dass er die Bibel und die Bibelauslegung so sehr betonte, hatte seinen Grund darin, dass er mit den theologischen Positionen des Papstes und seiner Bibelauslegungen und den Schlussfolgerungen daraus nicht einverstanden war. Nicht das Wort des Papstes sollte gelten, sondern das Bibelwort.

Damals war das Problem, dass das Bibelwort für die wenigsten Menschen zugänglich war. Die Bibel lag in lateinischer Sprache vor. Wer konnte schon Latein? Das waren die wenigen Gelehrten und Gebildeten. Wer konnte überhaupt lesen? Die Analphabetenquote war hoch.

Luther hatte es sich deshalb zur Aufgabe gemacht, die Bibel ins Deutsche zu übersetzen. Das war ein emanzipatorischer Schritt. Denn dadurch konnte endlich ein Großteil der Bevölkerung die Bibel selbst lesen und andere, die nicht selbst lesen konnten, konnten sich den Text in deutscher Sprache vorlesen lassen. Da zu der Zeit auch gerade die Buchdruckerkunst erfunden war, konnten die Bibeltexte auch so sehr verbreitet werden, dass viele Menschen Zugang zu den Texten bekamen.

Den Bibeltext in verständlicher Sprache lesen und hören und sich dann selbst darüber Gedanken machen können, das war das Neue. Der Kopf hatte nun eine Menge Material zu verarbeiten. Das muss faszinierend gewesen sein für alle, denen sich so zum ersten Mal die Tür zur selbstständigen Beschäftigung mit dem Bibeltext öffnete.

Aber, wie wir wissen, ist der Bibeltext zwar sehr hilfreich, aber in weiten Teilen nicht so ganz einfach. Die Bibeltexte sind nicht immer leicht zu verstehen. Und sie allein geben einem vielleicht auch noch nicht all das, was wir uns wünschen, wenn wir uns der Bibel und der Kirche zuwenden.

Manche wichtige Botschaft erreicht uns über den Text allein noch nicht. Denn mit dem Kopf und dem Denken allein erfassen wir nur einen Teil der Wirklichkeit.

Es reicht zum Beispiel nicht, dass es schöne Geschichten über die Liebe gibt und wir klug über die Liebe reden. Wir wollen auch einfach mal in den Arm genommen werden, um leibhaftig zu spüren, dass wir geliebt werden. Es reicht auch nicht, dass die Notlage von Menschen präzisiere analysiert und die Notwendigkeit barmherziger Hilfe wortreich begründet wird. Es muss sich auch einfach mal jemand zu dem Verletzten hinabbeugen, ihm die Wunden verbinden, ihm ein Glas Wasser reichen und Sorge tragen, dass die weiteren erforderlichen Hilfsmaßnahmen ergriffen werden.

Und es reicht ganz offensichtlich auch nicht, dass wir darüber predigen, dass Gott uns liebt und verzeiht - wir wollen das auch irgendwie mit allen unseren Sinnen erleben. Darum feiern wir z. B. einen Taufgottesdienst, in dem neben dem erklärenden Wort das Wasser als sichtbares Zeichen anschaulich macht, wie hier – sogar bereits im Vorwege - etwas abgewaschen wird, was uns in unserem Inneren verunreinigt.

Unser Hirn ist das eine. Wir wollen verstehen. Aber wir wollen auch erleben - mit all unseren Sinnen. Die vielfältigen sinnhaften Botschaften geben unserem Herz die Nahrung, die mit dem Kopf allein nicht verdaut werden kann, die wir aber zur Stärkung unserer Lebenskraft doch dringlich brauchen.

Solche Nahrung bietet der katholische Gottesdienst in umfänglicherer Weise als der lutherische Gottesdienst. Luther hat die Bedeutung der Herzensnahrung nicht unterschätzt. Aber was diesbezüglich die Kirche damals anzubieten hatte, war ihm zu viel, und es war ihm nicht nur zu viel, manches erschien ihm auch unbekömmlich.

Über das Herz ist der Mensch auch manipulierbar - und da

erschien es Luther wichtig, dem Menschen eine Kontrollmöglichkeit an die Hand zu geben. Denn er spürte, dass - gerade im Zusammenhang mit dem Ablass - in der Kirche seiner Zeit die Ängste und Hoffnungen der Menschen für wirtschaftliche Zwecke missbraucht wurden.

Der Petersdom in Rom sollte gebaut werden. Das war ein teures Vorhaben. Der Ablass erschien als geeignetes Mittel, die erforderlichen Gelder einzutreiben. Die Angst vor dem Fegefeuer und das Angebot, sich von der Sündenstrafe freikaufen zu können, sollte die Menschen dazu bewegen, ihren Geldbeutel zu öffnen. Die Rechnung ging zunächst auf. Aber für Luther wurde der Ablass zum Anlass für heftigen Protest - und zwar zum Protest über das Hirn. Er verfasste eine gelehrte Schrift in 95 Thesen und nahm darin Bezug auf den Bibeltext und legte dar, dass die Gnade Gottes nicht käuflich ist, dass sie vielmehr ein Geschenk Gottes ist und dass es Gott nicht auf Geld ankomme, sondern auf ein ehrliches Bekenntnis der Schuld und ein ernsthaftes Bemühen um Besserung.

Luther hat im weiteren Verlauf immer wieder die Bedeutung des Bibeltextes als der eigentlichen Erkenntnisgrundlage des Glaubens betont und hat versucht, der breiten Bevölkerung zu helfen, sich gegen die Manipulation des Herzens durch die kirchliche Hierarchie zur Wehr zu setzen. Er übersetzte den Bibeltext, ließ ihn drucken und machte ihn damit vielen Menschen zugänglich. So ermöglichte er ihnen, sich selbst Gedanken über die Glaubensgrundlage zu machen.

Das war ein enormer Beitrag zur Emanzipation des Menschen.

Für uns heute kommt es nun darauf an, dass wir stets beides im Blick haben und ins rechte Verhältnis zu setzen versuchen: Herz und Hirn des Menschen. Was wir als Kirche zu geben haben - die frohe Botschaft, das Evangelium von der Liebe Gottes zu allen Menschen, von seiner Barmherzigkeit und Vergebung, wie sie in Christus anschaulich wird - das ist für den Menschen in seiner Ganzheit und in seiner Mündigkeit bestimmt. Das Evangelium richtet sich an das Herz, aber es möchte auch im

Hirn verstanden werden. Und es richtet sich an den Verstand, aber es möchte auch im Herzen bewegt und aus dem Herzen heraus gelebt werden.

Luther sei Dank für seinen Beitrag zur Mündigkeit des Christen. Und Gott sei Dank für Luther.

Wird es immer Kriege geben?
16. November 2008
Volkstrauertag
Micha 4,3

Können Sie sich vorstellen, dass es eines Tages auf unserer Erde keinen Krieg mehr gibt? Das ist wirklich schwer vorstellbar. Kriege hat es immer gegeben. Da drängt sich die Schlussfolgerung geradezu auf: Kriege wird es wohl immer geben. Aber mit diesem bitteren Fazit können wir das Thema Krieg und Frieden nicht abhaken.

Der Prophet Micha im Alten Testament spricht von den letzten Tagen, wenn er sagt: „Sie werden ihre Schwerter zu Pflugscharen und ihre Spieße zu Sicheln machen. Es wird kein Volk gegen das andere das Schwert erheben und werden nicht mehr lernen, Krieg zu führen." Diese Vision kann uns immerhin als Leitbild dienen, auf das hin wir hoffen und unser Denken und Handeln ausrichten können.

Heute haben wir den Volkstrauertag. Das ist eigentlich kein kirchlicher Feier- oder Gedenktag. Eingerichtet wurde er nach dem ersten Weltkrieg auf Vorschlag des Volksbundes Deutsche Kriegsgräberfürsorge mit der Absicht, das deutsche Volk durch die Erinnerung an die Leiden des Krieges über alle parteilichen, religiösen und sozialen Grenzen hinweg zu vereinen.

Es dauerte nur zwei Jahrzehnte, da griff das deutsche Kriegsschiff „Schleswig-Holstein" die Westerplatte bei Danzig an, ein polnisches Munitionslager. Damit begann der zweite Weltkrieg - am 1. September 1939. Das Dritte Reich machte aus dem Volkstrauertag einen Heldengedenktag.

Nach dem zweiten Weltkrieg ab 1948 dient der Volkstrauertag dazu, der Toten beider Weltkriege und der Opfer der Gewaltherrschaft aller Nationen zu gedenken und alljährlich zum Frieden zu mahnen.

Innerhalb unserer Landesgrenzen haben wir seitdem keinen Krieg wieder gehabt. Weltweit sind seit dem zweiten Weltkrieg allerdings zahlreiche Kriege geführt worden. Und deutsche Soldaten sind außerhalb unseres Landes wieder an Kriegen beteiligt gewesen und beteiligt - am Kosovokrieg 1999 - und derzeit in Afghanistan.

Der Volkstrauertag ist eigentlich kein kirchlicher Feier- oder Gedenktag. Aber sein Anliegen ist ein sehr kirchliches: die Mahnung zum Frieden. In diesem Zusammenhang richten wir den Blick auf die Wesensart des Menschen und stellen die Frage: Wie kann es sein, dass immer wieder Krieg von Menschen ausgeht?

Der Mensch - ein Geschöpf Gottes, wie wir mit den Worten und Bildern der Bibel sagen. „Gott schuf den Menschen nach seinem Bilde" - und nachdem er ihn geschaffen hatte, sah er zufrieden auf sein Werk und sprach: „Es ist sehr gut." So beschreibt es der biblische Schöpfungsbericht.

Die Zufriedenheit des Schöpfers hielt nicht lange an. Wir können hier wirklich bei Adam und Eva anfangen, die sich mit ihrem Eigensinn das Paradies verdarben. Ihre beiden Söhne, Kain und Abel, sind zum Paradebeispiel dafür geworden, dass die Bereitschaft zur Gewalt im Menschen geradezu verwurzelt ist. Kain tötet seinen Bruder Abel aus Neid.

Natürlich handelt es sich bei dieser biblischen Geschichte nicht um einen dokumentarischen Bericht. Hier hat vielmehr jemand seine Erfahrung mit der Wesensart des Menschen aufgezeichnet - und zwar vor mehr als zweieinhalbtausend Jahren. Das ist ja immerhin vor sehr langer Zeit. Was hat sich seitdem verändert, was das Thema Gewalt angeht? Die Blutspur der Gewalt zieht sich ununterbrochen hin bis in den heutigen Tag. Und die Methoden der Gewaltanwendung haben sich seitdem vervielfältigt - bis hin zu der Möglichkeit, die ganze Menschheit auslöschen zu können.

Es ist immer wieder zum Frieden gemahnt worden. Nach den Kriegen hieß es nicht nur einmal: „Nie wieder Krieg!" Es werden friedliche Wege der Konfliktlösung eingeübt - überall da, wo erzogen wird, in Schulen und in Kindergärten zum Beispiel. Es hat Versöhnung gegeben zwischen einzelnen Völkern, zwischen den Kriegsparteien des 2. Weltkriegs, die deutschfranzösische Aussöhnung und die Versöhnung zwischen der Bundesrepublik und Polen zum Beispiel. Es gibt heute die europäische Union. Es gibt die Vereinten Nationen. Es gibt viel guten Willen. Und viel guter Wille ist in gute Maßnahmen umgesetzt worden. Da ist noch viel zu tun. Der Frieden im Großen und im Kleinen ist eine Daueraufgabe.

Gleichwohl sind wir immer wieder erschrocken über Gewalt hier und dort und über Kriege hier und dort und über Kriegsdrohungen. Wir können uns eines Friedens niemals sicher sein. Wenn z. B. in Polen und Tschechien Raketenabwehrsysteme installiert werden sollen, dann zeigt dies, wie nahe uns mögliche - reale oder vermutete - kriegerische Bedrohungen sind.

Angesichts dieser Faktenlage wäre es wohl nicht angebracht, sich über das Wesen des Menschen irgendwelchen Illusionen hinzugeben. Um so erstaunlicher und beglückender ist das christliche Menschenbild. Es antwortet auf das - die ganze Geschichte durchziehende - menschliche Versagen mit einem großen liebevollen Dennoch. Dem christlichen Menschenbild liegt der Glaube daran zugrunde, dass der Schöpfer uns trotz unserer unleugbaren problematischen Art nicht verwirft, sondern in Liebe zu uns hält und uns dazu aufruft, in eben dieser Weise auch miteinander umzugehen - in liebevoller Zuwendung - im kleinen persönlichen Bereich und im weltweiten Miteinander der Völker.

Wir sind - theologisch formuliert - geliebte Sünder; das ist das christliche Menschenbild. Sünder sind wir ausnahmslos alle. Es gibt zwar Unterschiede. Es gibt zwar Menschen, deren Hang zur Gewalt, deren Gewaltbereitschaft und deren kriminelle Energie geradezu unendlich viel größer ist als bei anderen Menschen, die sich schwertun, auch nur einer Fliege etwas zuleide zu tun. Aber selbst derjenige, der einen Weltkrieg vom Zaume gebrochen hat, konnte dies nur tun unter Mitwirkung - durch Tun oder Unterlassen - der vielen kleinen und kleinsten Sünder. Der Krieg fängt bei uns selbst an, und auch der Frieden fängt bei uns selbst an. „Wehret den Anfängen", sagt der Volksmund.

Das gehört zu unserer christlichen Verantwortung: dass wir zunächst einmal uns selbst betrachten und uns kritisch beobachten und in uns hineinschauen. Wenn wir das in Wahrhaftigkeit tun, dann kann uns schon ganz schwindelig werden. Welche Kräfte stecken in uns, die wir selbst nur schwer beherrschen! Welche niederen Triebe sind in uns am Werke, welche Empfindungen, Ansinnen und Wünsche, derer wir uns schämen würden, wenn sie offen zutage träten!

Auch ein Weltkrieg fängt nicht bei Kriegsschiffen und Atombombern an. Auch der größte Krieg beginnt in unseren Herzen - oder sagen wir besser: in uns, in unseren Leibern und Seelen. Es sind beschämend niedere Kräfte, die auch am Anfang der größten Kriege stehen: Stolz und Neid und Eifersucht, Ehrsucht, Ungeduld, Intoleranz, Habgier, Eigensucht, Eitelkeit, Rechthaberei, persönliche Interessen, Machtgelüste, Hass, auch Kriegsbegeisterung - verzeihen Sie all diese unschönen Wörter.

Wie leicht gerät ein ganzes Volk z. B. schon dann in Aufruhr, wenn das Symbol seines Landes geschändet wird, wenn jemand z. B. die Fahne des Landes verbrennt oder wenn jemand Karikaturen zeichnet, die die zentrale Figur seiner Religion verunglimpfen!

Wo so etwas geschieht, kochen die Emotionen hoch und Interessierte heizen die Emotionen an und kanalisieren sie für ihre Zwecke, fördern die Gewalt und lassen Gewalt geschehen.

Es sind zum einen niedere Motive, die Gewalt bis hin zum Krieg auslösen. Es können aber auch gerade die edelsten Motive zur Beteiligung an Gewalt und Krieg führen. Wer z. B. jemanden vor Gewalt beschützen möchte, sieht vielleicht keinen anderen Weg, als selbst zur Gewalt zu greifen. Oder der Wunsch und die Verantwortung, ein ganzes Volk gegen Gewalt in Schutz zu nehmen oder aus Unterdrückung zu befreien, kann in die Entscheidung münden, selbst mit Gewalt und ggf. mit dem Einsatz kriegerischer Mittel vorzugehen. Solche Situationen können geradezu tragisch sein.

Auch für den Friedfertigsten ist es deshalb nicht immer leicht, denen zu widersprechen, die für Gewalt und Krieg argumentieren.

Es gibt aber doch einige Orientierungspunkte. Zwei nannte ich bereits:

Zum einen die Blutspur, die sich durch die ganze menschliche Geschichte hindurchzieht. Die Erfahrung lehrt: Gewalt erzeugt Gegengewalt. Gewalt hält die Spirale der Gewalt in Gang.

Zum anderen die Niedrigkeit der Antriebskräfte, die zur Gewalt führen. Wir sollten uns auf solche Niedrigkeiten nicht einlassen. Wo wir uns doch von unseren niederen Trieben zur Gewalt und Beteiligung an Gewalt und Duldung und Befürwortung von Gewalt hinreißen lassen, da sollten wir möglichst schnell wieder zur Besinnung kommen, uns eines Besseren besinnen, unseren Irrweg bekennen, unsere Schuld eingestehen und unsere ganze Phantasie und unseren ganzen guten Willen zusammennehmen, um zu tun, was unserer menschlichen Würde entspricht.

Einen dritten Orientierungspunkt hatte ich angedeutet: den Schöpfer selbst - und mit ihm denjenigen, der uns mit seinem Erscheinen vor 2000 Jahren eine göttliche Botschaft vermittelt hat: Wir dürfen uns als geliebte Sünder verstehen und sollen uns als solche gegenseitig annehmen. Diese göttliche Botschaft hat uns Jesus Christus vermittelt - mit seinem Leben, seinem Sterben und seinem Auferstehen.

Mit seinem Leben - das bedeutet: Er wandte sich einem jeden Menschen in Liebe, in Barmherzigkeit, in der Bereitschaft zu helfen, zu heilen, zu vergeben zu.

Mit seinem Sterben, das bedeutet: Er, der in jeder Hinsicht gut und nur gut war, wurde hingerichtet am Kreuz - unverstanden und ungerechterweise. Der Gewalt widersetzte er sich nicht.

Mit seiner Auferstehung - das bedeutet: Er bekräftigt seine Botschaft. Er kehrte nicht ins Leben zurück, um sich zu rächen, nicht einmal um im Nachherein wenigstens sein Missfallen zum Ausdruck zu bringen für den mangelnden Dank, die fehlende

Anerkennung, die schlechte Behandlung. Er kehrte ins Leben zurück, um zu sagen: „Ich bleibe bei euch. Ihr bleibt meine Schwestern und Brüder, die geliebten Kinder Gottes, unseres gemeinsamen Schöpfers."

Wenn wir uns doch seine Art, seine Botschaft so zu Herzen nehmen würden, dass sie von dort aus ganz tief in uns hineingehen und alle Fasern unseres Seins durchdringen würde, dass etwas von seiner Art zu unserer Art werden würde und wir ein wenig so reden und handeln und sein könnten wie er und wir - im kleinen Persönlichen und im Großen weltweit - ein wenig mehr so miteinander umgehen könnten, wie er zu den Menschen gewesen ist - würde das nicht dem Frieden dienen?

Das könnte doch ein wenig helfen. Und selbst wenn auch wir damit die Welt nicht nachhaltig zum Besseren verändern könnten: Ist es nicht dennoch einfach schöner und würdevoller, in seinem Sinne - im Sinne Gottes, im Sinne Jesu Christi - zu versuchen, das Leben friedfertig und liebevoll zu gestalten? Und liegt nicht darin der tiefste Wert und Sinn unseres Lebens?

Leben, Leiden, Lieben
23. November 2008
Totensonntag
Offenbarung 21,4

„Gott wird abwischen alle Tränen." Vorläufig - und wohl noch für längere Zeit - wird dies wohl unsere Aufgabe bleiben, dass wir einander die Tränen abwischen, dass wir einander in den Arm nehmen, einander trösten. Der Tod wird Teil unseres Lebens bleiben. Im Augenblick des Schmerzes wünschen wir uns vielleicht, es möge ein für allemal ein Ende haben mit dem Sterben. Aber wenn es den Tod nicht mehr gibt, dann gibt es auch das Leben nicht mehr, das Leben, wie wir es kennen und lieben.

Leben, das ist für uns zunächst das leibliche Leben, der Mensch aus Fleisch und Blut, den wir anschauen und anfassen können, dessen Wärme wir spüren, dessen Worte wir hören, der uns antwortet, wenn wir ihn ansprechen, der zurückschaut, wenn wir ihn anblicken, dem wir Gutes tun können und der uns Gutes tun kann und mit dem wir uns streiten und uns wieder vertragen können.

Leben, wie wir es kennen und lieben, bedeutet am Morgen aufwachen und abends schlafen gehen, es bedeutet Wachsen und Werden, Blühen und Reifen, Früchtebringen und Vergehen, Ankommen und Abreisen, Wandern, Entdecken ...

Leben, wie wir es kennen und lieben, das ist die tägliche Anstrengung, das Mühen und Ausruhen, der Kampf mit den Widrigkeiten, die Herausforderungen, Erfolg und Niederlage, Gewinn und Verlust, Hoffnung und Enttäuschung, Freud und Leid.

Ja, Freud und Leid machen das Leben aus, wie wir es kennen und lieben. Gewiss, es kann auch ein Übermaß an Leid geben, ein unerträgliches Maß an Leid, das uns irre machen kann am Leben und das uns die Worte Hiobs nachsprechen lässt, der im Augenblick größten Schmerzes seinen Schöpfer angeklagt hat:

„Warum nur hast du mich aus dem Leib meiner Mutter gezogen?!"

Wenn das Leid zu groß ist, dann zerbrechen alle Maßstäbe, dann verlieren wir die Kraft, das Leben wertzuschätzen.

Aber ein gewisses erträgliches Maß an Leid gehört zum Leben dazu - und macht das Leben zum Leben. Am Anfang des Lebens weinen wir Tränen der Freude, wenn wir ein neugeborenes Kind im Arm halten. Am Ende des Lebens weinen wir Tränen der Trauer, wenn wir Abschied nehmen müssen. Über unseren Leib als Mittler empfinden wir das Leben. Wir wissen nicht, was Leben im körperlosen Sinne bedeutet. Manchmal sehnen wir uns nach diesem unbekannten Zustand, wenn uns der Leib zur Last wird. Und wenn wir einen lieben Menschen verloren haben, dann hoffen wir vielleicht darauf, in einer anderen körperlosen Welt wieder vereint zu sein. Aber noch lieber wäre es uns, wir könnten hier und jetzt leibhaftig beieinanderbleiben.

Wir wollen das Leben jetzt und hier - und wir wollen, dass immer wieder neu Kinder in dieses Dasein hineingeboren werden. Wir wissen wohl, dass der Weg ins Leben hinein mit Schmerzen verbunden ist, und dass der Weg aus dem Leben hinaus mit Schmerzen verbunden ist, und dass der Weg des Lebens selbst voller Schmerzen ist. Dennoch sagen wir: „Das Leben ist schön." Das ist eine Grundentscheidung. Und wir öffnen unsere Augen und unsere Ohren und all unsere Sinne und unser Herz, um all die Schönheiten dieser Schöpfung wahrzunehmen.

Es fällt uns nicht immer leicht, diese Grundentscheidung durchzuhalten. „Das Leben ist schön" - dieser Satz käme uns in manchen Situationen nicht über die Lippen. Manchmal erscheint uns diese Aussage fast unmenschlich, wenn wir selbst heftig leiden oder uns das große Leid anderer vor Augen ist.

Wie können wir das Leid und die Freude am Leben zusammenbringen? Wir können es vielleicht z. B. dann, wenn wir zum Mitleiden bereit sind, wenn wir bereit sind, das Leid als Herausforderung zur liebevollen Zuwendung anzunehmen.

Jesus von Nazareth selbst hat das Leben durchlitten - bis zum Tod am Kreuz. Er hat das Leben mit seinen leidvollen Seiten erfahren. Dennoch hat er dem Leben hier und jetzt eine große Würde verliehen. Den Leidenden ist er mit Liebe begegnet - den Aussätzigen, den Gelähmten, den Tauben, den Blinden, den psychisch Kranken, den Hungernden, den Geringgeachteten, den Streitenden, den Sterbenden, den Trauernden. Er hat geholfen, er hat getröstet, er hat geheilt - er ist zum Heiland geworden. Menschen seiner Zeit haben darin sein göttliches Wesen erkannt. Für sie kam er wie eine Befreiung, wie eine Erlösung, als der Christus eben. Er hatte das Leid nicht ein für allemal von ihnen genommen. Aber er hatte das Leid mit seiner Liebe durchdrungen.

Das Leben hier und jetzt ist gewiss nicht immer einfach. Gerade am heutigen Tag ist uns die schmerzvolle Seite des Lebens vor Augen und im Herzen. Aber die Tränen der Trauer entspringen ja nicht nur der Not unseres Herzens. Sie erinnern auch an das Schöne, das da gewesen ist, an Zeiten des Glücks, an Freude und Fröhlichkeit, an gute Beziehungen, an Zuneigung und Liebe. Dies in Dankbarkeit zu würdigen und uns davon leiten zu lassen, das ist unser Auftrag.

„Gott wird abwischen alle Tränen." Manchmal sehnen wir uns nach dieser endgültigen Ruhe, nach dieser vollkommenen Befreiung von aller Mühe, aller Not, allem Schmerz. In diesem Sinne dürfen wir getrost unserem eigenen Ende entgegensehen. Gott wird uns in seine Arme nehmen und alles wird gut sein. Aber noch sind wir hier, und Gott ist - in Christus - zu uns gekommen in diese Welt, um uns zu stärken für dieses Leben hier und jetzt.

Das Leben ist kurz, auch wenn es 100 Jahre - und ein wenig mehr - dauern kann. Die Zahl unserer Jahre ist gezählt. Das Leben ist ein Geschenk auf Zeit, wie die Reise in ein unbekanntes Land, ein Abenteuer mit Chancen und Risiken, eine enorme Herausforderung. Wie gehen wir mit dieser Gabe um? Was machen wir aus unseren Möglichkeiten? Welche Mittel und Wege wählen wir? Auf welches Ziel gehen wir zu? Wie stellen wir uns überhaupt zu dem, was uns da geschenkt, aufgetragen, auferlegt ist?

Wir machen uns darüber im allgemeinen nicht so viele Gedanken. Oft leben einfach so dahin. Die Erfahrung des Todes kann zum Augenblick des Innehaltens werden.

Mir sagte damals einer, der am 11. September auf dem Weg in die USA war und umgeleitet wurde und mit Tausenden anderer Menschen an unerwartetem Ort in Notquartieren betreut von hilfsbereiten Menschen für einige Tage Zeit hatte, die Dinge des Lebens zu bedenken und mit fremden Menschen aus aller Welt zu besprechen - fernab von Frau und Kind im Wissen um ein schreckliches Ereignis - er sagte mir: „Ich sehe die Dinge des Lebens nun anders. Vieles ist mir unwichtig geworden. Die geschäftlichen Dinge, die bis eben noch so bedeutsam waren, sie sind in den Hintergrund getreten. Frau und Kind sind mir ganz nah ans Herz gerückt, menschliche Beziehungen - und auch die Frage: Was tu ich in meinem Leben eigentlich für andere?"

Unser Ende kann uns immer ganz nahe sein. Dieses Wissen soll uns nicht erschrecken. Es kann unser Leben vertiefen, es kann uns helfen wertzuschätzen, was wir empfangen haben. Es kann uns helfen, Wichtiges von Unwichtigem zu unterscheiden, uns Ziele zu setzen, die anzustreben uns wirklich lohnend erscheint.

Lassen Sie uns immer bedenken, dass wir sterben müssen, lassen Sie uns beklagen, was wir durchleiden, lassen Sie uns von Herzen betrauern, was wir verlieren, was wir wieder abgeben müssen, geliebte Menschen insbesondere. Aber lassen Sie uns dann auch und vor allem einander beistehen mit Trost und Hilfe und einander stärken mit guten Worten und Taten, damit wir das Leben als wunderbare Gabe wertschätzen und wir Kraft zum Leben haben und mit Freude leben und die Liebe das Leid durchdringt und verwandelt.

„Gott wird abwischen alle Tränen" - lassen Sie uns in unserer Lebenszeit diesen göttlichen Dienst einander erweisen, und tun, was uns allen verheißen ist.

Kleine Schritte zum großen Ziel

7. Dezember 2008
2. Advent
Lukas 21,25-33

Wir haben den Predigttexttext aus dem Lukasevangelium gehört. Fast möchte ich sagen: „Hoffentlich haben Sie nicht so genau hingehört." Denn da geht es um unerfreuliche dramatische Dinge auf der Erde und im Weltall - um die Apokalypse, um das Weltenende. Sie könnten zu Recht fragen: „Was soll ein solcher Text in der Adventszeit, wo wir hier doch so schön beisammensitzen unter dem Adventskranz und uns mit Herz und Gemüt einstimmen möchten auf unser schönstes kirchliches Fest – Weihnachten?!"

Damals, als dieser Text geschrieben wurde, gab es den Adventskranz nicht, es gab nicht den Tannenbaum; den Menschen war überhaupt nicht so gemütlich zumute wie uns. Es war noch das erste Jahrhundert des Christentums. Christen wurden verfolgt. Die Menschen, die zum Glauben an Christus gekommen waren, waren noch sehr von der Frage bewegt: „Wann und wie wird endlich das in Erfüllung gehen, was Christus verheißen hat, als er sagte: ‚Das Himmelreich ist angebrochen!'? Und wann wird allenthalben in Erfüllung gehen, was er in seiner Person so wunderbar vorgelebt hat: Barmherzigkeit, Liebe zu den Menschen, Frieden?"

Er war hingerichtet worden am Kreuz. War denn damit alles zunichtegemacht worden, was in ihm so schön begonnen hatte? Nein, er würde sein Werk vollenden. Er würde in Kürze wiederkommen. Das war die Hoffnung. Er war auferstanden, er war gen Himmel gefahren, und von dort würde er wiederkommen. Und dann würde sich das Reich des Friedens, das Himmelreich auf Erden in Vollkommenheit ausbreiten.

Er kommt wieder - diese Hoffnung hat sich frühzeitig verbunden mit dem Rückblick auf sein irdisches, abrupt und gewaltsam beendetes irdisches Wirken.

Wenn wir jetzt auf das Fest der Geburt Jesu vorausschauen,

dann schauen wir zugleich noch viel weiter voraus, nämlich über die Geburt und das ganze Leben Jesu und über seinen Tod und seine Auferstehung und Himmelfahrt hinaus - auf seine Wiederkehr. Dazu jedenfalls will uns der heutige Text anregen.

Bei den Juden ist das anders. Sie haben nicht diese doppelte Vorausschau, sondern nur die eine: Sie warten darauf, dass er überhaupt kommt. Denn in Jesus haben sie nicht den Christus, den Messias erkannt. Für sie ist er noch gar nicht gekommen. Sie warten immer noch auf sein erstmaliges Erscheinen. Wir dagegen warten darauf, dass er wiederkommt. Oder sagen wir besser: Die Christen des ersten Jahrhunderts warteten intensiv darauf, dass er in Kürze wiederkommt.

Für uns, die wir hier sitzen, ist die Bedeutung der Wiederkehr Christi wohl eher in den Hintergrund gerückt. Die ersten Christen waren noch ganz intensiv von der Hoffnung erfüllt, dass er zu ihren Lebzeiten wiederkehren würde. Aber inzwischen sind 2000 Jahre vergangen.

Darum blicken wir mit unserem ganzen Herzen vor allem auf die Geburt Jesu im Stall von Bethlehem und auf all das, was Jesus gesagt und getan hat in seinem Leben. Sein irdisches Leben ist für uns schön und anschaulich, auch wenn seine Lebensumstände nicht immer die erfreulichsten waren. Aber er selbst war eben so, dass er unser Herz noch heute zutiefst zu berühren vermag.

Wir können uns da so richtig hineinfallen lassen in all das Schöne und Gute und Liebe, das Jesus verkörpert hat. Und gerade jetzt in der Advents- und dann in der Weihnachtszeit wollen wir uns da auch gerne hineinbegeben in diese ganze Fülle von Vorfreude, Besinnlichkeit, Glückseligkeit, in die schönen Bilder von Frieden und Wohlergehen.

Es bleibt dann aber am Ende auch für uns die Frage: „Was dann, wenn Weihnachten vorbei ist? Wenn hier und dort zu Weihnachten in den Unruhegebieten unserer Erde vielleicht sogar die Waffen geschwiegen haben - was kommt danach? Was wird anschließend aus der Botschaft ‚Friede auf Erden allen Menschen!'?" Selbst in der Familie kann sich die Frage stellen, wenn sich jeder für Heiligabend vorgenommen hat, lieb und freundlich zu sein: „Was kommt danach?" Realistischerweise müssen wir sagen: „Am nächsten Tag geht das Leben wieder seinen gewohnten Gang - im Kleinen wie im Großen."

„Friede auf Erden" - das ist einfach noch nicht, weder in unserem ganz persönlichen Umfeld noch weltweit unter den Völkern. Dennoch: Die Hoffnung auf eine Wiederkehr Christi in einem dramatischen kosmischen Szenario wird für uns, die wir hier sitzen - anders als für einige bestimmte religiöse Gruppierungen - wohl eher nicht die Antwort sein.

Wie aber gehen wir mit diesem Tatbestand um, dass das ganze Wirken Jesu am Kreuz endete und, auch wenn er auferstanden und gen Himmel gefahren ist, die Welt in den folgenden 2000 Jahren doch weiterhin so voller Unfrieden, voller Not und Elend und so voller menschlicher Schuld geblieben ist?

Unsere Antwort kann eine zweifache sein: Zum einen diese, dass wir die große Vision nicht aufgeben, den Traum vom Frieden auf Erden, vom Himmel auf Erden, vom Wohlergehen für alle Menschen. Und dass wir den Glauben daran nicht aufgeben, dass diese wunderbare Vision Wirklichkeit werden könnte. An dieser großen Vision müssen wir festhalten - als ein inneres und äußeres Leitbild, auf das hin wir unser Leben als Einzelne, als Gesellschaft, als Weltgemeinschaft immer wieder auszurichten versuchen.

Zum anderen aber ist es wichtig, dass wir im Konkreten zugleich ein wenig bescheiden sind und wir uns nicht scheuen, die kleinen Schritte zu tun, von denen manche sagen: „Das bringt doch nichts!" Es ist wichtig, dass wir - neben der großen Vision mit Dankbarkeit jedes kleine und kleinste Zeichen von Frieden und Wohlwollen und Gutem annehmen und wertschätzen und uns dadurch stärken und ermutigen und leiten lassen.

Jedes einzelne freundliche Wort ist ein kleines Juwel, jede kleine Geste der Hilfsbereitschaft ist ein wertvolles Geschenk, jedes Dankeschön, jedes ernsthafte Wort der Anerkennung, jedes wahrhaftige „Es tut mir leid", jede aufrichtige Geste der Versöhnung ist kostbar.

War nicht auch jenes Kind damals, nachts in einem Stall geboren, nur etwas unscheinbar Kleines - und dennoch ein Kleinod, das einige wenige - Gott sei's gedankt! - zu schätzen wussten: Hirten in Bethlehem?! Und machte nicht das die Weisheit der Weisen aus: dass sie vor der Stalltür nicht kehrtmachten?!

Jener Jesus von Nazareth hat in den wenigen Jahren seines Lebens gute Worte gesagt und hat Gutes getan an Menschen, von denen einige meinten, die hätten es nicht verdient. Die guten Worte wären in den Wind gesprochen gewesen, hätten sich einige seine Worte nicht als göttliche Botschaft zu Herzen genommen und weitergesagt und aufgeschrieben und zu leben versucht. Und seine guten Taten wären vergebene Liebesmüh gewesen, hätten einige darin nicht das Wirken der göttlichen Liebe zu uns Menschen wahrgenommen.

In jedem liebevollen Wort, in jeder liebevollen Tat begegnet er uns wieder - Jesus, der Christus, der Leib und Seele zu heilen vermag. Es wäre geradezu unglaublich schön, wenn sich seine Art über den ganzen Erdball ausbreiten und die Herzen aller Menschen erfüllen und die Lebensverhältnisse aller Menschen verändern würde. An dieser Vision wollen wir festhalten.

Aber er ist ja da mit seiner Art, hier und jetzt, und bewegt Herzen und Hände auch heute.

Auf dem Weg zu dem großen Ziel gehen wir unsere kleinen Schritte und zünden immer wieder eine Kerze an und noch eine und noch eine - und bedenken in Dankbarkeit, was Wunderbares an uns geschehen ist. Wir folgen ihm und er kommt uns entgegen.

Zart und gewaltig

21. Dezember 2008
4. Advent
Lukas 1,39-56

Weihnachten hat mit Zweierlei zu tun: mit etwas sehr Zartem und mit etwas ganz Gewaltigem. Der Evangelist Lukas hat in unserem heutigen Predigtabschnitt beides zusammengebracht in der Person der schwangeren Maria. Das wirkt schon sehr speziell. Wir haben eben als Evangelienlesung das Magnifikat gehört. Maria sagt:

„Gott übt Gewalt mit seinem Arm. Er zerstreut, die hochmütig sind in ihrem Sinn. Die Gewaltigen stößt er vom Thron und erhebt die Niedrigen. Die Hungrigen füllt er mit Gütern und lässt die Reichen leer ausgehen. Er gedenkt der Barmherzigkeit und hilft seinem Diener Israel auf, wie er geredet hat zu unseren Vätern, Abraham und seinen Kindern in Ewigkeit."

So redet normalerweise keine Frau, die gerade ein Kind erwartet. So wird auch Maria nicht wirklich geredet haben. Das ist nicht ihr O-Ton. Dies ist ein Bibeltext. Wenn ein Mensch in der Bibel etwas sagt, dann muss das nicht wirklich das ganz persönliche Wort des betreffenden Menschen gewesen sein.

Hier hat der Schreiber des Bibeltextes, der Evangelist Lukas, Maria Worte in den Mund gelegt, große Worte, Worte der Tradition, Worte aus den Psalmen, Worte, in denen sich religiöse Vorstellungen des jüdischen Volkes zum Ausdruck bringen.

Maria ist schwanger. Das ist etwas sehr Persönliches. In ihrem Körper vollziehen sich Vorgänge ungewohnter Art. Es soll ihr erstes Kind werden. Maria wird jetzt ganz viel mit sich selbst beschäftigt sein, mit ihren Gefühlen, mit Freude, Vorfreude, mit Fragen, bangen Fragen, der Sorge, ob alles gut gehen wird. Neue Anforderungen werden sie in ihrem täglichen Leben in Anspruch nehmen.

Als Schwangere wird sie aber zugleich spüren, dass sich in ihr etwas vollzieht, was weit über sie selbst hinausgeht. Das, was sie zum einen als ganz persönlich erlebt, ist zugleich ein biologischer Vorgang, etwas sehr Existentielles, das seine letzte Quelle in einer geheimnisvollen Schöpferkraft hat, durch die immer wieder neues Leben entsteht. Je nach Gemütslage wird Maria als Schwangere das, was da über sie gekommen ist, was sie erfasst hat, als wunderbares persönliches Geschenk empfinden oder als die Bürde einer großen, vielleicht übergroßen Aufgabe und Verantwortung.

Es sind die überpersönlichen Anteile der Schwangerschaft, die im Lobsang der Maria formuliert sind, und zwar nicht nur die überpersönlichen Anteile der Schwangerschaft, wie sie für jede Schwangerschaft gelten würden, sondern zudem die überpersönliche Bedeutung des Kindes, das Maria noch in ihrem Leib trägt.

Im Vorgriff auf das Leben und Wirken des Kindes, das nicht nur ihr ganz persönliches Kind, ihr Jesus, sondern auch der Christus für alle Menschen werden soll, sind in den Worten Marias die Verheißungen der jüdischen Tradition wiederholt, wie sie in dem noch zu gebärenden Kind in Erfüllung gehen sollen.

Es ist in unserem heutigen Predigtabschnitt nicht nur Maria, der der Evangelist große Worte in den Mund legt. Maria hatte sich auf den Weg zu einer Verwandten gemacht, zu Elisabeth, die ebenfalls gerade schwanger war und deren Schwangerschaft uns auch als ein überpersönliches Geschehen geschildert wird.

Elisabeth war schon betagt und hatte schon nicht mehr wirklich daran geglaubt, dass ihr noch ein Kind geschenkt würde. Auf wunderbare Weise ist dies dann doch geschehen. Ihrem Mann Zacharias, der als Priester im Tempel in Jerusalem arbeitete, war - ähnlich wie bei Maria - durch einen Engel die Botschaft überbracht worden, dass seine Frau demnächst ein Kind bekommen würde.

Und nun also besucht die jüngere Schwangere, Maria, die ältere Schwangere, Elisabeth. Wir können uns ausmalen, worüber sich die beiden wohl unterhalten haben. Vielleicht haben sie auch über das gesprochen, worüber sich zwei Schwangere üblicherweise unterhalten. Von diesem persönlichen Gesprächsanteil berichtet uns Lukas aber nichts.

Er legt auch Elisabeth Worte in den Mund, die nicht auf das demnächst zur Welt kommende Jesuskind von Maria, sondern auf den verheißenen Christus bezogen sind. „Gepriesen bist du unter den Frauen und gepriesen ist die Frucht deines Leibes", lässt Lukas Elisabeth sagen. „Und wie geschieht mir das, dass die Mutter meines Herrn zu mir kommt? Selig bist du, die du geglaubt hast. Es wird vollendet werden, was dir gesagt ist von dem Herrn."

Auch in den Worten von Elisabeth ist bereits vorweggenommen, was noch kommen wird: dass durch Maria ein Kind geboren werden wird, dessen Bedeutung weit über das ganz Persönliche von Maria hinausgehen wird, ein Kind zum Wohl und Seelenheil von Menschen in aller Welt.

Die Worte der beiden schwangeren Frauen sind also nicht wirklich die Worte der beiden Frauen. Aus ihren Mündern hören wir vielmehr die Worte der jüdischen Verheißung und die Worte der Erfüllung dieser Verheißung in jenem Jesus von Nazareth, in dem einige in Israel und dann viele in anderen Teilen der Welt den Messias, den Christus, den Heiland erkannt haben.

Das Kind von Elisabeth sollte Johannes werden, der Johannes, der Jesus mit den Worten „Das Himmelreich ist nahe herbeigekommen" als den Christus ankündigte und der Jesus im Jordan taufte.

Lassen wir uns nun einmal auf den Lobgesang der Maria, auf das Magnifikat ein - auf die großen Worte, die von dieser einfachen jungen Frau gesprochen werden. Sie beginnt ihre kleine große Rede mit einem Lobpreis Gottes, mit dem Ausdruck ihrer großen Freude und Dankbarkeit: „Meine Seele erhebt den Herrn, mein Geist freut sich Gottes."

Das - oder so ähnlich - könnten noch wirklich die Worte einer schwangeren Frau sein. Denn überhaupt schwanger geworden zu sein, kann für eine Frau, die gern ein Kind haben möchte, ein so großes wunderbares Geschenk sein - und wem kann sie dafür danken? Wenn wir diese Frage recht bedenken, werden wir uns letztlich dem geheimnisvollen göttlichen Schöpfer allen

Lebens zuwenden. Denn unser menschlicher Anteil an der Erschaffung neuen Lebens ist verschwindend gering.

„Gott hat die Niedrigkeit seiner Magd angesehen", sagt Maria dann weiter. Von dieser Formulierung hat das Magnifikat seinen Namen. Denn magnificare heißt - wörtlich übersetzt „groß machen". Gott hat die kleine Maria groß gemacht - damit, dass sie die Mutter eines Kindes werden darf, das bald weltweite Bedeutung erlangen wird.

Es kann aber auch - abgesehen von Maria und ihrem ganz besonders bedeutenden Kind - für jede schwangere Frau ein im wahrsten Sinne des Wortes „erhebendes" Gefühl sein, einem Kind das Leben schenken zu dürfen. Denn neues Leben zu erschaffen und für neues Leben verantwortlich zu sein - das ist eine große und großartige Aufgabe. Wenn wir uns dessen einmal bewusst werden, dann können wir uns fast nur erstaunt an den obersten Schöpfer allen Lebens wenden mit den Worten: „Danke, Gott, für dieses große Vertrauen. Danke, Gott, für den Zuspruch dieser großen Würde."

Dann aber steigert sich der Lobpreis der Maria in eine Beschreibung des göttlichen Wirkens, die fast wie ein gesellschaftspolitisches Programm klingt. „Die Mächtigen werden gestürzt, die Schwachen erhoben, die Hungrigen werden gespeist, die Reichen gehen leer aus."

In diesen Worten spricht sich die jahrhundertelange bittere Erfahrung von gesellschaftlichen Ungerechtigkeiten aus, die im Volk Israel zur Herausbildung der Hoffnung auf einen Messias, auf einen Retter mit übermenschlichen Fähigkeiten geführt hatte.

Das Kind, das Maria zur Welt bringen sollte, wurde dann nicht in genau der Weise zu dem Messias, wie die alttestamentlichen Verheißungen es formuliert haben. Aber es hat gleichwohl auf seine Art - über die Herzen der Menschen - einen enormen Einfluss ausgeübt, der zu weltweiten gesellschaftlichen Veränderungen geführt hat.

Die Barmherzigkeit, das Eintreten für die Schwachen, die Hungrigen, die Unterdrückten, die Verfolgten ist für Millionen von Menschen zu einem selbstverständlichen Gebot der Liebe zu Gott und dem Nächsten geworden.

Jesus hat sich an die Herzen der Menschen gewandt und hat über die Herzen Vieles in der Welt zum Guten und Menschlicheren verändert.

Es ist zwar so, dass auf unserem Erdball, was die gesellschaftlichen Verhältnisse anbetrifft, weiterhin vieles im Argen liegt. Aber das Kind, das Maria in ihrem Leib trug und das in der heiligen Nacht geboren wird, hat etwas in die Welt gebracht, das kraftvoller und beständiger wirkt als jedes konkret formulierte politische Programm. Jesus, der Christus, hat die Liebe zum Kern seiner Botschaft gemacht. Sie ist die Saat, die unzerstörbar immer und überall wieder aufgehen wird.

Maria hatte Grund, Gott den Schöpfer allen Lebens, mit den höchsten Worten zu loben und zu preisen. Lassen Sie uns in ihren Lobpreis dankbar einstimmen.

Das Heil kommt aus der Provinz
25. Dezember 2008
1. Weihnachtstag
Lukas 1,15-20

Gelegentlich im Laufe des Jahres lädt der Bundespräsident Menschen aus der Bevölkerung zu sich ins Schloss Bellevue ein. Das können z. B. Menschen sein, die Besonderes geleistet haben.

Eine solche Einladung von höchster Stelle zu erhalten, ist eine große Ehre. Wem diese Ehre zuteil wurde, der wird wohl noch lange davon erzählen. Um eine solche Einladung geht es in gewisser Weise zu Weihnachten.

Die Details sind zwar ein wenig anders. Aber in mancher Hinsicht geht es um Vergleichbares. Das Schloss Bellevue in Berlin ist in der Weihnachtsgeschichte der Stall von Bethlehem. Der von höchster Stelle Einladende ist Gott. Die aus dem Volk Eingeladenen sind die Hirten. Die Einladung wird ihnen von einem Boten Gottes, einem Engel überbracht. Das Geschehen im Schloss Bellevue - die Ehrung der Eingeladenen und die Vermittlung einer präsidialen Botschaft - ist in der Weihnachtsgeschichte die Präsentation eines neugeborenen Kindes, verbunden ebenfalls mit einer Botschaft des Gastgebers.

Vielleicht hätte ich jetzt gar nicht den Bundespräsidenten als Beispiel nehmen sollen, sondern eine Königsfamilie, in der gerade ein Thronfolger geboren worden ist - und wo nun einige Menschen eingeladen werden, um das neugeborene Kind in Augenschein zu nehmen. Ob es das irgendwo so wirklich gibt, weiß ich allerdings nicht.

Wichtig für unser Verständnis von Weihnachten ist zunächst einmal die ganz große Ehre, die Menschen durch eine Einladung von höchster Stelle zuteil wird.

Die Hirten waren wirklich Menschen der einfachsten Art. Das war ja auch ihr Problem. Sie waren nicht nur arm und ungebildet. Sie waren infolge ihrer Berufsausübung auch nicht in der Lage, gehobenen religiösen Vorschriften, Geboten der

Reinlichkeit z. B., zu entsprechen. Aus der Sicht der Gebildeten und Betuchten und Frommen waren sie eine Randgruppe, bedauernswerte Geschöpfe, zu denen man nicht ohne Not in Kontakt trat.

Solchen Menschen der einfachen Art wird nun das Privileg einer Einladung von allerhöchster Stelle zuteil. Vielleicht sagen Sie: „Tolle Einladung - in einen Stall!" Durch diese Äußerlichkeit sollten wir uns nicht in die Irre führen lassen. Wenn wir im Nachherein bedenken, dass dieser Stall Weltgeschichte gemacht hat, dann können wir nicht leugnen, dass die Einladung dorthin eine ganz große Ehre gewesen ist. Ja, wie gern wären wir wohl selbst damals dabei gewesen! Die Hirten sind schlicht zu beneiden.

Und die Frage stellt sich: „Womit haben sie diese Auszeichnung verdient?" Auf diese Frage werden die Hirten damals wohl auch keine Antwort gehabt haben. Sie hatten sich nicht durch irgendwelche Leistungen hervorgetan.

Sie waren einfach Hirten. Vielleicht ging es dem Einladenden aber gerade darum: um die Einfachheit dieser Menschen, um ihr Randgruppendasein, um ihre Benachteiligungen, um die Geringschätzung, die sie von manch anderer Seite oftmals ertragen mussten. Vielleicht ging es dem Einladenden darum, mit der Einladung ein Zeichen zu setzen und den Geringgeachteten durch seine Einladung vor aller Welt eine Würde zuzusprechen - im Sinne von: Auch diese Menschen sind es wert geachtet zu werden.

Ein solcher Gedanke liegt übrigens auch manchen Einladungen des Bundespräsidenten zugrunde. Er lädt gelegentlich Menschen ein, denen in unserer Gesellschaft nicht die gebührende Achtung entgegengebracht, ja, die sogar gering geschätzt werden. Wenn der Bundespräsident z. B. Ehrenpate von dem jeweils siebten Kind in einer Familie ist oder einem noch danach kommenden Kind, dann hat das damit zu tun, dass Familien mit vielen Kindern sozial oft sehr am Rande unserer Gesellschaft stehen.

Nun kommen ja nicht nur die Hirten zum Stall. Es kommen

dann auch noch die Weisen aus dem Morgenland, Sterndeuter, die die Legende später zu Königen gemacht hat. Sie hatten einen ganz anderen sozialen Status als die Hirten. Sie sind gebildet, kennen sich mit den Sternzeichen und den Vorgängen am Himmel aus. Und ihre Geschenke sind Luxusartikel.

Sie sind nicht direkt eingeladen zu dem nächtlichen Geschehen in Bethlehem. Aber sie haben aus ihren Büchern und aus der Beobachtung des Kosmos den Schluss gezogen, dass zu eben diesem Zeitpunkt ein Königskind von grenzüberschreitender Bedeutung geboren sein müsste - und zwar in einem kleinen Nachbarland. Sie machen sich auf den Weg, wenden sich konsequenterweise an das Königshaus, werden dort nicht fündig, ziehen weiter - und lassen sich dabei leiten von einem auffälligen Stern, wie es eben ihre berufliche Art ist. Sie kommen schließlich an einem Stall an.

Das Interessante im Zusammenhang unseres heutigen Themas ist: Sie machen vor der Stalltür nicht kehrt. So hätte es doch auch kommen können: Die drei edlen Herren stehen vor dem Stall und sagen sich: Wir müssen uns geirrt haben. Lasst uns wieder nach Hause gehen.

Aber die Geschichte geht anders weiter. Sie treten ein und überreichen ihre wertvollen Geschenke den Eltern eines Kindes, das so gar nicht den Vorstellungen entsprochen haben kann, die sie zu dem langen Weg veranlasst hatten. Was mag sie bewogen haben, sich auf diese nächtliche Szenerie in Bethlehem einzulassen? Was soll uns gesagt werden?

Uns soll gesagt werden: Diese Gebildeten und Wohlhabenden haben sich von der Vorstellung befreien lassen, dass das Heil der Welt aus den Zentralen der Macht kommen müsste. Auf dem Hinweg hatten sie sich noch an das Königshaus gewandt. Auf dem Rückweg meiden sie den Palast. Das Heil kommt aus der Provinz.

Ist es nicht immer wieder nachdenkenswert, dass das, was nach 2000 Jahren immer noch viele Menschen bewegt, wie wir gestern erlebt haben und heute Nacht und heute Morgen, dass das seinen Anfang genommen hat in so einfachen Verhältnissen und unter so widrigen Umständen? Wir haben uns daran gewöhnt, weil im Nachherein diese ganze Geschichte veredelt worden ist. Welche Prachtbauten von Kirchen gibt es zum Beispiel! Und es ist ja eine weltweite Sache daraus geworden.

Aber der Anfang war doch so unscheinbar. Jedenfalls waren die äußeren Umstände so unscheinbar. Das eigentlich Bedeutsame war aber eben ganz offensichtlich nicht das Äußere. Aber was dann? Sagen wir: das Innere. Aber was heißt das?

Nehmen wir noch einmal die Hirten. Sie haben nichts gehabt an materiellen Werten, als sie zum Stall gingen. Sie haben auch hinterher nichts gehabt an materiellen Werten. Trotzdem waren sie auf dem Weg zum Stall und zurück aufs Feld reicher geworden.

Es geht jetzt nicht darum, materielle Werte abzuwerten. Aber es geht darum, die große Bedeutung immaterieller Werte zu würdigen. „Der Mensch lebt nicht vom Brot allein", heißt es an einer Stelle der Bibel. Damit wird angedeutet: Der Mensch braucht auch geistige und geistliche Nahrung. Der Mensch braucht nicht nur etwas für den Bauch, er braucht auch etwas für das Herz. Vielleicht sagen Sie: „Das wissen wir doch!" Ja, das weiß jeder. Aber es muss trotzdem immer wieder gesagt werden.

Es gibt manches, das kostet gar nichts und ist doch unendlich viel wert: ein Lächeln, ein freundliches Wort, eine kleine Anerkennung, eine helfende Hand, eine liebevolle Geste.

Was da in der Nacht von Bethlehem geschehen ist, ist von dieser Art. Inmitten einer Welt, die in vielfacher Hinsicht so rau und hart und unbarmherzig sein kann, erfüllt es für einen Moment das Herz mit göttlicher Wärme. Ja, es ist ein lieber Gott, der die Hirten in den Stall einlädt und ihnen die menschliche Würde schenkt, die sie entbehrt und so sehr ersehnt hatten.

Gott ist menschlich im besten Sinne des Wortes. Wahre Menschlichkeit ist ein Geschenk Gottes.

Was in der Nacht von Bethlehem geschah, erscheint flüchtig, wie ein bloßer Hauch der Weltgeschichte. Der neue Tag brach an - und die alten Probleme bestimmten wieder das Geschehen. Aber die Nacht von Bethlehem wurde zur heiligen Nacht. Denn in ihr wurde die göttliche Botschaft Mensch: „Wir leben von der Liebe."

Maria bewegte diese Worte in ihrem Herzen. Den Hirten aber lief das Herz über vor Freude. Sie erzählten weiter, was sie erlebt hatten.

Und wir hören diese Geschichte gern: wie Gott einfache Menschen zu sich einlud, in einen Stall, und ihnen die Ehre gab.

Ohne Gottvertrauen geht es nicht

31. Dezember 2008
Jahresschluss
Römer 8,31b

Der Satz aus der Epistellesung soll uns als Leitwort für diesen Abend dienen: „Ist Gott für uns, wer kann gegen uns sein?"
Dieser Satz ist ein Ausdruck des Gottvertrauens. Ohne Gottvertrauen geht es nicht. Der Satz sagt: Solange wir noch auf den Beistand Gottes vertrauen - oder umgekehrt formuliert: Solange wir noch darauf vertrauen, dass wir nicht gottverlassen sind, solange haben wir noch eine Kraft gegen die Widrigkeiten des Lebens.

Das Leben ist schön - und schwer zugleich. Wenn wir auf das nun zu Ende gehende Jahr zurückschauen: Was haben wir da alles an Schönem erlebt! Und was haben wir da auch an Schwerem tragen und ertragen müssen!

Wir können diese Rückschau unter verschiedenen Blickwinkeln vornehmen. Wir können uns selbst betrachten - uns selbst mit unserem Leib und unserer Seele, mit unserem Denken und Fühlen und unserem Handeln.

Wir sind seit Anfang des Jahres wieder ein Jahr älter geworden. Wenn wir noch ganz jung sind, dann mag uns dieses eine Jahr vielleicht mehr Freiheit, mehr Selbstständigkeit, mehr Gestaltungsmöglichkeiten gebracht haben. Endlich groß werden, endlich selbst entscheiden können! Endlich unabhängig werden von Eltern, Lehrkräften und anderen, die einem sagen, was man zu tun und zu lassen hat! Das ist ja der Wunsch in frühen Jahren.

Wenn wir schon etliche Jahrzehnte des Lebens hinter uns haben, wird uns mit jedem abgeschlossenen Jahr vielleicht zunehmend bewusst, dass sich unsere Entscheidungsmöglichkeiten und unser Aktionsradius wieder einschränken, dass unsere Abhängigkeiten wieder größer werden, dass das Leben seine zeitlichen Grenzen hat und sich die Frage immer häufiger stellt: „Was bleibt, was ist wichtig, was will ich noch, was kann ich noch?"

Wenn wir einigermaßen gesund geblieben sind und sich nichts Dramatisches für uns in diesem Jahr ereignet hat, empfinden wir dieses Jahr vielleicht wie eines von vielen. Vielleicht wissen wir aber auch den unspektakulären Verlauf zu schätzen als eine besondere Gnade. Wenn wir im Verlauf der letzten zwölf Monate ernsthaft krank gewesen sind oder sich in unserem persönlichen Leben etwas Schlimmes ereignet hat, wir einen lieben Menschen verloren haben oder in eine tiefe Sorge um einen lieben Menschen gestürzt sind, oder wenn wir einen schmerzhaften Misserfolg erlitten, vielleicht den Arbeitsplatz verloren oder erhebliches Vermögen verloren haben oder wir vielleicht ein Geschäft aufgeben mussten, dann hat uns vielleicht eine innere Unsicherheit erfasst und sich uns die Frage gestellt: „Was habe ich noch, woran kann ich mich festhalten, was kann mich wieder aufrichten, aufbauen?"

Glücklich kann sich schätzen, wer etwas sehr Schönes erlebt hat, wem vielleicht ein Kind geschenkt worden ist, wer eine Prüfung bestanden hat, eine neue gute Arbeit gefunden, ein schwieriges Problem endlich gelöst oder einen lieben Menschen kennengelernt hat.

Wie auch immer das Jahr für uns persönlich verlaufen sein mag - vielleicht wird uns bei nachdenklicher Rückschau noch einmal deutlich, dass immer zweierlei zusammenkommt - in unterschiedlicher Gewichtung: das, was wir selbst einbringen und dazutun, und das, was als Unverfügbares über uns kommt.

Manchmal haben wir das Gefühl, wir können richtig stolz auf uns sein, weil wir etwas Beachtliches geleistet haben. Und umgekehrt können wir das Gefühl haben, persönlich völlig versagt zu haben. Unsere persönliche Leistung wie auch unser persönliches Versagen machen aber nur einen Teil des Ergebnisses aus. Es ist gut, wenn wir uns dessen bewusst sind und bewusst werden, wie sehr wir auch von außen bestimmt sind - im Guten wie im nicht so Guten: dass wir entweder beschenkt worden sind mit einem großen Erfolg, mit einer schönen Erfahrung, einem großen Glück. Oder dass wir belastet worden sind mit einer bitteren Erfahrung, die über uns gekommen ist, ohne dass wir uns dem hätten entziehen können.

Das Verfügbare und das Unverfügbare - das erleben und empfinden wir sehr unterschiedlich an uns selbst - auch je nach Tagesverfassung. Manchmal wissen wir gar nicht, warum wir in einem Moment so kraftvoll sind und in einem anderen Moment so zaghaft und mutlos und ohne jeden Antrieb.

In dieser Weise können wir im Rückblick auf das Jahr 2008 auf uns selbst schauen. Wir können aber auch über uns hinausblicken auf die Menschen um uns herum in der Familie, am Arbeitsplatz, im Freundes- und Bekanntenkreis. Wir können auf unser unmittelbares Lebensumfeld schauen, auf das, was sich in unserem Stadtteil, in unserer Gemeinde ereignet hat. Wie ist es anderen ergangen? Inwieweit bin ich davon betroffen? Vielleicht haben sich Beziehungen vertieft. Wir werden vielleicht neue Menschen kennengelernt haben, neue Beziehungen angeknüpft haben. Vielleicht haben wir auch Menschen aus dem Blick verloren, vielleicht sind sogar Beziehungen in die Brüche gegangen, vielleicht bis hin zu einer Trennung oder gar einer Scheidung.

Auch im Verhältnis zu unseren Mitmenschen und unserem Lebensumfeld gehen Verfügbares und Unverfügbares ineinander über. Wir können beglückt sein über gelingendes Miteinander und hilflos und ratlos, wenn sich Beziehungen und Projekte ganz anders entwickeln, als wir es wollen und wir es uns gedacht haben.

Und wenn wir dann noch weiter über uns und unser Lebensumfeld hinausblicken - in die Gesellschaft und in die weite Welt - wieviel Schönes und Wunderbares gibt es da - und wieviel Schweres und Schreckliches zugleich! Wir sind jetzt zutiefst beunruhigt und betroffen von der Gewalt in Nahost. Jemand sagte: „Manche Konflikte werden sich nie lösen." Dieser Eindruck drängt sich auf.

Aber bei allem, was sich auf unserem Erdball vollzieht, dürfen wir den Glauben daran nicht aufgeben, dass bei allem menschlichen Unvermögen eine Lösung doch von anderer Seite her kommen kann. Es hängt wahrlich nicht alles an uns, weder an der menschlichen Vernunft noch an der menschlichen Unvernunft.

Wir haben einen Auftrag, den Auftrag, das Unsre nach bestem Wissen und Gewissen zu tun. Diesen Auftrag sollen wir auch ganz ernst nehmen und uns nach besten Kräften bemühen. Wir haben darüber hinaus aber auch einen Trost und eine Verheißung: dass es über alles menschliche Vermögen hinaus eine höhere und größere Kraft gibt, die vieles geschehen lassen kann, was jenseits unser Verfügbarkeit liegt.

Für alles Schöne und alles Schwere - in unserem persönlichen Leben und darüber hinaus - bis hin zu den weltweiten Vorgängen - haben wir ein Raster, in das wir alles einfügen können: das sind die biblischen Texte mit den Glaubenserfahrungen und Berichten der Menschen jener biblischen Zeit.

Sie geben uns zwar keine konkreten Handlungsanweisungen für konkrete gegenwärtige Probleme. Aber sie geben uns Linien vor, an denen wir uns orientieren können.

Dazu gehört der Glaube an einen lieben Gott. Das mag kindlich klingen. Aber es ist von grundlegender Bedeutung, dass wir an einen guten Sinn des Lebens glauben. Alles ist aus der Liebe Gottes erschaffen. Aus seiner Liebe heraus ist der Mensch entstanden, in seiner Liebe sind wir geborgen zeit unseres Lebens und in seine Liebe kehren wir am Ende zurück.

Wenn wir das glauben können und an diesem Glauben festhalten können trotz aller Widrigkeiten des Lebens, und wenn wir uns selbst und unsere Mitmenschen so verstehen können - als die geliebten Geschöpfe Gottes - und in diesem Glauben an die Liebe Gottes uns selbst und unser Leben annehmen und unser Leben miteinander gestalten, dann haben wir für die begrenzte Anzahl an Jahrzehnten auf diesem Erdball eine große Kraft.

In Dankbarkeit das Schöne aus der Hand Gottes annehmen und im Vertrauen auf seinen Beistand alles Schwere in seine Hand legen, das kann uns eine große Hilfe sein.

Das Gottvertrauen und der Respekt vor dem Liebeswillen Gottes sind lebenswichtige Leitlinien.

Wir dürfen nicht dem Irrtum erliegen, die Ungereimtheiten dieses Seins erklären zu können. Alle Not und alles Schöne - beides bleibt für uns ein letztlich unergründliches Geheimnis.

Am Ende des Jahres legen wir alles Schöne und Schwere in die Hand Gottes. Dem neuen Jahr sehen wir vertrauensvoll entgegen. Möge Gott uns helfen, stets dankbar anzunehmen, was er uns schenkt, und mit Geduld und Kraft zu tragen, was er uns auferlegt.

Bibelstellen

1. Könige
19,01-08(09-13a 155
1. Korinther
03,09-15 217
1. Mose
02,04b-09.15 233
1. Timotheus
02,01-06a 57
2. Korinther
04,03-06 132
2. Mose
16,02-03.11-18 207
Apostelgeschichte
06,01-07 222
16,9-15 141
Epheser
04,01-06 238
04,05 ....197, 201
Hebräer
11,08-10 151
13,15-16 243
13,20-21 174
Jesaja
55,10-12a 28
58,01-09a 146
Johannes
01,14a 128
04,05-14 ....13, 38
04,19-26 ....98, 192
04,24 73
06,47-51 33
08,03-11 78
09,01-07 87
12,34-36 18
14,15-19 67
15,09-12 (13-17 107
17,20-26 62
20,11-18 ....44, 48
Kirchenfenster 227

Lukas
01,15-20 272
01,39-56 267
07,36-50 103
14,25-33 83
21,25-33 263
22,19-20 178
24,01-35 168
Markus
14,22-24 52
16,01-08 164
Matthäus
09,09-13 23
13,44-46 92
26,26 41
26,26-28 160
Micha
04,03 253
06,06-08 113
Offenbarung
03,01-06 123
03,07-13 118
21,04 259
Psalm
103,02 183
Römer
03,21-28 248
06,19-23 211
08,26-30 188
08,31b 277
09,14-24 136

Ebenfalls bei Books on Demand (BoD) erschienen:

Das Ja zum Leben und zum Menschen –
Predigten 2009-2012

Es geht in diesem Buch um unsere täglichen Erfahrungen mit dem Leben, mit unseren Mitmenschen und uns selbst sowie um die allen Menschen gemeinsamen Bedingungen des Seins. Wer Fragen an das Leben hat und auf der Suche nach Orientierung ist, dem können die christlichen Inhalte dieser Predigten ein hilfreiches Angebot sein.

BoD - Books on Demand, Norderstedt, 2013
ISBN: 978-3-8482-4463-8
Paperback, 252 Seiten,
€ 14,90   ebook, € 11,99

Häppchen für Herz und Hirn –
Gedanken zu den Wochensprüchen des Kirchenjahres

Die Bibel ist eine Schatzkiste voller guter Worte. Diese sind kein Fastfood für die Seele. Sie können gelegentlich sogar schwer verdaulich sein. In diesem Buch werden sie als Häppchen dargeboten.

BoD – Books on Demand, Norderstedt, 2015
ISBN: 978-3-7392-0867-1
Hardcover, 376 Seiten,
€ 18,50   ebook, € 7,99

Titelbild und alle Fotos: Wolfgang Nein